Der

Civilprozeß des gemeinen Rechts

in geschichtlicher Entwicklung.

Von

M. A. von Bethmann-Hollweg,

Doctor beider Rechte und der Theologie, weiland ordentlichem Professor des Civilrechts und Civilprozesses an den Hochschulen zu Berlin und Bonn, K. Preuß. Staatsminister a. D., Ehrenmitglied der K. Akademie der Wissenschaften zu Berlin.

Fünfter Band.

Der germanisch-romanische Civilprozeß im Mittelalter.

2. Vom achten bis eilften Jahrhundert.

Erste Abtheilung.

Bonn,

bei Adolph Marcus.

1871.

Der

Civilprozeß des gemeinen Rechts

in geschichtlicher Entwicklung.

Von

M. A. von Bethmann-Hollweg,

Doctor beider Rechte und der Theologie, weiland ordentlichem Professor des Civilrechts und Civilprozesses an den Hochschulen zu Berlin und Bonn, K. Preuß. Staatsminister a. D., Ehrenmitglied der K. Akademie der Wissenschaften zu Berlin.

Fünfter Band.

Der germanisch-romanische Civilprozeß im Mittelalter.

2. **Vom achten bis eilften Jahrhundert.**

Erste Abtheilung.

Bonn,

bei Adolph Marcus.

1871.

Der

germanisch-romanische Civilprozeß

im Mittelalter

von

M. A. von Bethmann-Hollweg.

Zweiter Band.

Vom achten bis eilften Jahrhundert.

Die Carolinger und ihre Nachfolger (in Italien).

Erste Abtheilung.

Bonn,

bei Adolph Marcus.

1871.

Dem feinen Kenner unsers vaterländischen Rechts,

dem glücklichen Kritiker seiner reinsten Quellen und

liebevollen Erforscher seiner Alterthümer,

Herrn Dr. Carl Gustav Homeyer,

Ordentlichen Professor der Rechte an der Hochschule zu Berlin,
Mitglied der Königl. Akademie der Wissenschaften, Geheimen Ober-Tribunalsrath,
Mitglied des Herrenhauses und Kronsyndicus,

zu der Feier seines fünfzigjährigen Doctor-Jubiläums

am 28. Juli 1871,

in Erinnerung früherer Collegenschaft

und als Zeichen unwandelbarer freundschaftlicher Verehrung

überreicht

von dem Verfasser.

Vorwort.

Während die vier ersten Bände dieses Werkes in verhältnißmäßig rascher Aufeinanderfolge erscheinen konnten, nimmt die Fortsetzung desselben wegen der Fülle des Stoffs und der mit dem Alter abnehmenden Arbeitskraft des Verfassers einen längeren Zeitraum in Anspruch. Um die Theilnahme des Publikums nicht sinken zu lassen, erscheint im Einverständniß mit dem Verleger vom fünften Bande gegenwärtig eine erste Abtheilung. Sie umfaßt die Zeit des fränkischen Reichs, in welcher Carls des Großen Gesetzgebung dem Gerichtswesen einen einheitlichen Charakter aufdrückte. Da nach Auflösung dieses Reichs die Rechtsgeschichte in Frankreich, Italien und Deutschland verschiedene Wege ging, so wird die zweite Abtheilung des fünften Bandes sich auf Italien beschränken, wo im zehnten und eilften Jahrhundert das fränkisch-langobardische Recht in der Schule von Pavia die erste merkliche Einwirkung des römischen Rechts erfuhr und die Neubelebung dieses letzteren im zwölften Jahrhundert sich vorbereitete. Deutschland ist später selbständig zu bearbeiten und die Geschichte des französischen Prozeßrechts andern Forschern zu überlassen.

Als die gegenwärtige Abtheilung zum Druck fertig vorlag, kam mir die bedeutende Arbeit von Sohm, Die altdeutsche Reichs- und Gerichtsverfassung. Bd. 1. Weimar 1871. durch die Güte des Verfassers zu, so daß ich eben noch anmerken konnte, wo meine Forschung mit der seinigen zusammentrifft oder davon abweicht, ohne die auf mehreren Hauptpunkten ganz neuen Aufstellungen einer durchgreifenden Beurtheilung unterwerfen zu können.

Daß ich auch bei Fortsetzung meiner Arbeit mich der Hülfe verehrter Freunde, G. Beselers und Fr. Bluhmes, zu erfreuen hatte, habe ich dankbar anzuerkennen.

Berlin, im April 1871.

Der Verfasser.

Inhalt des fünften Bandes.

Erste Abtheilung.

Erläuterte Citate.

Baluzius, Capitularia regum Francorum. Paris 1677. Vol. 2. Appendix (Urkunden).

— Marca hispanica s. limes hispanicus. Paris 1688. fol.

Beyer, Urkundenbuch zur Geschichte der mittelrheinischen Territorien. Coblenz 1860. 2 Bände. 8.

Boretius, Die Capitularien im Langobardenreich. Halle 1864. 8.

Bouquet, Rerum Gallicarum et Francicarum Scriptores. Paris 1738 sqq. fol.

Brunner, Zeugen- und Inquisitionsbeweis der carolingischen Zeit. Wien 1864. 8.

Brunetti, Codice diplomatico Toscano. Firenze 1806. 4.

Dronke, Codex diplomaticus Fuldensis. Cassel 1850. 4.

Eichhorn, Deutsche Staats- und Rechtsgeschichte. Bd. 1. 5. Auflage. Göttingen 1848. 8.

Ficker, Forschungen zur Reichs- und Rechtsgeschichte Italiens. Innsbruck 1862. 2 Bde. 8.

Fantuzzi, Monumenti Ravennati. T. 1—6. Venet. 1801—4. 4.

Fumagalli, Codice diplomatico Sant-Ambrosiano. Milano 1805. 4.

Galletti, Del primicerio della santa sede apostolica e di altri uffizi maggiori del sacro palagio Lateranense. Roma 1776. 4.

Gallia christiana. Vol. 1—13. Paris 1716—1785. fol.

Goldast, Scriptores rer. Alam. Frft. 1730. fol. Vol. II. p. 25. Chartarum Centuria.

Grimm, Jac., Deutsche Rechtsalterthümer. Göttingen 1828. 8.

Hegel, Geschichte der Städteverfassung von Italien. Leipzig 1847. 2 Bde. 8.

Hincmari, Remensis, Opera, ed. Sirmond. Paris 1645. 2 Voll. fol.

Homeyer, Ueber die Heimath nach altdeutschem Recht, insbesondere über das Hantgemal. Abhandl. der Berliner Akademie der Wissenschaften von 1852. Berlin 1853. 4.

Laband, Die vermögensrechtlichen Klagen nach den sächsischen Rechtsquellen des Mittelalters. Königsberg 1869. 8.

Mabillon, de re diplomatica libri VI. ed. 2. Paris 1709. fol.

Martené et Durand, Veterum scriptorum et monumentorum amplissima collectio. Paris 1724—1733. 9 Voll. fol.

Maurer, Geschichte des altgermanischen und namentlich altbairischen öffentlich-mündlichen Gerichtsverfahrens. Heidelberg 1824. 4.

— Geschichte der Fronhöfe, der Bauernhöfe und der Hofverfassung in Deutschland. Erlangen. Bd. 1. 1862. 8.

v. Meibom, Das deutsche Pfandrecht. Marburg und Leipzig 1867. 8.

Meichelbeck, Historia Frisingensis. August. Vind. 1724. 2 Voll. fol.

Merkel, Lex Salica. Berlin 1850. 4.

Monumenta Boica. Monachi 1763 sq. 38 Voll. 4.

Muratori, Antiquitates Italicae medii aevi. Mediolani 1738. 6 Voll. fol.

Neugart, Codex diplomaticus Alemanniae et Burgundiae Transiuranae. St. Blasii 1791. 2 Voll. 4.

Pardessus, Loi salique. Paris 1843. 4.

Pérard, Recueil de plusieures pièces précieuses servant à l'histoire de Bourgogne. Paris 1664. fol.

Pertz, Monumenta Germaniae historica. Leges. Hannoverae 1835—68. 4 Voll. fol. — Scriptores. Hannoverae 1826 sqq. 18 Voll. fol.

Rogge, Ueber das Gerichtswesen der Germanen. Halle 1820. 8.

Roth, Geschichte des Beneficialwesens. Erlangen 1850. 8.

de Rozière, Recueil général des formules usitées dans l'empire des Francs du 5. au 10. siècle. Paris 1859. 2 Voll. 8.

v. Savigny. Geschichte des römischen Rechts im Mittelalter. 2. Aufl. Heidelberg 1834 folg. 7 Bde. 8.

Sickel, Beiträge zur Geschichte der Diplomatik. Sitzungsberichte der Wiener Akademie der Wissenschaften. Phil. hist. Classe. Bd. 46. 47. 49. Wien 1864. 65. 8.

— Acta regum et imperatorum Karolinorum digesta et enarrata. I. Theil: Urkundenlehre. II. Theil: Urkundenregesten. Wien 1867. 2 Bde. 8.

Siegel, Geschichte des Deutschen Gerichtsverfahrens. Bd. 1. Gießen 1857. 8.

Sohm, Der Prozeß der Lex Salica. Weimar 1867. 8.

Sohm, Altdeutsche Reichs- und Gerichtsverfassung. Bd. 1. Weimar 1871. 8.

Stobbe, Geschichte der deutschen Rechtsquellen. 1. Bd. Braunschweig 1860. 8.

Tiraboschi, Stòria dell' augusta badia di S. Silvestro di Nonantola. Vol. 1. 2. Modena 1784. 85. fol.

Unger, Die altdeutsche Gerichtsverfassung. Göttingen 1842. 8.

Vaissette, Histoire générale de Languedoc. Paris 1730—45. 5 Voll. fol.

Waitz, Deutsche Verfassungsgeschichte. Bd. 3. 4. Kiel 1860. 61. 8.

Walter, Deutsche Rechtsgeschichte. 2 Aufl. Bonn 1857. 2 Bde. 8.

— Corpus iuris Germanici antiqui. Berolini 1824. 3 Voll. 8.

Wartmann, Urkundenbuch der Abtei von St. Gallen. Zürich 1862. 2 Bde. 4.

Wilda, Das Strafrecht der Germanen. Halle 1842. 8.

Zweiter Abschnitt.

Vom achten bis eilften Jahrhundert.

Die Carolinger und ihre Nachfolger (in Italien).

I. Das Reich der Carolinger.

A. Gründung desselben.

§ 73. Nachdem das fränkische Reich eine Mehrzahl germanischer Stämme und romanischer Landestheile in sich vereinigt hatte, schien es unter dem schwach gewordenen Königsgeschlecht der Merowinger aus salischem Stamm sich in seine Bestandtheile wieder auflösen und diese ihren ferneren Schicksalen überlassen zu wollen. Es ist das Verdienst eines edlen ripuarischen Geschlechts, welches vor Carl dem Großen von einigen Neuern um seines ersten bekannten Stammvaters, des Bischofs Arnulf von Metz, willen „Arnulfinger", zweckmäßiger von jenem seinem größten Haupte auch aufwärts das Haus der „Carolinger" genannt wird, — es ist das Verdienst der Herrscher dieses Geschlechts, zunächst als Hausmeier, dann als Könige, dem fränkischen Reiche nicht nur Einheit und Kraft wiedergegeben, sondern dasselbe zu einem Weltreiche ersten Ranges erweitert zu haben, welchem der Glanz und Name des erneuerten weströmischen Reichs wohl zukam. Es sind die Gesetze und Ordnungen dieses Reichs, welche in den folgenden Jahrhunderten die Rechtsgeschichte von Deutschland, Frankreich und Italien, ja eines Theils von Spanien bestimmten.

In dieser Hinsicht war es von großer und glücklicher Bedeutung, daß das neue Herrschergeschlecht nicht dem überwiegend romanischen Neustrien, sondern Austrasien und dem Stamme der ripuarischen Franken angehörte, also ein rein Deutsches war. Die Thatsache steht fest, denn nach dem eigenen Zeugniß eines dieser Könige, Ludwigs des Frommen, lebten sie nach ripuarischem Recht [1]). Auch scheint mir überzeugend nachgewiesen zu sein, daß ihre Stammgüter nicht wie die königliche Villa Heristal, nach der man den mittleren Pippin zu benennen pflegt, im salischen Lande an der unteren Maas, sondern in Ripuarien zwischen der oberen Maas, der Mosel und dem Rhein lagen [2]). Am Hofe Carls des Großen wurde der rheinfränkische Dialekt gesprochen, aus dem unser Hochdeutsch hervorgegangen und der noch heutzutage am mittleren Rhein und Main, wo der chattische Bestandtheil der ripuarischen Franken sich ausbreitete, der herrschende ist [3]). In Ripuarien schlug auch dieser große Fürst seine Winter- und Sommerresidenz, jene in Aachen, diese in Ingelheim, auf, von wo er Deutschland, Frankreich und Italien überschauen, die Großen des Reichs am füglichsten zusammenrufen und seine Heere an die bedrohten Grenzen entsenden konnte. Allem diesem entspricht es endlich, daß während das salische Recht sich nur in der Francia occidentalis und als persönliches Recht der über das Reich zerstreuten salischen Familien erhielt, in der Reichsgesetzgebung, namentlich für den Prozeß, das ripuarische Element überwog [4]).

In diesem Herrschergeschlecht war es eine Reihe bedeutender Persönlichkeiten, welche in unmittelbarer Aufeinanderfolge die wachsende Macht und Blüthe des Reichs herbeiführ-

1) *Divisio Imp. a.* 817. *c.* 16. *p.* 200. Si vero alicui illorum (*sc.* filiorum nostrorum) contigerit nobis decedentibus ad annos legitimos iuxta Ribuariam legem nondum pervenisse *rel.*

2) Bonnell, die Anfänge des carolingischen Hauses, Berlin 1860.

3) Müllenhoff, Denkmäler der Poesie und Prosa, Berlin 1864. Vorrede. — Vgl. Bd. IV. S. 398

4) Daß sich dieß Uebergewicht des ripuarischen Rechts schon früher vorbereitete s. Bd. IV. § 71. Note 55. 71. 72. Für die carolingische Zeit beweist es unter Anderem die ripuarische Königsbuße von 60 Solidi. Richthofen zur Lex Saxonum S. 342. Anderes im Prozeßrecht unten.

ten. Der mittlere Pippin begründete als Hausmeier Austrasiens durch die Schlacht bei Testri (687) das Uebergewicht dieses Reichstheils. Sein Sohn Carl, mit dem Zunamen der Hammer (Martell), demüthigt dann im Innern des vereinigten Reichs die meuterischen Großen, schützt es durch gewaltige Siege im Süden gegen die Saracenen, im Norden gegen die Friesen, und theilt dasselbe bereits als sein eigen unter seine Söhne († 741). Glücklicherweise fällt es aber alsbald in der Hand des Einen, Pippins des Kleinen, wieder zusammen, der, nachdem er seine Herrschaft in allen Theilen befestigt und seinen Einfluß selbst über Italien ausgedehnt hat, durch die Wahl der Großen und die Salbung des Papstes zur thatsächlichen Macht den Namen eines Königs der Franken fügen kann (752). Unter seinem Sohne Carl (768), der wie kaum ein anderer Herrscher der Weltgeschichte den Namen des Großen verdient, wird nach wiederholten blutigen Kriegen der mächtige deutsche Stamm der Sachsen unterworfen, neben Thüringen und Alamannien der Besitz von Baiern bis zu den Avaren dem Reiche gesichert, der letzte Rest Südfrankreichs und die spanische Mark demselben einverleibt, das Königreich der Langobarden gewonnen und endlich (800) der fränkischen und langobardischen Königskrone durch glückliche Inspiration des Papstes die des weströmischen Kaiserreichs hinzugefügt.

Und neben diesem äußeren Wachsthum an Macht und Glanz geht das innere Erwachen einer ersten europäischen Culturepoche her. Von Irland her, wo unter den Britten sich römisch-christliche Bildung erhalten hatte, verbreitete sich diese durch die Schottenklöster über das fränkische Reich. Dem Einfluß ihrer Schulen ist es ohne Zweifel zuzuschreiben, daß schon mit dem Anfang des achten Jahrhunderts die fränkischen Urkunden lesbarer werden. Dann lösen angelsächsische Missionare sie ab, unter denen Bonifacius durch seinen Einfluß an K. Pippins Hofe die Ordnungen der fränkischen Kirche herstellt, durch neue Missionskirchen den ersten Samen christlicher Cultur in das innere Deutschland trägt und, indem er beide dem römischen Stuhl unterwirft, der ganzen kirchlichen Entwicklung des Mittelalters Einheit und Kraft sichert [5]). Carl der Große, nachdem er die fortgeschrittene Cultur Italiens kennen gelernt, verwendet dann die Macht, mit der er beide, Staat und Kirche, beherrscht, in bewunderungswürdiger Weise, um wie in jenem Recht und Ordnung herzustellen, so in dieser christliche Bildung und Sitte zu verbreiten. Ja, sein Hof wird zu einer Akademie, in welcher der Heldenfürst selbst in die Schule geht und mit Gelehrten und Dichtern als ein Ebenbürtiger verkehrt, aber stets die echt nationale Bildung seines Volks als letztes Ziel im Auge behält [6]). Der tiefe Eindruck, den diese wunderbare Persönlichkeit auf seine Zeit machte und der Nachwelt hinterließ, tritt nicht nur in dem dichterischen Sagenkreis hervor, der sich an seinen Namen knüpft, sondern nicht minder darin, daß die Kirche des Mittelalters ihn unter die Heiligen versetzte und das deutsche Volk ihn gern als den Urheber seiner Gesetze und Gerichtsverfassung pries [7]); ja, die Rolandssäulen auf den Märkten unsrer norddeutschen Städte geben noch heutzutage Zeugniß von diesem Glauben [8]). Auch die kritische Geschichtschreibung hat sich vielfach mit dem großen Gegenstande beschäftigt, aber, wie mir scheint, noch keine seiner vollkommen würdige Darstellung geliefert [9]).

---

5) Vgl. Rettbergs, Kirchengeschichte Deutschlands Th. 1. 2. Göttingen 1846—48.

6) Beiläufig giebt Wattenbach, Deutschlands Geschichtsquellen, 2te Ausgabe, Berlin 1866. interessante Einblicke in diese Culturepoche.

7) Der Prolog des Sachsenspiegels nennt Constantin und Carl als die größten christlichen Gesetzgeber. Ueber den Schwabenspiegel und Anderes s. Zöpfl, Alterthümer Bd. 3 S. 7. Wenn auch die Fehmgerichte auf Carl den Großen zurückgeführt wurden, so hatte dieß insofern Sinn, als wirklich die Schöffengerichte überhaupt seine Schöpfung waren.

8) Vgl. Zöpfl a. a. O., dessen geschichtliche Deutung der Rolandsbilder mir nicht einleuchtet.

9) Das neueste Werk, Abels Jahrbücher des fränkischen Reichs unter Carl dem Großen Bd. 1. a. 768—788, Berlin 1866. konnte dieß schon seiner annalistischen Form wegen nicht leisten.

B. Carls des Großen Reformen.

§ 74. Uns interessirt zunächst, was er während seiner sechs und vierzigjährigen Regierung für die **Verfassung** und **Verwaltung** seines Reichs gethan hat, wofür uns eine reiche Quelle in seinen Capitularien und denen seiner nächsten Nachfolger eröffnet ist [1]). Eine ausführliche Nachricht davon ist jedoch nicht dieses Orts [2]); wir beschränken uns auf einige unsere Aufgabe näher berührende Punkte.

Merkwürdig ist im Allgemeinen, daß Carl der Große zwar die Staatsidee in klarem Bewußtsein trug und in ihrer Verwirklichung sich als ein schöpferischer Geist erwies, aber als besonnener Staatsmann, der weiß was gehn und stehen kann, seine Reformen stets an Vorhandenes und Nationales anknüpfte. So wurde er zwar wiederholt durch den Einblick in den höhern Culturstand Italiens und die Reste römischer Größe, die er hier vorfand, zuletzt auch durch die ihm übertragene Kaiserwürde zu umfassenden Gesetzen angeregt, welche Ordnung und Frieden in seinem Reiche fördern sollten. Aber er war weit entfernt, demselben Fremdes aufzupfropfen; seine organischen Einrichtungen sind nur Entwickelungen ächt nationaler Institute, also aus germanischem Geiste entsprungen. Auf Zweierlei kam es dabei an: 1) die Einheit des Reichs durch kräftige Centralisation der Verwaltung zu sichern, und 2) den einzel-

1) Die neueste Ausgabe derselben in **Pertz** Monumenten, Leges I. 1835., welcher nach *Vol.* III. *p.* VII. unter Benutzung des seitdem aufgefundenen Materials eine zweite vermehrte, bisher aber vergeblich erwartete Ausgabe desselben Verfassers folgen sollte, ist nicht ohne Berücksichtigung der wichtigen kritischen Bemerkungen in **Boretius**, die Capitularien im Langobardenreich. Halle 1864. zu benutzen.

2) Ich verweise auf **Waitz**, Deutsche Verfassungsgeschichte Bd. 3. 4. Kiel 1860—61., dessen Darstellung der carolingischen Verfassung durch umfassende Quellenforschung und vollständige Benutzung der neueren, insbesondere auch der wichtigen französischen Litteratur alle früheren weit übertrifft.

nen Theilen desselben die zu ihrem Gedeihen nöthige Selbständigkeit zu geben.

1) Jene Centralisation war in dem von Constantin restaurirten römischen Reich durch einen künstlichen Organismus der Behörden und ein durch sie vermitteltes, ausgedehntes Schreibwerk erreicht, mit diesem aber auch der gesammten Verwaltung die Unwahrheit eingepflanzt worden, welche der schriftliche Verkehr von unten nach oben und von oben nach unten nur zu leicht mit sich führt. Von den germanischen Staaten der Völkerwanderung hatte der ostgothische dieses römische Verwaltungssystem vollständig, der westgothische wenigstens theilweise übernommen, und es war dieß mit die Ursache ihres Unterganges geworden. Die Franken hatten mit roher Gewalt jenen künstlichen Organismus, soweit sie ihn noch vorfanden, zerstört; die merowingischen Könige führten ein durchaus persönliches Regiment und suchten die entfernteren Reichstheile durch außerordentliche Gesandte (missi) in Botmäßigkeit zu erhalten [3]. An diesen Gebrauch, den auch sein unmittelbarer Vorgänger in der Herrschaft befolgt hatte [4], knüpfte Carl der Große an und schuf daraus das Institut der Missi dominici, welche, ein weltlicher und ein geistlicher hoher Beamter, jährlich bestellt wurden, um mit königlicher Vollmacht und Instruction versehen einen bestimmten District zu bereisen, hier also selbst zu sehen, Beamte und Unterthanen selbst zu hören, alle Mißbräuche in Staat und Kirche abzustellen, Rechtsstreitigkeiten zu entscheiden und bei ihrer Rückkehr an den königlichen Hof über Alles zu berichten [5]. So lange dieses Institut, welches also echt germanisch ganz auf persönliche Wahr-

3) S. Bd. IV S. 411. Solcher außerordentlichen Missi bedienten sich auch die Könige der Vandalen (S. 134 Note 28) und Langobarden (S. 350 Note 66—68).

4) Urk. von 753. 757. 768. 769. 775. *Bouquet* V. Nr. 5. 8. 17. *Car. M.* Nr. 2. 6. 31.

5) Näheres bei Waitz III. S. 371—401., welcher die vollständige Ausbildung des Instituts nach Carls Kaiserkrönung a. 800 setzt, wofür allerdings *Cap. Aquisgr. a.* 802. c. 1. *p.* 91. und die Geschichtschreiber sprechen. Vgl. auch Sohm I. S. 480 folg.

nehmung und Thätigkeit berechnet war, durch den scharfblickenden und willenskräftigen Kaiser lebendig erhalten wurde, muß es wesentlich zur Ordnung und Blüthe des Reichs beigetragen haben. Insbesondere wurde dadurch bewirkt, daß die weltlichen und geistlichen Provinzialbeamten, die Grafen und Bischöfe, in Eintracht den königlichen Willen vollzogen und nicht in eigenmächtiger Ueberhebung das Volk bedrückten. Die Missi selbst aber konnten nicht, wie früher die Duces, deren Bestellung Carl möglichst vermied [6]), dem kaiserlichen Ansehen gefährlich werden, da sie zu Zweien sich gegenseitig controlirten und regelmäßig nur für Ein Jahr bestellt wurden.

2) Die Franken hatten, abweichend von allen andern in das römische Reich eingewanderten Germanen, ihre ursprüngliche Gemeindeverfassung sich glücklich bewahrt und die Romanen selbst darin aufgenommen, dieselbe auch den unterworfenen Stämmen, Alamannen, Baiern, Thüringern, Friesen und Sachsen gelassen [7]). Bei der Zerstreuung der Franken über ausgedehnte Gaue (pagi) hatte aber nur die kleinere Hunderte (centena) in regelmäßigen Versammlungen unter Leitung des Grafen oder des Centenars zu Gericht und Willkühr ihre communale Bedeutung behauptet. Der Gau war ausschließlich Administrationsbezirk und sämmtliche Eingesessenen wurden vom Grafen nur außerordentlich unter Königsbann zur Huldigung und zur Erfüllung einer einzelnen Unterthanenpflicht, des Heerbanns, zusammengerufen [8]). Schon vor Carl dem Großen scheint in-

6) Waitz III. S. 309 – 319. 342. IV. S. 548.

7) S. oben Bd. IV. S. 125. 413 folg. 422. folg. 426. folg. 430.

8) Sohm I. S. 278 folg. leugnet allgemeine Gauversammlungen für die merowingische und carolingische Zeit. In der Formel bei *Marculf* I. 40 = *Roz.* 1. für die Einberufung zum Huldigungseid: omnes pagenses vestros locis congruis [per civitates, vicos et castella] congregare faciatis, deutet er die eingeklammerten Worte auf Versammlungen der einzelnen Hundertschaften; sie können aber ebensowohl als Erläuterung von locis congruis dem Grafen die Wahl zwischen den verschiedenen Gerichtsstätten für die Versammlung aller Gaugenossen lassen. Und in *Cap.* 786. *c.* 7. *p.* 57. bezeichnet: de singulis centenis semoti, nur die Aufzeichnung der Schwörenden nach ihren Hundertschaften, wie nachher der den Eid weigernden: semoti per brebem renuntiare sciant. So auch Sickel, *Acta K.* S. 272. In *Cap. Worm.*

deß die Versammlung aller Gaugenossen (pagenses) gesetzlich zweimal im Jahr, im Frühling und im Herbst, eingeführt worden zu sein; denn Carl schärft den regelmäßigen Besuch derselben im zweiten Jahre seiner Regierung nur ein [9]). Zu jener Maßregel mochte die Musterung der Heerbannspflichtigen in der kriegerischen Zeit unter Carl Martell und Pippin die nächste Veranlassung gegeben haben. Carl schrieb dann später eine dreimalige Versammlung aller Gaugenossen vor [10]), die auch Gerichtstag (placitum) ist und, da Justiz und Verwaltung nach germanischen Begriffen nicht streng unterschieden wird, auch der Selbstverwaltung der Gaugemeinde diente. Ja, daß das Volk in seinen Gauversammlungen selbst einen gewissen Antheil an der Gesetzgebung nahm, werden wir später sehen [11]). Der friedliche Verlauf derselben wurde durch das Verbot, mit Waffen in denselben zu erscheinen, gesichert [12]). Also, während Carl willkührliche Einigungen (gildonia) als staatsgefährlich aufs Strengste verbot [13]), war er auf die Erhaltung und Ausbildung der altgermanischen Communalfreiheit bedacht, die in den Schranken des Gesetzes und unter der Leitung königlicher, aus den Eingesessenen gewählter Beamten zum Gedeihen von

a. 829. *Miss. c.* 5. *p.* 354. ist überhaupt nicht von einer Versammlung, sondern von Aufsuchung der refraktären Heerbannpflichtigen in den einzelnen Centenen durch die Missi die Rede. In der Huldigungsversammlung zu Rheims *a.* 854. (*Pertz* I. *p.* 425) erschienen acht Dechanten, deren Sprengel nach Sohms Annahme mit den Hundertschaften zusammenfielen, also aus dem ganzen Gau; Sohm erklärt diese decani für Herrschaftsbeamte. Die Gesammtzahl der Schwörenden entspricht freilich weder der Einwohnerzahl eines Gaus noch einer Hundertschaft.

9) *Cap. a.* 769. *c.* 12. *p.* 33. Ut ad mallum venire nemo tardet, primum circa aestatem, secundo circa autumnum. Hier kann nur an zwei Versammlungen im Gau, nicht an so viele, wie er Centenen enthielt, gedacht werden.

10) *Cap. Aquisgr. Lud. P. a.* 817. *c.* 14. *p.* 217. — Constitutio genitoris nostri, — ut videlicet in anno tria solummodo generalia placita observent. c. 15. p. 216. — ad tria placita Comitum. *Cap. Lang. Pipp. a.* 802. *c.* 14. *p.* 104 Waitz IV. S. 308. Dagegen nimmt Sohm a. a. O. drei Gerichtsversammlungen in jeder Centena des Gaus unter dem Vorsitz des Grafen an.

11) S. unten § 78 Note 13. 14.

12) *Cap. Aq. a.* 806. *c.* 1. *p.* 146. *Cap. Olonn. a.* 823. *mem. com. c.* 5. *p.* 234.

13) *Cap. a* 779. *c.* 16. *p.* 37. Waitz IV. S 365. Roth, Beneficialwesen S. 377 Note 47.

Volk und Staat beitragen mußte. Eine strenge Scheidung der Communal- und Staatsinteressen im Kreise des Gaus fand freilich so wenig statt, als heutzutage bei dem sog. Selfgovernement der Grafschaften Englands.

Auch auf das Langobardische Königreich, das diese Communalverfassung unter seinen angestammten Königen ganz entbehrt hatte [14]), übertrug sie Carl, als er dieses Nebenreich in fränkischer Weise organisirte und die Regierung desselben seinem Sohne Pippin anvertraute [15]). Und selbst im Sachsenlande verbot er zwar die politisch gefährlichen großen Volksversammlungen (conventus generales), außer auf Berufung seiner Missi; die Grafen aber sollten regelmäßig Gerichtstage (placita) halten, an denen die versammelte Gaugemeinde auch communale Geschäfte erledigen konnte [16]).

In Bezug auf das ganze Reich wurde die Einheit von Königthum und Volksfreiheit durch die Reichsversammlungen vermittelt, zu denen der König die geistlichen und weltlichen Großen in der Regel zweimal im Jahr berief, um sich den Rath und die Unterstützung dieser Häupter des Volks zu sichern. Von einem Gegensatz der Interessen des Volks und der Staatsregierung war auch hier nicht die Rede und überdieß ließ sein überwiegendes persönliches Ansehen eine systematische Opposition nicht aufkommen [17]).

Je inniger auch hiernach Staat und Kirche unter seiner gewaltigen Hand verbunden war, um so mehr ist es anzuerkennen, daß eine Vermischung beider Sphären oder Uebergriffe der Einen in die Andere sowohl in der Gesetzgebung als in der Verwaltung viel weniger statt fanden, als man gewöhnlich annimmt. In sicherer Intuition von der verschiedenen Bestimmung beider Organismen, behielt er dem Staate nach innen

14) S. oben Bd. IV. S. 399 folg.

15) Pippin erwähnt sie als bestehende Einrichtung in *Cap. Lang. a.* 802. *cit.* Vgl. § 78 Note 21.

16) *Cap. Paderb. a.* 785. *c.* 34. *p.* 56.

17) Näheres bei Waitz III. S. 462—506 und über ihren Antheil an der Gesetzgebung s. unten § 78.

und außen die Zwangsgewalt des Rechts vor und überließ der Kirche die Förderung von Religion und Sitte [18]), nur bemüht ein friedliches Zusammenwirken der staatlichen und kirchlichen Organe zu fördern [19]).

C. Gerichtsverfassung.

1. Die Gerichtsobrigkeiten.

§ 75. Auch in der Gerichtsverfassung bestanden Carls des Großen Reformen weder in ganz neuen Schöpfungen, noch in Uebertragung fremder, etwa römischer Einrichtungen, sondern nur in glücklicher Fortbildung einer urgermanischen Institution, welche freilich alle andern in das römische Reich eingewanderten Stämme eingebüßt, die Franken aber sich bewahrt hatten [1]), nämlich der Theilung des Richtergeschäfts zwischen der Gerichtsobrigkeit und ihren urtheilenden Beisitzern als Vertretern der Gemeinde. Seine höchst zweckmäßigen und für die fernere Rechtsgeschichte bedeutsamen Neuerungen bezogen sich auf beide Bestandtheile des Gerichts.

Als Gerichtsobrigkeit stand in merowingischer Zeit sowohl den gesetzlichen als den gebotenen Gerichtsversammlungen in den verschiedenen Malstätten des Gaus der vom König

18) S. unten § 77. die Beschränkung der geistlichen Immunitäten; § 78. die Grenze des staatlichen Srafrechts und der kirchlichen Disciplin; für die beschränkte geistliche Gerichtbarkeit vgl. einstweilen Sohm, in Dove's Zeitschr. für Kirchenrecht IX. S. 193-271.

19) In diesem Sinn verordnet auch sein Sohn Pippin für Italien *Cap. Lang. a.* 802. *c.* 5. *p.* 104. Volumus ut Episcopi et Comites concordiam et dilectionem inter se habeant —: ut Episcopus suo Comiti, ubi ei necessitas poposcerit, adiutor et exhortator existat, qualiter suum ministerium explere possit. Similiter et Comes faciat contra suum Episcopum, ut in omnibus illi adiutor sit, qualiter infra suam parochiam canonicum possit adimplere ministerium. Und Ludwig der Fr. in *Cap. Aquisgr. a.* 825. *c.* 7. *p.* 243. Vobis Comitibus dicimus, vosque commonemus, — ut cum Episcopis vestris concorditer vivatis *rel.*

1) S. Bd. IV. S. 126 folg.

bestellte Graf oder Comes als Richter vor. Zufällig, nämlich in seiner Abwesenheit, vertrat der von der Centgemeinde gewählte Tunginus oder Centenar, natürlich nur innerhalb seiner Centena, in streitigen und nichtstreitigen Civilsachen dessen Stelle. Dagegen war der in den früher westgothischen Landestheilen vorkommende Vicarius Comitis ein vom Könige gesetzter eigentlicher Stellvertreter und Gehülfe des Grafen im ganzen Gau [2]). Beide, der Centenar und Vicarius Comitis, erscheinen auch in carolingischen Capitularien und Urkunden, jedoch ohne wesentliche Unterscheidung, sondern nur als verschiedene, wahrscheinlich in verschiedenen Theilen des Reichs übliche Benennungen für den Unterbeamten des Grafen [3]) in einer bestimmten Unterabtheilung des Gaus [4]). Als Gerichtsvorstände können sie auch Judices heißen [5]). Sie werden Beide durch die Missi dominici unter Mitwirkung einer Seits des Comes, anderer Seits des Volks gewählt, auch, wenn sie untauglich befunden werden, von denselben wieder abgesetzt [6]),

2) S. Bd. IV. S. 422 folg. 425. vgl. 192. Den Zusammenhang mit dem westgothischen Vicarius bestreitet Sohm I. S. 221.

3) *Cap. de ex prom. a.* 803. *c.* 3. *p.* 119. Comites vel Vicarii aut Centenarii sui. *Cap. Miss. a.* 825. *c.* 4 *p.* 241. Comites Vicarios et Centenarios suos secum habeant. *Cap. Miss. a.* 803. *c.* 4. *p.* 116. Comites vel Vicarii eorum. *Cap. a.* 811. *c.* 2 *p.* 168. Comites et eorum Centenarii. *Form. Bignon.* 6. 12. Sie gehören dem Grafen an, insofern sie einem Theil seines Gaus vorstehen und ihm untergeordnet sind; heißen daher auch seine Ministri und iuniores. *Cap. a.* 829. *c.* 13. *p.* 352. *Ep. ad Pipp. a.* 807. *p.* 150. Der Vicarius steht als der vornehmere Titel regelmäßig dem Centenar voran. Doch werden die Ausdrücke auch verwechselt s. Waitz III. S. 343 und Sohm I. S. 214.

4) Daß nicht bloß der Centenar einer Hundertschaft des Gaus (s. z. B. *Cap. a.* 817. *c.* 10. *p.* 212. centena adiacentis Comitatus), sondern auch der Vicarius Comitis einem Theil des Gaus (vicaria, condita) vorsteht, dafür s. die Stellen bei Waitz III. S. 335 und Sohm I. S. 192 folg.

5) *Cap. a.* 779. *c.* 19. *p.* 38. Comitis aut Centenarii. — aut Iudicis Comitis (= Vicarii). *Cap. a.* 812. *c.* 11. *p.* 188. Comites et Iudices (= Centenarii) et Vicarii. Viele andere Stellen giebt Sohm I. S. 148 Note 2. Daß aber durch diese Benennung nicht ihr Richteramt bezeichnet werde, ist ihm nicht zuzugeben.

6) *Cap. Aquisgr. a.* 809. *c.* 11. *p.* 156. Ut Iudices (= Vicarii) — Centenarii, quales meliores inveniri possunt ad sua ministeria exercenda, cum Comite et populo elegantur *rel. Cap.*

sind also Beide königliche Beamte [7]). Neu kommt in dieser Zeit in allen Theilen des Reichs der Vicecomes vor, der ein Vertreter des Grafen mit voller Berechtigung für den ganzen Gau zu sein scheint [8]). Er kann daher auch Missus Comitis genannt werden [9]), eine Benennung die freilich auch jedem außerordentlichen Vertreter des Grafen zukommt [10]). — Im langobardischen Königreich werden für den Comes und den Centenar auch noch die früheren Benennungen Dux und

Theod. a. 805. *c.* 12. *p.* 134. Ut pravi Vicarii et Centenarii tollantur, et tales eligantur, quales et sciant et velint iustas causas decernere et terminare. Für die Beziehung auf die Missi s. Boretius S. 85. 94. Die Ein- und Absetzung durch den Grafen (Sohm I. S. 243) widerspricht diesen Gesetzen.

7) *Cap. Aquisgr. a.* 813. *c.* 5. *p.* 188. Vicarii nostri vel Centenarii.

8) Für identisch mit dem Vicarius erklären ihn Savigny; R.R. im M.A. I. § 81 Note e. Waitz III. S 336. Sie werden aber unterschieden in *Praecept. pro Hispanis a.* 844. *c.* 5. (*Walter* III. *p.* 20.) — Comitis aut Vicecomitis aut Vicarii. *Syn. Tricass. a.* 878. (*Walter* III. *p.* 221). Comitibus, Vicecomitibus, Vicariis. *Cap. Karlom. a.* 884. *c.* 9. *p.* 552. Comes praecipiat suo Vicecomiti suisque [Vicariis et] Centenariis; und in Urkunden Carls des Großen von 774 (*Mabillon. de re dipl. Nr.* 7. *p.* 646) — ut nullus Comes, Vicecomes nec Vicarius. Urk. von 816. *Pérard p.* 36. *Nr.* XVIII. S. Bligario Vicecomite, Birgandus Vicarius subscripsit, von 832. *Baluz. marca hisp. p.* 769. Sperandeo Vigario, Alfonso Vicecomite u. s. w. Als Vertreter des Grafen im ganzen Gau bezeichnet ihn *Edict. Pist. a.* 864. *c.* 14. *p.* 491. — unusquisque Comes, in cuius Comitatu monetam esse iussimus, Vicecomitem suum, cum duobus aliis hominibus, qui in eius comitatu res vel beneficium haberent *rel.* und *Hincmar Opp.* II *p.* 317. — per Vicecomitem ipsius pagi. Gleichbedeutend ist Vicecomes Civitatis in italienischen Urkunden. *Fumagalli. Nr.* 81. 89. 101. 113. 131. *Murat.* I. 435. 438. Für die höhere Jurisdiction des Vicecomes s. Daniels, Reichs- und R.-G. V. S. 551. Nur nicht jeder Comes hatte einen solchen, wie Walter § 103 behauptet, da er bei Aufzählung der Beamten in den Capitularien dieser Zeit oft übergangen wird. Waitz III. S. 336 Note 2 und Sohm I. S. 513 folg, der aber irrig ihn mit dem Vicedominus (s. § 77 Note 48) und dem Locopositus (s. Note 13) identificirt, und seine Bestellung durch den Comes behauptet.

9) Urk. v. 820 *Pérard Nr.* 16 nennt denselben Blitgarius Missus Comitis, der in Nr. 18. 19 Vicecomes heißt. Der Missus Comitis in *L. Alam. Kar.* 36, 1—6 und *L. Chamav.* 43 ist ein ähnlicher Vertreter des Grafen.

10) Solche Delegirte des Grafen kommen häufig in Urkunden vor. *Murat.* I. 467. 508. 521. V. 519. *Vaissette* I. *Nr.* 88. 98. 101. Waitz III. S. 336. Sohm I. S. 510.

Sculdasius gebraucht[11]); der Gastaldius wird als Verwalter königlicher Güter und fiscalischer Richter[12]), und als untergeordneter Executivbeamter des Dux oder Comes in einer Stadt der Locopositus[13]) und Lociservator erwähnt[14]).

Die Neuerung Carls des Großen in Bezug auf diese verschiedenen Gerichtsobrigkeiten war nun die, daß er für den Grafen einer- und für seine Unterbeamten anderer Seits eine verschiedene Competenz festsetzte, also den Unterschied einer höheren und niederen Gerichtbarkeit einführte. Zwar Capitalsachen waren schon früher dem Grafen, und wenn sie einen Franken betrafen, selbst dem Könige vorbehalten[15]). Jetzt hat der Graf allgemein den Blutbann; nur geringere Strafsachen können auch bei dem Vicarius Comitis oder dem Centenar angebracht werden[16]). Bei Ergreifung der Verbrecher und Vollstreckung der Strafen sind sie die Gehülfen des Grafen[17]).

11) *Cap. Mant. a.* 781. *c.* 6. *p.* 41. Comiti vel Sculdaz. *Cap. Pipp. a.* 782. *c.* 7. *p.* 43. a Comitibus suis — seu ab Sculdaissihis. *Cap. Ticin. a.* 801. *c.* 7. *p* 84. Ducis aut Comitis. *Ep. ad Pipp. a.* 807. *p.* 150. Duces et eorum iuniores — Vicarii, Centenarii. Viele Urkunden. Dafür daß die Stadtgebiete Jurisdictionsbezirke der Comites sind wie früher der Duces s. *Divis. Imp. a.* 806. *c.* 4. *p.* 141.

12) *Cap. Pipp. a.* 782. *c.* 7. *p.* 43. *Cap. Pipp. a.* 802. *c.* 10. *p.* 104. *Ep. ad Pipp. a.* 807. *p.* 150. *Cap. Loth. Olonn. a.* 823. *c.* 14. *p.* 234. Urk. von 822. 842. 852. u. s. w. *Fumagalli Nr.* 33. 52. *Mur.* II. 945.

13) *Cap. Pipp. a.* 782. *c.* 6. *p.* 43. — Castaldius et Sculdais seu Locopositus. c. 9. — coniurent Sculdasios, Decanos, Saltarios vel Locopositos. Urk. von 796. *Mur.* VI. 312. von 822 und 833. *Fumagalli Nr.* 33. 38. von 845. *Mur.* II. 972. Paulitione misso domini Liutfridii Duci atque Locoposito; von 896. *Tiraboschi, Non.* II. *Nr.* 55. — Comes, Vicecomes, Sculdasius, Locopositus.

14) *Cap. Ticin. a.* 801, *c.* 7. *p.* 84. — Lociservatoris, qui missus Comitis est. Urk. von 777. *Fumagalli Nr.* 15. Urk. von 785. 786. 807. 815. *Murat.* I. 746. 532. 536. 538 u. s. w.

15) S. Bd. IV. S. 425. 435.

16) *Cap. Pipp. a.* 802. *c.* 14. *p.* 104. Ut ante Vicarios nulla criminalis actio diffiniatur, nisi (= sed) tantum leviores causas, quae facile possunt diiudicari. *Cap. Aquisgr. a.* 812. *c.* 4. *p.* 174. Ut nullus homo in placito Centenarii neque ad mortem neque ad libertatem suam amittendam — iudicetur, sed ista aut in praesentia Comitis aut Missorum nostrorum iudicentur.

17) *Cap. Aquisgr. a.* 813. *c.* 11. *p.* 188. Ut Iudices atque Vicarii patibulos habeant. *c.* 13. Ut Vicarii munera ne accipiant

Von Civilsachen aber soll der Rechtsstreit um den Besitz von Grundstücken und Unfreien und um Knechtschaft oder Freiheit, um ihrer größern Wichtigkeit willen nur im Gerichte des Grafen, alle anderen Sachen auch im Gerichte des Vicarius oder Centenars entschieden werden [18]). Da indeß der Graf in einzelnen Sachen sich auch durch seine Unterbeamten vertreten lassen konnte, so erklären sich daraus am natürlichsten die Abweichungen von jenem Grundsatz in einzelnen Fällen [19]). — Persönlich sind vom Gericht des Centenars eximirt und nur dem Grafen unterworfen die königlichen Vasallen [20]) und die Bi-

pro illos latrones, qui ante Comitem iudicati fuerint ad mortem. *Cap. Ticin. a.* 801. *c.* 4. *p.* 84. Si quis latronem morte dignum sibi ad occidendum traditum servaverit et vitam indigno concesserit *rel.*

18) *Cap. Aquisgr. a.* 810. *c.* 2. *p.* 102. Ut ante Vicarium et Centenarium de proprietate aut libertate iudicium non terminetur aut acquiratur, nisi (= sed) semper in praesentia missorum nostrorum aut in praesentia Comitum. *Cap. Pipp. a.* 802 *c.* 14. *p.* 104. Ut ante Vicarios *rel.*; et nullus in eorum iudicio aliquis in servitio hominem conquirat, sed per fideiussores remittatur usque in praesentiam Comitis. *Cap. Aquisgr. a.* 812 *c.* 4. *p.* 174. Ut nullus homo in placito Centenarii — neque ad libertatem suam amittendam, aut ad res reddendas vel mancipia iudicetur, sed ista aut in praesentia Comitis vel Missorum nostrorum iudicentur. *Cap. Lud. P. a.* 817. *per se scrib. c.* 11. *p.* 215. Omnis controversia coram Centenario definiri potest, excepta redemptione terrae et mancipiorum, quae non nisi coram Comite fieri potest. Sohm I. S. 419 folg. nimmt an, daß diese Sachen nur im echte Ding vor dem Grafen entschieden werden konnten und S. 427 (wie Eichhorn S. 395), daß dieß keine Neuerung Carls des Gr., sondern schon älteres Recht sei.

19) Vor dem Vicecomes Urk. von 818. *Pérard p.* 36. *Nr.* 19. Urk. von 873. *Gallia christ.* VI. *p.* 7. Vor dem Missus Comitis Urk. von 862. 873. 875. *Vaissette* I. *Nr.* 88. 98. 101. Vor dem Vicarius Comitis *Bignon. form.* 6. 12. Vor dem Sculdasius im Auftrag des Grafen. Urk. von 856. *Mur.* I 507. Urk von 844. *ibid* 467. Der Graf sitzt mit dem Sculdasius zu Gericht: in presencia Isengari Sculdascio — a Comite (*interrogatus respondit*) Der Graf überträgt die Execution des vor dem Sculdasius gefällten Urtheils einem Schöffen. Dieser erzählt: Etiam iste Iohannes Comis — mihi commandavit *rel.* Die Reception jener Competenzbestimmung in Italien bezeugt auch *Lib. Pap. Kar.* 35. 93. Hiernach ist zu berichtigen Bd. IV. S. 344 Note 26.

20) *Cap. a.* 781. *c.* 13. *p.* 41. De vassis nostris, de iustitiis illorum, ut ante Comitem suum suscipiant et reddant. *Cap. Lang. a.* 802. *c.* 10. *p.* 104. Ut vassi nostri — suos Advocatos

schöfe, Aebte und Aebtissinnen, weil sie gleichfalls unter königlichem Schutze stehen [21]).

Der Graf sollte nach Carls des Großen früherer Vorschrift zweimal im Jahr [22]), nach einer späteren dreimal zu bestimmter Zeit an einer althergebrachten Gerichtsstätte einen allgemeinen Gerichtstag (placitum generale), in welchem alle freien Gaugenossen zu erscheinen verpflichtet sind [23]), und in den Zwischenzeiten nach Bedürfniß entweder selbst oder durch seine Unterbeamten auch an anderen Orten kleinere Gerichtstage (placita minora) halten, welche nur von den zunächst Betheiligten besucht werden [24]). Da die Gerichtsobrigkeit diese

habeant, qui eorum res ante Comitem defendere possint. *Cap. Olonn. a.* 825. *c.* 1. *p.* 246. *Cap. a.* 883. *c.* 11. *p.* 553.

21) *Cap. Pipp. a.* 782. *c.* 6. *p.* 42. Ut qui se reclamaverit, super Pontificem — dirigat illum Comes — ad ipsum Pontificem. *Cap. Olonn. a.* 823. *c.* 7. *p.* 234 Volumus ut Episcopi, Abbates et Abbatissae — pleniter iustitiam faciant ante suum Comitem. Nicht so der niedere Clerus. *Cap. a.* 803. *c.* 12. *p.* 160. — Abbates et presbyteri, — diaconi et subdiaconi — ante Comitem vel Iudicem.

22) *Cap. a.* 769. *c.* 12. *p.* 33. Ut ad mallum venire nemo tardet, primum circa aestatem, secundo circa autumnum.

23) *Cap. Pipp. a.* 802. *c.* 14. *p.* 104. — ut ingenuos homines nulla placita faciant custodire, postquam illa tria custodiant placita, quae constituta sunt. *Cap. Aquisgr. a.* 817. *c.* 14. *p.* 217. De placitis siquidem, quos liberi homines observare debent, constitutio genitoris nostri penitus observanda atque tenenda est, ut videlicet in anno tria solummodo generalia placita observent *rel. c.* 15. *p,* 216. — ad tria placita Comitum veniant. *cf. Cap. Theod. a.* 805. *c.* 16. *p.* 134. *Cap. Olonn. a.* 823. *c.* 13. *p.* 233. Similiter concedere volumus cunctis liberis personis *rel.* Neque cogantur ad placita venire, praeter ter in anno sicut in capitulari continetur. Für die herkömmliche Gerichtsstätte des Grafengerichts s. *Cap. a.* 819. *c.* 14. *p.* 212. Ubi antiquitus consuetudo fuit de libertate sacramenta adrhamire vel iurare, ibi mallum habeatur — minora vero placita *rel.* s. folg. Note. *Cap. Lambert. a.* 898. *c.* 6 *p.* 564. Vgl. Waitz IV. S. 312 folg.

24) *Cap. a.* 769. *cit.* Ad alia vero placita, si vel necessitas fuerit, — vocatus venire nemo tardet. *Cap. a.* 802. *cit.* — nisi forte contingat, ut aliquis aliquem accuset. *Cap. a.* 817. *c.* 14. *cit.* — et nullus eos amplius placita observare compellat, nisi forte quilibet aut accusatus fuerit, aut alium accusaverit, aut ad testimonium perhibendum vocatus fuerit. ad cetera vero, quae Vicarii vel Centenarii tenent, non alius venire iubeatur, nisi qui aut litigat, — aut testificatur. Für den Ge-

willkührlich ansetzt und die betheiligten Personen dazu vorladet, so kann man sie mit dem später gebräuchlichen Ausdruck „gebotene", jene „ungebotene" oder gesetzliche Gerichtstage nennen, während freilich auch letztere innerhalb des gesetzlichen Zeitraums für bestimmte Tage angesagt und die Gerichtseingesessenen zum Erscheinen aufgefordert wurden [25]). Für beide sind Sonn- und Feiertage ausgenommen [26]). Rücksichtlich der einzelnen Termine sind die althergebrachten Fristen von sieben, vierzehn und vierzig Nächten (42 Tagen) zu beachten [27]). An den ordentlichen Gerichtsstätten sollte für ein Obdach gegen Sonnenhitze und Regen gesorgt sein [28]), kirchliche Räume aber sollten nicht dazu gebraucht werden [29]).

Zu diesen ordentlichen Gerichtsobrigkeiten traten jetzt regel-

richtsort s. *Cap. a.* 819. *c.* 12. *p.* 213. Minora vero placita Comes sive intra suam potestatem (in seiner Herrschaft) vel ubi impetrare potuerit, habeat.

25) S. unten § 82 Note 22 und Sohm I. S. 308 folg. — Derselbe S. 368 folg. nimmt an, daß die gesetzliche Gerichtsversammlung (placitum legitimum, generale. mallus) unter dem Vorsitz des Grafen in der Gerichtsstätte jeder Centgemeinde dreimal im Jahr stattfand, und zwar nur die Glieder dieser Gemeinde zum Erscheinen verpflichtete, aber für die ganze Grafschaft competent war, und daß in der Zwischenzeit gebotene Gerichte (placita minora) vom Grafen und seinen Unterbeamten gehalten wurden.

26) *Cap. de part. Sax. a.* 785. *c.* 18. *p.* 49. *Cap. a.* 789. *c.* 80. *p.* 66. *Cap. a.* 813. *c.* 15. *p.* 190. *Cap. a* 825. *c.* 9. *p.* 244. *Cap. Car.* II. *a.* 853. *c.* 7. 8. *p.* 419. Unter den Werkeltagen wurde kein Unterschied gemacht. Vgl. Urk. von 819 *Pérard p.* 34 XV. die mercurii. Urk. von 816. *ibid. p.* 36. XVIII. die veneris. Urk. von 867. 870. *ibid. p.* 147. 149. die martis. Waitz IV. S. 311.

27) Waitz IV. S. 309 folg. Die acht- und vierzehntägigen Gerichtsversammlungen der *L. Alam. Karol.* 36, 1—3. *p.* 142 und *L. Baiuw.* Text III. 2, 15. *p.* 391 sind dem fränkischen Recht fremd. — Sohm I. S. 430 nimmt an, daß die fränkische Frist von 40 Nächten sich auf das echte Ding, die von 15 auf die gebotenen Gerichte bezogen habe.

28) *Cap. a.* 809. *c.* 13 (25). *p.* 156. Ut in locis, ubi mallos publicos habere solent, tectum tale constituatur, quod in hiberno et in aestate ad placitos observandos usus esse possit. *Cap. a.* 819. *c.* 12. *p.* 213. Volumus utique, ut domus a Comite in loco, ubi mallum tenere debet, construatur, ut propter calorem solis et pluvium publica utilitas non remaneat. — Daß diese Gerichtsstätten die Mittelpunkte der Centenen waren, weist nach Sohm I. S. 275 folg.

29) *Cap a.* 803. *c.* 15. *p.* 111. *Cap. a.* 813. *c.* 21. *p.* 190. *Cap. a.* 807. *c.* 14. *p.* 213. *Cap. a.* 853. *c.* 7. *p.* 419. Daß es dennoch geschah, dafür s. *Pérard p.* 150. *Vaissette* I. *p.* 135.

mäßig als außerordentliche die Missi dominici, die vermöge des vom Könige empfangenen Auftrags auch die Gerichtsverwaltung zu beaufsichtigen und, wo es nöthig war, in dieselbe einzugreifen hatten. Sie haben zunächst die gleiche Gerichtbarkeit mit den Grafen [30]); um deren ordentliche Gerichtsverwaltung aber nicht zu stören, sollten sie nur in vier Monaten ihres Amtsjahrs, nämlich im Januar, April, Juli und Oktober, ihren District bereisen und an vier Orten statt der Grafen Gericht halten, diese in den anderen Monaten [31]). Als Bevollmächtigte und Vertreter des Königs [32]) aber stehen sie über den Grafen; daher sollen diese mit ihren Unterbeamten im Gerichte der Missi erscheinen, und da auch alle Eingesessenen, welche Klagen hatten, sich einfanden, so entstand daraus ein förmlicher Conventus [33]). Die Hauptaufgabe der Missi war dann, da Hülfe zu schaffen, wo die Macht der Grafen nicht ausreichte [34]) oder wo diese die Justiz verweigerten [35]). Beson=

30) *Cap. Pipp. a.* 802. *c.* 14. *p.* 104. *Cap. Aquisgr. a.* 810. *c.* 2. *p.* 162. *Cap. Aquisgr.* a. 812. c. 4. *p.* 174. oben Note 18.

31) *Cap. Aquisgr. a.* 812. *c.* 8. *p.* 174. Volumus propter iustitias, quae usque modo de parte Comitum manserunt, quatuor tantum mensibus in anno Missi nostri legationes nostras exerceant, in hieme Ianuario, in verno Aprili, in aestate Iulio, in autumno Octobrio. Ceteris vero mensibus unusquisque Comitum placita sua habeat et iustitias faciat. Missi autem nostri quater in anno et in quatuor locis habeant placita sua *rel.*

32) Waitz IV. S. 348 Note 1 und unten § 85 Note 53.

33) *Cap. Aquisgr. a.* 812. *c.* 8. *cit.* — cum illis Comitibus, quibus congruum fuerit, ut ad eum locum possint convenire. *Cap. Lud. P. Miss. a.* 825. *c.* 2. 4. *p.* 247. — Conventum in duobus aut tribus locis congregent.

34) *Cap. Lud. P. cit. c.* 2. ut si quilibet — Comes ministerium suum per quodlibet impedimentum implere non possit, ad eos recurrat et cum eorum adiutorio ministerium suum adimpleat. Darum soll der Graf zur Verfolgung von Räubern sich mit anderen Grafen verbinden (*Cap. a.* 812. *c.* 12. *p.* 175) und sie zum Gericht der Missi aufbehalten. *Cap. a.* 781. *c.* 10. *p.* 41.

35) *Cap. a.* 779. *c.* 21. *p.* 38. Si Comes in suo ministerio iustitias non fecerit, Missos nostros de sua casa soniare faciat, usque dum iustitiae ibidem factae fuerint. *Cap. de instr. Miss. a.* 810. *c.* 3. 5. *p.* 164. *Cap. a.* 817. *Miss. c.* 23. *p.* 218. *Cap. Miss. a.* 825. *c.* 2. *p.* 247. — ut quicunque per neglegentiam aut incuriam Comitis iustitiam suam acquirere non potuerit, ad eos primum possit suam querelam deferre. Deshalb sollen die Missi vorzugsweise da Gericht halten, wo der Graf seine Pflicht versäumt hat, aber nicht wenn er amtlich ab=

ders war es ihnen zur Pflicht gemacht, die Rechte des Fiscus und der Armen, Witwen und Waisen wahrzunehmen [36]). Den großen Umfang, in welchem faktisch die Missi an der Gerichtsverwaltung Theil nahmen, beweisen die zahlreichen Urkunden über vor ihnen verhandelte Rechtssachen.

Ueber die Theilnahme des **Königs** selbst und seines Pfalzgrafen an der Gerichtsverwaltung sind die Grundsätze der Capitularien wesentlich dieselben, wie die der merowingischen Zeit. Die Gerichtbarkeit des Königs ist dem Rechte nach eine mit allen seinen Beamten concurrirende; aber der Ordnung wegen, und um den Zudrang der Rechtsuchenden beim Könige zu vermindern, verordnete schon K. Pippin [37]), und Carl der Große und sein Nachfolger bestätigten es, daß regelmäßig der Graf in erster Instanz angegangen werden solle; der König nur wegen Rechtsverweigerung [38]), wo dann der Graf zur Vertretung seiner Sache Boten an des Königs Hof sendet [39]), oder wenn das Urtheil der Schöffen gescholten worden ist [40]). Die Ausnahmefälle, die der König in erster Instanz vor sein Gericht zieht, sind solche, wo sein Interesse in Frage kommt, also Fiscalsachen, die er jedoch auch seinen Missis überträgt [41]), und wo sein Ansehen verletzt, also die Königsbuße (bannus regalis) bezahlt wird [42]). Dahin gehören der Ungehorsam gegen das Aufgebot zum Heer (herisliz) [43]) und die beharrliche Rechtsverweigerung [44]). Die Vasallen des Königs und die höhere Geistlichkeit, weil unter königlichem Schutze stehend,

wesend ist, sich also nicht rechtfertigen kann. *Cap. a.* 817. *Miss. c.* 24. *p.* 218.

36) *Cap a* 817. *Miss. c.* 1. 2. 3. *p.* 216 *sq.*

37) *Cap. Pipp.* R. *c.* 7. *p.* 31.

38) *Cap. Mant. a.* 781. *c.* 23. *p.* 40. *Cap. Worm. a.* 829. *c.* 15. *p.* 353. Wer dem Reclamirenden den Weg zum König verlegt, zahlt die Königsbuße. *Cap. de part. Sax. a.* 785. *c.* 26. *p.* 50.

39) *Cap. a.* 810. *c.* 1. *p.* 162.

40) *Cap. Pipp. R. cit.* — si reclamaverit, quod legem ei non iudicassent. *Cap. Sax. a.* 797. *c.* 4 *p.* 76. *Cap. Boioar. a.* 803 *c.* 7. *p.* 127. *Cap. Theod. a.* 805. *c.* 8. *p.* 133. De clamatoribus seu causedicis qui iudicium scabiniorum — blasfemare volunt.

41) *Cap. a.* 817. *Miss. c.* 1. *p.* 216. *Cap. Worm. a.* 829 *c.* 9. *p.* 351.

42) Wilda, Strafrecht S. 475. Waitz IV. S. 275 folg. 407.

43) *Cap. a.* 810. *c.* 12. *p.* 163.

44) *Cap. a.* 803. *c.* 4. *p.* 115.

hatten das besondere Recht, ehe das Urtheil im Grafengericht gesprochen ist, sich auf das des Königs zu berufen (reclamatio)[45]. Daß Beschwerden über königliche Beamte beim Könige angebracht werden müssen, beruht auf seiner Disciplinargewalt über dieselben[46], und daß überall, wo ihre Macht nicht ausreicht um dem Unrecht zu steuern, der König eingreift, auf seiner concurrirenden Gerichtbarkeit[47].

Der Pfalzgraf (Comes palatii) hat regelmäßig als Beisitzer des Königs dieselben Functionen wie früher[48]. Er hält aber auch selbständig im Auftrag des Königs Gericht; nach Carls des Großen Anordnung in allen beim Könige angebrachten Rechtshändeln geringer Leute, in Sachen der Großen nur vermöge speciellen Auftrags[49]. Die Söhne und Enkel Carls hatten als langobardische Könige ihren eigenen Pfalzgrafen[50].

---

2. Gerichtsbeisitzer und Gehülfen.

§ 76. Noch bedeutender und folgenreicher war Carls des Großen Neuerung in Bezug auf die urtheilenden Beisitzer des Gerichts. Während nämlich bis dahin der Graf oder sein Unterbeamter aus der Gesammtheit der gerichtseingesessenen

45) *Cap. Theod. a.* 805. *c.* 8. *p.* 133. *Cap. a.* 884. *c.* 11. *p.* 553. Sickel, Beiträge zur Diplomatik S. 92 folg. Brunner, Zeugen- und Inquisitionsbeweis S. 55 folg. Waitz IV. S. 228. 391. 410. Einen privilegirten Gerichtsstand vor dem König giebt ihnen nicht *Cap. Aq. a.* 812. *c.* 2. *p.* 174. Sohm, Zeitschr. für Kirchenrecht IX. S. 207. Vgl. oben Note 20. 21.

46) *Cap. a.* 786. *c.* 7 *p.* 51. *Cap. Aquisgr. a.* 817. *c.* 1. *p.* 217.

47) *Cap. Miss. a.* 802. *c.* 21. *p.* 98. *cf. Cap. Aquisgr. a.* 802. *c* 32. 33. 37. *p.* 95. *sq. Cap. Aq. a.* 812 *c.* 12. *p.* 188.

48) *Marculf. App.* 38 Indiculus regalis. Eben diese Gerichtsurkunden fertigte er aus. *Cap. de disciplina palatii a.* 809. *c.* 6. *p.* 158.

49) *Cap. Aquisgr. a.* 812. *c.* 2. *p.* 174. Vgl. Waitz IV. S. 412. folg.

50) *Muratori, Ant. Ital.* I. *Diss.* 7. *p.* 353 *sqq.* Ficker, Forschungen I. § 170 S. 312.

freien Leute die gesetzliche Zahl, wahrscheinlich zwölf, für die einzelne Gerichtssitzung auswählte und als Urtheiler zu der Gerichtsbank berief [1]), verordnete Carl, daß ein für allemal durch die königlichen Missi in jedem Gau eine bestimmte Anzahl zu Urtheilern oder Schöffen bestellt werden sollten. So bekannt diese Neuerung, so wenig ist doch ihre Geschichte bis jetzt vollkommen aufgeklärt [2]).

Doch kann es für erwiesen gelten, daß der deutsche Name Scabini, oder nach der Form des späteren Mittelalters Schöffen, vor Carl dem Großen nicht vorkommt [3]). Noch unter seinem unmittelbaren Vorgänger, K. Pippin, werden die urtheilenden Beisitzer des Grafen nur Rachinburgen genannt [4]), eine Benennung, die später verschwindet, und an deren Stelle jene andere tritt [5]). Diese Aenderung der Bezeichnung kann nicht für zufällig gehalten, vielmehr mit Sicherheit angenommen werden, mit dem neuen Wort sei auch die neue Sache ins Le-

1) S. Bd. IV S. 426 folg.

2) Savigny, R. R. im M.A. I. §§ 69—77. S. 239 folg. Eichhorn, D. St. und R. G. I. § 165. S. 646 folg. Unger, Altdeutsche Gerichtsverfassung § 27. S. 168. Maurer, Altgerm. Gerichtsverfahren §§ 54—57. Grimm, R.A. S. 775 folg. Walter, D. R G. § 102. Waitz IV. S. 325 folg. Sohm, Altd Reichs- und Gerichtsverfassung § 16. S. 372 folg.

3) S. Bd. IV. S. 356 Note 91. S. 426 Note 37 und unten Note 11. Waitz II. S. 422 Note 1.

4) *Cap. Pipp. R. incerti anni c. 7. p.* 31. — si causa sua ante Comitem in mallo fuit ante Rachemburgis *rel.*

5) Merkwürdig ist Urk. von 780 (*Gallia christ.* I. *p.* 106. *Cartul. de St. Victor Nr.* 31), worin beide Ausdrücke vorkommen und der neue Name scabini litis oder scabini ipsius civitatis durch rationesburgii (= rachinburgii) dominici, vom König eingesetzte Urtheiler, erklärt wird. Sohm I. S. 383. Für den Gebrauch der älteren Bezeichnung für die carolingischen Scabinen sind die Formeln in *Marculf. App.* 1. 4. 6. und *Bignon.* 26. (*form.* 6 nennt scabini) nicht entscheidend, weil beide Sammlungen aus älteren und späteren Formeln gemischt sind; und selbst die Alamannischen Formeln bei *Rozière Nr.*474. 481. 486. 499. können älteren Mustern gedankenlos nachgeschrieben sein. Ebenso erkläre ich mir in Urk. von 918 (*Vaissette* II. *Nr.* 42) — iudices, scaphinos et reginburgos, tam Gotos quam et Romanos seu etiam Salios; denn im zehnten Jahrhundert war der gemeine Sprachgebrauch gewiß nicht mehr schwankend. Rücksichtlich der Fuldaer Urk. von 783 (*Schannat. Trad. Fuld.* II. 40.) — testes et reginburgos, steht es dahin, ob damals in Thüringen der Scabinat bereits eingerichtet war. Vgl. unten Note 21.

den getreten [6]). Das Gesetz aber, wodurch dieß zuerst bewirkt wurde, besitzen wir nicht, sondern nur spätere Capitularien Carls des Großen und seiner Nachfolger, welche bei Erneuerung der Vorschriften es einschärfen, daß, abgesehen von den gesetzlichen Versammlungen aller Gaugenossen, außer den Partheien und Zeugen nur die erwählten Scabini im Gericht des Grafen oder seiner Unterbeamten zu erscheinen genöthigt werden sollen, und damit dem Mißbrauch entgegentreten, daß auch andere Freie als Urtheiler zu den Gerichtssitzungen berufen wurden, nur um die Strafgelder wegen ihres Nichterscheinens einzuziehen [7]). Als Zweck der neuen Einrichtung erscheint hiernach die Befreiung der Freien von einer gemeinen Last, die bei schon gesunkenem Gemeingeist drückend empfunden wurde. Gewiß war dieß aber nicht das einzige Motiv der Neuerung, sondern ebensowohl ein zweites, nämlich die Willkühr der Gerichtsobrigkeiten in der Wahl der Urtheiler im einzelnen Fall, die auf Untüchtige oder Abhängige fallen konnte, auszuschließen, so daß hierdurch also der Zweck der ursprünglichen Institution, die Gerechtigkeit des Urtheils, noch mehr gesichert wurde [8]). In demselben Interesse wurden die königlichen Missi angewiesen, unter Beirath des Grafen und Zustimmung des Volks, nur gottesfürchtige und die Wahrheit liebende Männer zu diesem Amt zu wählen und das Verzeichniß derselben dem König einzureichen, auch später untüchtig befundene Scabinen wieder abzusetzen [9]).

6) Unger *cit.* leugnet die Neuerung Carls des Gr. und behauptet eine zufällige Aenderung des Sprachgebrauches.

7) *Cap. Lang. a.* 802. *c.* 14. *p.* 104. *Cap. Miss. a.* 803. *c.* 20. *p.* 115. *Cap. Aquisgr. a.* 809. *c.* 5 *p.* 156. *Cap. a.* 807. *c.* 12. *p.* 151. *Cap. Lud. P. a.* 817. *c.* 14. *p.* 217.

8) Eichhorn S. 649.

9) *Cap. Miss. a.* 803. *cit.* Ut Missi nostri Scabinios — per singula loca elegant et eorum nomina, quando reversi fuerint, secum scripta deferant. *Cap. Aquisgr. a.* 809. *cit.* Ut — Scabinii, quales meliores inveniri possunt et Deum timentes, constituantur ad sua ministeria exercenda; cum Comite et populo elegantur mansueti et boni. *Cap. Lud. P. et Loth. a.* 829. *c.* 2. *p.* 351. Ut Missi nostri, ubicunque malos Scabinios inveniant, ei-

Was die nähere Zeitbestimmung dieser Reform betrifft, so könnte man geneigt sein, sie zu den Maßregeln zu rechnen, zu welchen Carl der Große durch seine Kaiserkrönung angeregt wurde, weil alle Capitularien, in denen er sie erwähnt, nach dieser fallen. Allein in Urkunden kommen Scabinen schon früher vor, und zwar in fränkischen schon in den Jahren 776, 780 und 781 [10]). In langobardischen will man sie selbst schon in den Jahren 774 und 776 finden [11]). Allein da Carl erst in dem Jahr 774 Pavia eroberte und sich von den Langobarden huldigen ließ, und auch sein zweiter kurzer Aufenthalt in Italien im Jahr 776 ihm zu neuen Organisationen keine Zeit ließ, so sind diese angeblich von Einem oder zwei Scabinen unterzeichneten Geschäftsurkunden so wenig ein sicherer Beweis für das Vorkommen derselben in Italien, als jene anderen, in denen man schon vor Carl dem Großen in gleicher Weise Scabinen gefunden zu haben meinte. Zu durchgreifenden neuen Einrichtungen im langobardischen Königreich kam es ohne Zwei-

ciant et totius populi consensu in locum eorum bonos eligant. Et cum electi fuerint, iurare faciant, ut scienter iniuste iudicare non debeant. c. 4. Zur Bestrafung sollen sie vor den König gestellt werden. *Cap. Loth. a.* 832. *c.* 5. *p.* 438 (vgl. Boretius S. 159). De iudicibus inquiratur, si nobiles et sapientes et Deum timentes constituti sunt; et iurent, ut iuxta suam intelligentiam recte iudicent. Ubi autem tales non sunt, a Missis nostris constituantur et idem sacramentum facere cogantur. Quod si viles personae et minus idoneae ad hoc constitutae sunt, reiciantur.

10) Urk. von 776. (Beyer, Mittelrhein. Urk. I. S. 32. Nach Sickel *K. Nr.* 97 vom J. 782). — Uncibertus Missus noster cum Scabinis et testibus ducatus Moslinsis. Urk. von 780 *cit.* Note 5. Urk. von 781 vor Carl dem Gr. (*Bouquet.* V. *p.* 746. *Mabillon, de re dipl. Nr.* 55) erwähnt ein früheres Urtheil vor Comitem et suos Escapinios.

11) Waitz S. 326 Note 2 und Sohm I. S. 389. Die Schenkungsurkunde bei *Brunetti, Cod. dipl. Tosc.* II *p.* 215. Pistoja *a.* 774 ist unterschrieben: Ambrosius Not. et Scabino ss., nachdem zuvor ein anderer Notar Heriprand ohne diese zweite Bezeichnung unterschrieben hatte, und auch der ausfertigende Notar am Schlusse nur sagt: Hildeprand not. scriptor complevi. Das Testament bei *Mur.* II. *p.* 1030. Mailand *a.* 777 hat unter anderen Zeugen Einer unterschrieben, hinter dessen unleserlichem Namen das Wort Scavinus stehen soll. Eine neue Vergleichung beider Urkunden ist sehr zu wünschen.

sel erst im J. 781 während Carls längeren Aufenthaltes in Pavia, und als er seinen Sohn Pippin in Rom zum König der Langobarden salben liess [12]). Auch erscheinen erst von da an in langobardischen Gerichtsurkunden zunächst Arimanni als urtheilende Beisitzer des Gerichts [13]), während nach rein langobardischer Gerichtsverfassung der Dux oder Sculdasius allein das Urtheil fällte [14]); dann im J. 796 und später auch Scabini [15]). Zuerst wurde also die urgermanische Sitte, das Urtheil durch Einzelne aus der Gemeinde fällen zu lassen, den Langobarden zurückgegeben und dann die Verbesserung derselben, die Besetzung aller Gerichte mit Scabinen, nur allmälig durchgeführt. Bestimmt vorausgesetzt wird diese Durchführung in einem Capitular Pippins vom J. 802 [16]). Uebrigens werden die Scabinen hier, d. i. in Italien [17]), und ebenso im südlichen Frankreich, also in vorzugsweise romanischen Gegenden, auch Judices [18]) und Auditores genannt [19]). — Die eigenthümliche Gerichtsbesetzung in nicht langobardischen Theilen Italiens wird besser dem nachcarolingischen Zeitabschnitt [20]) und

12) So Hegel, Städteverfassung von Italien, II. S. 2 folg.

13) In Lucca *a.* 785. 786. 803 und 815. *Mur.* I. 745. 532. 538. V. 918.

14) S. Bd. IV. S. 359 folg.

15) In Pisa *a.* 796. in Lucca *a.* 813. *Mur.* V. 312. 919 u. s. w.

16) *Cap. Lang. a.* 802. c. 14. *p.* 104.

17) In Urkunden häufig als Iudices oder Scabini civitatis, d. i. des Comes, der in der Stadt seinen Sitz hatte, z. B. Urk. von 780, oben Note 5, von 806. 813. 820. 827. 836. *Mur.* I. 502. 519. V. 919. I 462 481. V. 924. *Fumagalli Nr.* 52. 46. u. s. w. Die Urk. von 842. *Mur.* II. 977 nennt dieselben iudices, die sich mit scavino unterzeichnen. In Capitularien finde ich den Ausdruck iudices nur in den für Italien erlassenen, *Cap. a.* 807. *c.* 12. *p.* 151. (Boretius S. 123) scabinus aut iudex. *Cap. Loth. a.* 832. *c.* 5 oben Note 9 *Cap. Wid. R. a.* 891. *c.* 9. *p.* 557. (Boretius S 170). Die Gesetzesstellen bei Waitz IV. S 327 Note 2 sprechen nicht von Schöffen, sondern von Unterbeamten des Grafen. S. § 74 Note 5.

18) Urk. von 782 zu Narbonne. *Baluz.* II. *App. Nr.* 16. *a.* 817. *ibid. Nr.* 34. von 844. *Gallia christ.* I. *Nr.* 107. *a.* 852. *Vaissette* I. *Nr.* 76 u. s. w.

19) In Südfrankreich *Vaissette* II. *p.* 20. 57. *Gall. christ.* VI. *p.* 418. 423, wo es gothischer Sprachgebrauch sein mag, s Bd. IV S. 222. Aber auch in Italien *a.* 806. *Mur.* I. 974. Vgl. Waitz IV. S. 327 Note 2, wo auch andere Ausdrücke späterer Zeit angeführt werden.

20) S. Abschn. II. Italien in nachcarolingischer Zeit.

die successive Einführung des Scabinats in Deutschland dem dritten Theil dieses Werkes vorbehalten[21]).

Die Scabinen wurden für einen bestimmten Gerichtsbezirk[22]), wahrscheinlich für einen Gau bestellt[23]), daher sie auch als Schöffen des dem Gau vorgesetzten Grafen[24]), und, insofern dieser seinen Sitz in dem Hauptort des Gaus hatte, als zu dieser Stadt gehörig bezeichnet werden[25]). Daß auch den Unterabtheilungen des Gaus bestimmte Schöffen zugewiesen wurden, ist nicht erweislich[26]).

21) Sie bedarf noch weiterer Untersuchung. Für Baiern ist sie befriedigend durchgeführt von Beseler, der Judex im Bairischen Volksrecht, Zeitschr. für Rechtsgeschichte IX S. 244 folg., wonach Scabinen in Urk. von 807. 820. 828 u. s. w. vorkommen und der Recht sprechende Judex seit 836 verschwindet. In Alamannien (Rhätien) erscheinen Scabinen mit dem Comes in Urk. von 807. *Goldast. Nr.* 99. Wartmann, St. Galler Urk. I. Nr. 187). Ueber Thüringen s. oben Note 5. In Sachsen urtheilte nach *Cap. Sax. a.* 797. *c* 4. *p.* 76. noch die ganze Gemeinde. Das *Praecept. pro Trutm Com. a.* 789 (Walter II, *p.* 103.) ist unecht. Vgl. vorläufig Eichhorn § 165 Note d. Maurer S. 65 N. 33. S. 170 N. 63. Grimm, R.A. S. 782. Unger S. 172. Waitz IV. S. 337.

22) *Cap. a.* 803. *c.* 3. Note 9. per singula loca.

23) Daher Scabini pagenses Beyer, Mittelrhein. Urk. S. 116 und in Italien sehr häufig Scabini comitatus. z. B. *Mur.* I. 488. II. 114. Außerhalb des Gaus fungiren sie nur unter Begleitung ihres Grafen im Gericht der königlichen Missi. Vgl. Sohm I. S. 446. Note 168.

24) *Cap. in Theod. villa a.* 821. *c.* 5. *p.* 230. — si (*Comes*) ibi secum suos Scabineos habuerit. *Cap. Aquisgr. Miss. a.* 825. *c.* 4. *p.* 247. de primis Scabinis suis. Urk. von 781 Note 16. Comitem et suos Escapinios. Urk. von 827. *Murat.* I. 482. Scavinii Bosonis Comitis.

25) Besonders in Italien s. oben Note 17. In Frankreich *Pl. a.* 780. oben Note 5. scabinos ipsius civitatis. *Pl. a.* 878. *Vaissette* I. *Nr.* 109. in Albia civitate — in mallo publico coram Reymundo Comite et civiles iudices.

26) Ich nahm dieß früher mit Eichhorn cit. an; s. Ursprung der lomb. Städtefreiheit S. 85. Allein die kleineren Orten angehörigen Schöffen bei *Tiraboschi. Non. Nr.* 43. 56. *Fumagalli Nr.* 131. sind um so mehr nur nach ihrem Wohnsitz so bezeichnet, da in Nr. 56 der Graf es ist, der sie um sich versammelt. Auch das *Pl. a.* 844. *Mur.* I. 467. nennt wohl nur einen von dem Sculdasius von Locarno, der im Auftrag des Grafen zu Gericht sitzt, zugezogenen Schöffen des Gaus. Vgl. Waitz IV. S. 329. Sohm I. S. 443 folg. behauptet mit Rücksicht auf jene italienischen Urkunden die Bestellung der Schöffen für die Hundertschaften, aber ihre Competenz für den ganzen Gau.

Die rechtliche Befähigung zu dem Amt eines Scabinus hatten nur freie Leute, die vollkommen an ihrem Rechte sind [27]). Ohne Zweifel auch nur freie Grundbesitzer, die bei der beginnenden Auflösung der alten Standesverhältnisse als Edle im Gegensatz geringer, nichtbesitzender Leute bezeichnet werden [28]), und zwar in dem Gau mit freiem Grundeigenthum angesessen [29]). Hierin lag, insofern der Gau von Einem Volksstamm bewohnt war und die Partheien regelmäßig zu den Eingesessenen gehörten, für diese die Sicherheit, daß ihnen das Recht von Scabinen ihres Stammes gewiesen wurde. Für den Fall gemischter Bevölkerung, oder wenn ein Fremder vor Gericht stand, mußte eine besondere Vorkehrung getroffen werden, wovon bei den Rechtsquellen die Rede sein wird [30]). Weise, d. i. rechtskundige Männer überall zu dem Schöffenamt zu berufen, waren die königlichen Missi angewiesen [31]).

Das Geschäft der Scabinen ist unter dem Vorsitz der Gerichtsobrigkeit, ohne die sie ihr Amt nicht üben können [32]), die Fällung des Urtheils, jedoch unter Leitung und Aufsicht des Vorsitzenden, der deshalb Miturheber des Urtheils genannt werden kann [33]) und die darüber ausgefertigte Urkunde

27) Daher der zum Tode verurtheilte und begnadigte Verbrecher als rechtlos ausgeschlossen ist. *Cap. Aquisgr. a.* 809. *c.* 1. *p.* 155.

28) *Cap. Loth. a.* 832. *c.* 5. Note 9 nobiles — viles.

29) Pagenses Note 23. Grundbesitz war Bedingung der Schöffenfähigkeit, wie der Zeugenfähigkeit. *Cap. a.* 829. *c.* 6. *p.* 354. Homeyer, Hantgemal S. 46 Note 74 Beides bestreitet Sohm I. S. 354 folg. 376 folg.

30) S. § 78 Note 99 folg.

31) *Cap. Loth. Miss. a.* 832. *c.* 5. Note 7. sapientes. *cf. Cap. Karlom. a.* 884. *c.* 9. *p.* 552. Francis hominibus mundanae legis documentis eruditis. In den Urk. königl. Missi in Baiern vom J. 829. (*Meichelbeck.* I. 2. *Nr.* 530) werden als Urtheiler alii multi legis doctores genannt.

32) In Italien kommen häufig Fälle vor, wo ein Scabinus die Stelle der Gerichtsobrigkeit einnimmt, aber gewiß stets im Auftrag derselben, wie z. B. bei *Murat.* I. 507. Dum resedisset H. scavinus de vico L. per iussionem B Comiti (vgl. oben § 75 Note 19), oder wie in *Mon. Patr.* I. *Nr.* 37. als Kirchenvogt. Hegel I. S. 331. II. S. 42. In den Urk. von 822 *Mem. di Lucca* IV. 2. *Nr.* 20 hegen zwei Scabini das Gericht.

33) *Form. Lind.* 124. — iudicatum est ab ipso Comite vel ab ipsis Scabinis. Urkunden bei Waitz IV. S. 335 Note 3.

mit den Schöffen unterzeichnet [34]). Das Urtheil der Schöffen aber zu ändern oder aufzuheben, war die Gerichtsobrigkeit nicht befugt [35]). Sporteln scheinen sie nach gemeinem fränkischen Recht nicht empfangen zu haben [36]). Zur Fällung des Urtheils sollen nach Vorschrift eines Capitulars sieben Schöffen mitwirken [37]). Nach einem andern Capitular soll der Graf im Conventus der Missi dominici mit seinen zwölf Scabinen oder mit anderen diese Zahl ergänzenden schöffenbaren Gaugenossen erscheinen [38]). Diesen Zahlen liegt offenbar der Grundsatz des ältesten [39]) und des späteren Rechts [40]) über volle Gerichtsbesetzung zum Grunde.

Dieser Grundsatz war jedoch für die Scabinen insofern nicht unbedingt maaßgebend, als zwar nur sie die Pflicht hatten, dem Bann des Grafen oder seiner Unterbeamten zu jeder von diesen angesagten Gerichtssitzung zu folgen [41]), das Recht aller

34) *Cap. Loth. Miss. a.* 832. *c.* 5. *p.* 438. quod iudicaverint sua subscriptione confirmare non dissimulent. Die Theilnahme des Grafen am Urtheil und seine Unterschrift mit der der Schöffen bezeugen viele Urkunden W a i t z IV. S. 335 Note 3.

35) *Cap. Aquisgr. a.* 813. *c.* 13. — postquam Scabini sui diiudicaverint, non est licentia Comitis aut Vicarii ei vitam concedere.

36) *Cap. Misso dat. a.* 803. *c.* 2. *p.* 121. läßt dieß nur nach römischem Recht, also für Römer zu. *Cap. Worm. a.* 829 *c.* 4. *p.* 351. verbietet den Schöffen allgemein munera anzunehmen.

37) *Cap. Miss a.* 803. *c.* 20. *p.* 115. Ut nullus ad placitum banniatur — exceptis Scabineis septem, qui ad omnia placita praeesse debent.

38) *Cap. Lud. P. a.* 819. *c.* 2. *p.* 227. Vult domnus imperator, ut in tale placitum, quale ille nunc iusserit, veniat unusquisque Comes et adducat secum duodecim Scabinos, si tanti fuerint. Sin autem, de melioribus hominibus illius comitatus suppleat numerum duodenarium.

39) S. Bd. IV. S. 427.

40) G r i m m, R.A. S. 777 folg. U n g e r § 29. S. 181.

41) *Cap. Lang. Pipp. a.* 802. *c.* 14. *p.* 104. Et ingenuos homines nulla placita faciant custodire (*sc.* Vicarii) — excepto illos Scabinos, qui cum Iudicibus resedere debent. *Cap. Miss. a.* 803. *c.* 20. *Note* 37. *Cap. a.* 807. *c.* 12. *p.* 151. Ut per placita non fiant banniti liberi homines, excepto — si Scabinus aut iudex non fuerit. *Cap. Lud. P. a.* 817. *c.* 14. *p.* 217. — liberi homines — in anno tria solummodo generalia placita observent —; ad cetera vero — non alius venire iubeatur, nisi qui aut litigat, aut iudicat, aut testificatur.

freien Leute aber, bei derselben zu erscheinen und durch Beifall oder Widerspruch an der Urtheilfällung Theil zu nehmen, nicht aufgehoben war. Nöthigen Falls konnte also auch in dieser Beziehung die unvollständige Zahl der Schöffen durch andere freie Gaugenossen ergänzt werden. Nur hieraus erklären sich die oben erwähnten wiederholten Verbote, freie Leute willkührlich zu den Gerichtssitzungen zu entbieten und, wenn sie ausblieben, in Strafe zu nehmen. Die Gerichtsurkunden dieser Zeit geben daher bald eine größere, bald eine geringere Zahl von Scabinen an [42]), erwähnen aber regelmäßig die Gegenwart anderer freier Gaugenossen (pagenses, boni homines, in Italien arimanni), theils nur als Zeugen [43]), theils als miturtheilend [44]). Wenn auch Vasallen des Grafen an der Gerichtssitzung und Urtheilfällung Theil nehmen [45]), so sind sie in jener Beziehung als persönlich verpflichtete Gefährten des Grafen, in dieser als schöffenbar freie Leute zu denken; erst

42) Maurer S. 71. Waitz IV. S. 331. Sohm I. S. 450 folg.

43) Urk. von 882. *Goldast. Script.* II. *p.* 57. *Nr.* 92. unterscheidet bestimmt Judices und Testes. Vgl. Maurer S. 69. Auch wo sonst neben den Scabini oder Judices boni homines als anwesend erwähnt werden (Savigny S. 242 folg.), ist deren Theilnahme am Urtheil wenigstens nicht erwiesen. Maurer § 56. Unter diesen erscheinen auch Geistliche und selbst Mönche, die keinen Grundbesitz haben konnten, aber gewiß nur außerordentlich zugelassen. Vgl. dagegen Sohm I S. 340. Daß die Urtheiler saßen, ist nach der allgemeinen germanischen Sitte unzweifelhaft; der Ausdruck residere wird aber in den Urkunden auch für die bloße Gegenwart gebraucht. Waitz IV. S. 339 folg.

44) Nur boni homines als Urtheiler in Frankreich bei Savigny S. 245, in Italien, Ursprung der lomb. Städtefr. S. 87 Note 28. Für den Beifall des Umstands. Maurer S. 83 folg. Z. B. Urk. von 826. *Meichelbeck.* I. 2. *Nr.* 487. — diiudicaverunt populi et Scabini constituti. Vgl. unten Note 50.

45) *Cap. a.* 809 *c.* 5. *p.* 156. Ut nullus alius de liberis hominibus ad placitum vel ad mallum venire cogatur, exceptis Scabineis [et Vassis Comitum]. Die letzten Worte fehlen in Cod. 1. (Pertz), finden sich aber in allen anderen Handschriften, auch bei Ansegis und im Liber Papiensis, sind also ohne Zweifel ein späterer Zusatz. In Gerichtsurkunden dieser Zeit kommen die Vasallen häufig vor. Waitz S. 339 Note 3. Daß darunter die Centenare zu verstehen seien, die allerdings des Grafen Vasallen (iuniores) sein konnten, ist Sohm I. S. 249 nicht zuzugeben.

nach völliger Umwandlung der carolingischen Gerichtsverfassung sind sie an die Stelle der Urtheiler aus der Gemeinde getreten.

Zum Conventus der königlichen Missi, in welchem Justiz- und Administrationssachen erledigt werden, sollen die Grafen des Missionsbezirks mit ihren Unterbeamten [46]) und einer bestimmten Zahl ihrer Schöffen erscheinen; nach dem bereits erwähnten Capitular Ludwigs des Frommen mit zwölf [47]), nach einem späteren nur mit drei oder vier der vorzüglichsten [48]); ferner die königlichen Vasallen [49]). Wenn alle diese als Beisitzer des Gerichts der Missi erwähnt werden, so waren es doch zunächst die Schöffen als Rechtskundige, welche das Urtheil fällten, denen dann die Uebrigen und der mehr zufällig anwesende Umstand freier Leute ihren Beifall gaben [50]).

Der König, wenn er persönlich Gericht hält, hat wie in der merowingischen Zeit seine Großen, Bischöfe, Grafen u. A. zu Beisitzern, die auf seine Frage das Recht weisen und deren Urtheil er zu vollstrecken befiehlt [51]). Wenn Scabini im königlichen Gericht erwähnt werden, so wird dieses Wort entweder in dem weiteren Sinn für Urtheiler genommen und auf jene ordentlichen Beisitzer des Königs bezogen, oder auf außerordentlich zugezogene Schöffen. Denn eigene, für das Gericht

46) *Cap. Aquisgr. a.* 812. *c.* 8. *p.* 174. *Cap. Lud. P. a.* 825. *c.* 24. *p.* 247.

47) *Cap. Lud. P. a.* 819. *c.* 2. *p.* 227. *Note* 38.

48) *Cap. Lud. P. a.* 825. *c.* 2. 4. *p.* 247. de primis Scabinis suis tres aut quatuor.

49) *Cap. Lud. P. a.* 825. *c.* 4. *cit.* — ac vassis nostris.

50) In Baiern, wo zu Anfang des neunten Jahrhunderts der Judex noch die Stelle der Schöffen vertrat, erscheint er in der Ein- und Mehrzahl auch in dem Gerichte der königlichen Missi als erster Urtheiler, dem dann der Umstand beifällt. *Meichelbeck.* I. 2. *Nr.* 116. 117. 118. 120. 122. 125. 129. 434. 470. Urk. von 822. — quam ob causam iussit praedictus Missus legem inter eos decrevisse. In primis Kisalhardus publicus Iudex sanxit iuxta legem Baiowariorum ad iustitiam, deinde Engelhart *etc.* — Comites, alii autem vasalli Machelm *etc.* — seu alii multi, ad extremum vero cuncti, qui ibidem aderant, una voce sonabant: ad legem vel iustitiam H. Episcopus — vestituram recipere deberet. Vgl. *Nr.* 472. Urk. von 824. — ad extremum cunctus populus clamavit una voce: hoc legem fuisse.

51) Beispiele bei Waitz IV. S. 419 folg.

des Königs oder Pfalzgrafen bestellte Schöffen lassen sich für die Zeit Carls des Großen nicht nachweisen; erst später sind solche in den Pfalzgerichten Italiens zu einer höheren Gattung von Schöffencollegien ausgebildet worden [52]).

Die Besetzung aller Gerichte mit unabhängigen Urtheilern, eine Einrichtung, die Carl der Große also regelte und dadurch für das ganze Mittelalter befestigte, erklärt auch die schon in dieser Zeit und später vorkommende Anomalie, daß die Gerichtsobrigkeit in eigener Sache ohne Gefahr für die gerechte Entscheidung Gericht halten konnte [53]), so jedoch daß sie sich meistens in Führung ihrer Rechtssache durch einen Anwalt vertreten ließ [54]) oder die richterliche Leitung der Verhandlung einem Anderen übertrug [55]).

52) Die bei Waitz cit. angeführten Urkunden nennen die gewöhnlichen Beisitzer des Königs scabini oder iudices dominici. Außerordentlich zugezogen sind die scabini Romani in der Urk. v. 797. s. folg. Note. In der Urk Carls v. 776 (Beyer S. 32) sind sie Zeugen. Die früheste Erwähnung von Iudices domini Imperatoris als Beisitzer königlicher Missi in Italien unterschieden von Scabini Comitis finde ich in der Urk. von 827 (Turin) *Muratori*, *Antiq.* I. 481, die aber eine gefälschte spätere Abschrift ist.

53) K. Carl der Gr. hegt selbst das Gericht, in welchem Scabini Romani dem Abt von Prüm einige Villae ab- und dem Könige zusprechen. Urk. von 797. *Martene*, *Coll. ampl.* I. *p.* 51. *Hontheim*, *Hist. Trev. dipl.* I. *p.* 144. Auch in merowingischer Zeit saß der König in fiscalischen Sachen selbst zu Gericht s. Bd. IV. S. 436 Note 93. In den Urk. von 867 und 868 sitzt der Bischof Isaac als königlicher Missus mit dem Grafen Odo zu Gericht in der eigenen Kirchensache wegen eines Waldes; die Schöffen urtheilen. *Pérard p.* 147. 148. Ebenso später in der Urk. von 933 der Erzbischof und der Graf Pontio von Narbonne in dem Streit dieses Grafen mit dem Abt eines Klosters über dessen Immunität; jener führt seine Sache selbst, die Schöffen aber leiten die Verhandlung durch ihre Urtheile. *Gall. christ.* VI. *p.* 423. *Vaissette* II. 56. In diesen Fällen schloß der eine Missus die parteiische Einwirkung des anderen aus.

54) *Pl. a.* 843. *Baluz. Marca hisp. Nr.* 16. Graf und Bischof sind Vorsitzer des Gerichts (als Missi?) und zugleich streitende Theile durch ihre Mandatare, die Beisitzer leiten die Verhandlung. *Pl. a.* 844. *Gall. christ.* I. 107. *Nr.* 4. *Pl. a.* 869. *Martene Coll. ampl.* I. *p.* 169. *Pl. a.* 869. *Baluz.* II. *App.* 98. *Pl. a.* 910. *Neugart*, I. *Nr.* 705. *p.* 572. *Pl. a.* 918. *Gall. christ.* XIII. *p.* 2. *Vaissette* II. 41.

55) *Pl. a.* 898. *Vaissette* II. 21. Abo, der Vicarius des Comes, und Marchio Odo von Toulouse, wird von dem Abt Rainulfus beklagt wegen entrissener Grundstücke, und bestellt für diese Sache seinen Missus oder Vicarius Olibam zum

Für einen andern Zweck, nämlich zur Sicherung des Andenkens der gerichtlichen Verhandlung und Entscheidung ermöglichte Carl der Große die schriftliche Verzeichnung derselben durch einen Gerichtsschreiber, indem er seine Missi anwies in jedem Gau dem Grafen außer den Scabinen einen Notarius an die Seite zu setzen [56]), der auch Cancellarius genannt wird [57]). Nach späteren Capitularien soll er rechtskundig sein und vereidet werden [58]). Meistens waren es Geistliche, unter denen allein Schriftkundige gefunden wurden [59]). Ihr Geschäft ist, auf Befehl des Grafen oder seines Vertreters und nach dem Dictat der Schöffen die in ihrer Gegenwart stattgehabte Verhandlung des Rechtsstreits sammt dem Urtheil zu verzeichnen [60]). Ebenso die Verhandlungen der freiwilligen Gerichtbarkeit [61]);

Richter, der mit Schöffen die Beweise des Abts annimmt und für ihn urtheilt. Auch in den Fällen der vorigen Note, wo königliche Missi zu Gericht sitzen, überließ der Eine in der eigenen Sache die Leitung meist dem Anderen.

56) *Cap. min.* oder *Miss. a.* 803. *c.* 3. *p.* 115. (Boretius S. 83). Ut Missi nostri Scabinios — Notarios per singula loca elegant; et eorum nomina, quando reversi fuerint, secum scripta deferant. *Cap. in Theod. villa. a.* 805. *c* 5. *p.* 131. (Boretius S. 81.) Ut — singuli Comites suum Notarium habeant. Vgl. Maurer § 62. S. 75. Waitz IV. S. 344 Sohm I. S. 525 folg., dessen Unterscheidung des fränkischen und langobardischen Rechts mich nicht überzeugt.

57) *Cap. Miss. a.* 803. *c.* 2. *p.* 121. *Cap. a.* 816. *c.* 1. *p.* 196. und *Cap. Lud. et Loth. a.* 823. *c.* 1. 9. 13. unter Note 61. 62.

58) *Cap. Lud.* II. *a.* 856. *c.* 5. *p.* 438 (nach Boretius S. 167 von Lothar *a.* 832.) Similiter et Notarii legibus eruditi et bonae opinionis constituantur et iusiurandum praebeant *rel. Cap. Loth. a.* 832. *c.* 13. *p.* 361. Notarii autem hoc iurare debent, quod nullum scriptum falsum faciant, nec in occulto scriptum aliquis faciat.

59) Daher *Cap. de doctrina clericorum a.* 802. *c.* 15. *p.* 108. zu den Unterrichtsgegenständen der Geistlichen rechnet: scribere cartas et epistulas.

60) *Cap. Mant. a.* 781. *c.* 3. *p.* 40. (Comes) omnia Notarium suum scribere faciat *rel. Cap. a.* 823. c. 1 *p.* 233. folg. Note. — ante Comitem vel Vicarios. Auch wenn der Sculdasius im Auftrag des Grafen Gericht hält. Urk. von 856. *Muratori, Antiq.* I. *p.* 509. — ex iussione de supradicto Sculdasio et ex dictato de suprascriptis Scaviniis. Urk. von 880. ibid. p. 436. — ex iussione domni sanctissimi A. Episcopi et praenominatorum Iudicum — dictantibus eisdem Iudicibus, und viele andere, daher regelmäßig die Schöffen darin redend eingeführt werden.

61) Auf Beides geht *Cap. Lud. et Loth. a.* 823. c. 1. *p.* 232. Ut Cancellarii electi boni et veraces chartas publicas con-

im Fall eine Parthei krank oder sonst verhindert ist, auch in deren Hause, worauf die Urkunde dann im Gericht verlautbart werden soll 62). Außerhalb des Comitats aber darf der Notar nur mit Erlaubniß seines Grafen fungiren 63). Allen Urkunden muß er, damit sie gültig seien, das Datum hinzufügen 64), und für die Ausfertigung erhält er gesetzliche Sporteln 65). Nothwendig war übrigens die Zuziehung des öffentlich angestellten Notarius zu der gerichtlichen Verhandlung nicht, daher die Aufzeichnung derselben auch andern des Schreibens kundigen Personen aufgetragen 66) und der Beweis selbst nur durch Zeugen geführt werden konnte 67).

Zu den Gehülfen des Gerichts gehört endlich auch der Gerichtsbote (missus), dessen Amt aber auch durch die fränkische Gesetzgebung dieser Zeit nicht zu einem ständigen ausgebildet ist 68). Nur in vormals gothischen Gegenden erscheint noch regelmäßig der Sajo als Glied des Gerichts neben der Gerichtsobrigkeit und den Schöffen 69).

---

scribant ante Comitem et Scabinos vel Vicarios eius. c. 12. p. 235. chartas publice conscribant.

62) *Cap. Lud. et Loth. a.* 823. c. 9. *p.* 233. *c.* 17. *p.* 235. (Boretius S. 153.) De Cancellariis, qui veraces electi sunt: ad homines infirmos veniant et secundum legem instrumenta cartarum conscribant et a testibus roborentur; et statim cum scripta cartula fuerit, ostendatur ante Episcopum et Comitem et Iudices aut Vicarios aut in plebe, ut vera agnoscatur esse.

63) *Cap. Loth a.*832.*c.*13.*p.*361. Notarii — nec de uno comitatu in alio, nisi per licentiam illius Comitis in cuius comitatu stare debent.

64) *Cap. Loth. a.* 835. *c.* 2. *p.* 371.

65) *Cap. Misso. a.* 803. *c.* 2. *p.* 121. Hiernach scheint unter Carl dem Gr. das fränkische Recht darüber noch keine allgemeine Bestimmung enthalten zu haben. S. aber *Cap. Lud. et Loth. a.* 823. *c* 1. *p.* 232 *Cap. Loth. a.* 832. *c.* 13. *p.* 361.

66) Beispiele bei Maurer § 62 Note 31 folg.

67) S. § 81 Note 54.

68) *Cap. a.* 803 (oder *a.* 787 Boretius S. 113 folg.) *c.* 12 *p.* 110. — mittat iudex clamantem suum cum missos suos ad episcopum. *Cap. Car. Calvi. a.* 864. *c.* 6. *p.* 489. Comes missum suum ad illam terram — mittat et eum bannire et mannire faciat. *c.* 32. *p.* 496. Vgl. Maurer § 61. S. 74. Waitz IV. S. 344. Sohm I. S. 531 folg.

69) Urk. von 783 u. s. w. bei *Baluz.* II. *App. Nr.* 16. 98. 104. 118. *Gall. christ.* VI. 313. 418. 423. XIII. *p.* 2. *Vaissette, hist. du Languedoc* II. *doc.* 76.

3. Die Gerichts-Immunitäten.

§ 77. Einen wichtigen Theil der Gerichtsverfassung bilden, wie in dem merowingischen, so in dem carolingischen Reiche die Immunitäten des Königs, des Adels und der Geistlichkeit. Carl der Große hat auch für sie kein neues Recht geschaffen, sondern nur ihr Verhältniß zum allgemeinen Verwaltungsorganismus des Reichs bestimmter geregelt. Thatsächlich vergrößerten und consolidirten sie sich aber immer mehr, und als unter seinen Enkeln in der zweiten Hälfte des neunten Jahrhunderts das fränkische Reich zerfiel, wurde auch die innere Auflösung seiner Verfassung durch Erweiterung des Rechts der Immunitäten wesentlich gefördert. Hiervon wird später zu reden sein; wir beschränken uns hier auf die Zeit bis etwa 840 und gebrauchen spätere Gesetze und Urkunden nur zur Vergleichung [1]).

1) Nachdem Montag, Geschichte der deutschen staatsbürgerlichen Freiheit. Bamberg 1812—14. die Bedeutung der Immunitäten für die Verfassungsentwicklung überhaupt hervorgehoben, hat Eichhorn, Ueber den Ursprung der städtischen Verfassung in Deutschland, Zeitschr. für gesch. R.W. I. S. 191 folg. und Deutsche St. und Rechtsg. I. §§ 86. 172 zuerst den richtigen Gesichtspunkt für die Gerichtbarkeit derselben aufgestellt. Vgl. oben Bd. IV. S. 438 folg. und Ursprung der lombardischen Städtefreiheit §§ 16 folg., wo ich, Eichhorn folgend, besonders die spätere Entwicklung der Immunitäten in Italien nachzuweisen versuchte. Ihn nicht begriffen zu haben ist dem Historiker eher zu verzeihen als dem Juristen. Walter, D. R.G. §§ 103—116 führt in Note 6 zu § 108 fünf Gründe gegen Eichhorns Ansicht auf, von denen aber keiner den entscheidenden Punkt trifft. — Waitz IV. S. 243—274 (von den Immunitäten überhaupt) S. 376—400 (von der Gerichtbarkeit) bringt schätzbares Urkundenmaterial bei; die juristische Auffassung aber ist unklar und schwankend. — v. Maurer, Geschichte der Fronhöfe Bd. I. besonders §§ 169—188 schließt sich Eichhorn mehr an, jedoch nicht ohne Ungenauigkeit in Benutzung der Quellen und Unrichtigkeiten in der Sache selbst. — Sickel, Beiträge zur Diplomatik III—V. Die Mundbriefe, Privilegien und Immunitäten der ersten Carolinger bis zum J. 840. Wien, 1864—65. giebt höchst wichtige Beiträge durch Vergleichung sämmtlicher Urkunden mit den Formeln, geht aber auf den Punkt, der uns interessirt, nicht näher ein. Desselben Verfassers Acta regum et imperatorum Karoli-

Im Allgemeinen ist vorauszubemerken, daß in dieser wie in der früheren Periode die Gerichtsimmunität der königlichen Herrschaften einer= und der geistlichen und adligen Herrschaften andrer Seits nicht ganz auf demselben Fundament beruhte. Jene waren von jeher eigenen königlichen Verwaltungsbeamten übergeben, denen auch Gerichtbarkeit über die Einsassen zustand, also insofern von der Gerichtbarkeit des Grafen unbedingt eximirt. Die Immunitäten der geistlichen und adligen Herrschaften hatten das in jedem persönlichen Abhängigkeitsverhältniß liegende Vertretungsrecht des Herrn vor Gericht zur privatrechtlichen Basis und wurden nur insofern durch königliches Privileg erweitert, als jene Vertretung auch in Bezug auf die freien Einsassen der Herrschaft anerkannt und in der Voraussetzung dieser Vertretung den Grafen und anderen königlichen Richtern der Eintritt in die Herrschaft zur Ausübung ihrer Gerichtbarkeit untersagt wurde. Einen zweiten Bestandtheil dieses Privilegs bildete die Ueberlassung aller von den Einsassen zu entrichtenden öffentlichen Gefälle, die der König in seinen Herrschaften gleichfalls aus eigenem Recht bezog.

I. Die Immunität der geistlichen Herrschaften, für die wir die zahlreichsten Quellenzeugnisse besitzen, beruhte auch in dieser Periode nicht auf einem allgemeinen Gesetz, sondern auf königlichen Privilegien, welche aber den bischöflichen Kirchen und den Klöstern in solcher Ausdehnung verliehen wurden, daß sie unter Ludwig dem Frommen als gemeines Recht des fränkischen Reichs bezeichnet werden konnten [2]). Hieraus erklärt es

norum Th. 1. 2. Wien 1867. ergänzen und berichtigen bis zum J. 840 Böhmers Regesta Karolorum, Frankfurt 1833. Durch die Güte von G. Beseler war es mir gestattet, auch hierfür den reichen Schatz seiner Urkunden=Excerpte zu benutzen. Jetzt ist über die Immunitätsgerichtbarkeit noch zu vergl. Sohm I. S. 346 folg.

2) Die Kirchen: Urk. von 819 für die bischöfliche Kirche von Paris (*Baluz.* II. *app. Nr.* 36. Sickel Nr. 145.) — sicut lex ecclesiae praecipit. Urk. von 823 für das Kl. Corvei (*Mabillon, de re dipl. p.* 514. Sickel Nr. 202.) — immunitatem, qualem omnes ecclesiae in Francia habent. Ebenso in Urk. von 823 für Paderborn (?) (*Erhard, Reg. hist. Westph. Cod. dipl. p.* 5.)

sich, daß Capitularien, welche das Recht der Immunität näher bestimmen, ihr Vorhandensein stillschweigend voraussetzen [3]). Auch sind zuweilen bei Gelegenheit der Ertheilung eines Immunitätsprivilegs vom Könige Grundsätze aufgestellt worden, welche offenbar für alle gelten sollten [4]), wie ja überhaupt nach germanischer Anschauung zwischen concretem und allgemeinem Recht nicht scharf unterschieden wurde. — In gleicher Weise wurde die Immunität nach Erwerbung des langobardischen Königreichs, dem sie bis dahin ganz fremd gewesen war [5]), successiv auch den dortigen Kirchen und Klöstern, unter Bestätigung ihrer Besitzungen aus früherer Zeit, verliehen [6]).

— Die Klöster: Urk. von 816. Kl. Fulda (Dronke Nr. 322. Sickel Nr. 84.) — sicut cetera monasteria infra imperium divinitus nobis concessum. — Urk. von 816 dem Abt von St. Maur des fossés: — quemadmodum ceteri Abbates monachorum per imperium nobis divinitus concessum consistunt (*Bouquet* VI. *p.* 492. Sickel Nr. 87.) Das Privileg Carls des Gr. für Kl. Farfa von 775 hat dieselbe Clausel, ist aber vielleicht unecht s. Note 6. — Damit hängt es auch zusammen, daß die geistlichen Herrschaften schlechthin immunitates genannt werden, z. B. in *Cap. a.* 817. *Leg. add. c.* 6. *p.* 211. — ipsae res ad immunitatem ipsius ecclesiae redeant. *Edict. Pist. a.* 864. *c.* 8. 18. *p.* 490. 492. Vgl. Waitz S. 247 Note 1. Sickel V. S. 3 folg.

3) Z. B. *Cap. Pipp. a.* 803. *c.* 16 Note 31 und *Cap. Lud.* II. *a.* 855. *c.* 3 Note 37.

4) S. z. B. Note 11. 36. 37. 48.

5) Wenigstens die Gerichtsimmunität. Für die Steuern s. Urk. von 755 (*Lupi*, *Cod. dipl. Berg.* I. *p.* 438) Praeceptum Aistulphi regis, wodurch er einer Kirche in Bergamo Güter schenkt und außerdem: donamus in suprascripta ecclesia omnes scuvies et utilitates, quas homines exinde in puplico habuerunt consuetudinem faciendum. Andere Fälle bei Waitz S. 253 Note 6. Die Immunitätsprivilegien K. Aistulfs von 752 und K. Desiderius von 758 sind unecht. *Tiraboschi* II. *Nr.* 3. 407. *p.* 13. 343. I. *p.* 204. *sq.*

6) Sickel III. S. 28 folg. Das älteste Privileg Carls des Gr. von 775, also unmittelbar nach der Eroberung, für das Kl. Farfa, wenn es anders echt ist, konnte nicht sowohl durch die fränkischen Begründer desselben, wie L. Bethmann (*Mon. Script.* XIII. *p.* 519.) meint, als durch die politische Stellung des Klosters (s. Bd. IV. S. 537.) veranlaßt sein. Während Carls längerem Aufenthalt in Italien a. 781 der Kirche von Reggio (Sickel Nr. 81.), a. 782 Modena (Sickel Nr. 96.) u. s. w. Daher Pippin in *Cap. a.* 787. *c.* 8. *p.* 71. (Boretius S. 129.) verfügt: ut emunitates a iam dicto domno nostro firmatas in omnibus sic conservatae esse debeant, sicut est iussio domni nostri Caroli regis, und in *Cap. a.* 781—87. *c.* 4. *p.* 42. (Boretius S. 125.) den Immunitäten den Kirchen- und Brückenbau auferlegt.

Die Immunitätsprivilegien wurden überhaupt theils selbständig, theils bei Gelegenheit königlicher Schenkungen für diese und alle übrigen Güter, entweder mit Aufnahme in den besonderen königlichen Schutz (mundeburdium), oder ohne diesen [7]), ganz neu oder in Bestätigung früherer Verleihungen ertheilt. Bei letzteren mochte die allgemeine germanische Anschauung mitwirken, daß zwar das Volksrecht wie das Volk selbst von ewiger Dauer sei, die königlichen Befehle aber nur für die Lebenszeit ihres Urhebers Kraft haben [8]). Uebrigens veranlaßte der Wunsch der Geistlichkeit, ihren Rechten das Ansehen hohen Alterthums zuzuwenden, sie häufig, die neue Verleihung in Form der Bestätigung früherer nachzusuchen, die dann auch wohl fabrizirt wurden, verführte sie also zu Fälschungen, welche die Chronologie dieses Theils der Rechtsgeschichte äußerst unsicher machen. Der Inhalt muß dann entscheiden, insbesondere die Vergleichung mit den in dieser Periode noch gebräuchlichen Formelbüchern. Ein sicheres Kennzeichen der Fälschung ist es, wenn die Rechte der Immunität im Sinn der folgenden Periode erweitert, nicht aber wenn sie nur in einzelnen Beziehungen näher bestimmt sind [9]).

Was den Umfang der Immunität betrifft, so bezieht sie sich stets auf alle gegenwärtigen und zukünftigen, im Reich zerstreut liegenden Besitzungen der Kirche oder des Klosters; sie bildete also durchaus nicht ein geschlossenes Territorium [10]).

7) Ausführlich handelt hiervon Sickel III. S. 34–75 und weist S. 66 nach, daß in den Immunitätsbriefen Ludwigs des Fr. und seiner Söhne unter defensio, tuitio u. s. w. nur der allgemeine allen Kirchen und Klöstern gewidmete Königsschutz zu verstehen sei. Vgl. Waitz S. 245 folg.

8) S. unten § 78 Note 10. Vgl. Sickel III. S. 42 folg.

9) Eichhorn Zeitschr. S. 193. Waitz S. 254 und besonders Sickel III. S. 76 folg. V. S. 18 folg. *Acta Karol.* I. S. 132 folg. Nähere Bestimmungen der Immunitätsrechte s. z. B. in Note 36. 37. 48.

10) *Rozière form.* 16. (*Marculf.* I. 3.) nennt nur villae; *Nr.* 17. von Ludwig dem Fr. ecclesias, aut loca, vel agros, seu reliquas possessiones memoratae ecclesiae, quas moderno tempore infra ditionem imperii nostri iure possidet, vel quae deinceps *rel.* *Nr.* 18. in quibuslibet pagis vel territoriis infra ditionem imperii no-

Die zehnfache Königsbuße wegen Verletzung der geistlichen Immunität ist aber auf die mit Gräben und Zäunen oder sonst wie umschlossenen Grundstücke beschränkt, ohne Zweifel weil durch diese Umzäunung die Grenze der Immunität erkennbar ist [11]). — Persönlich begreift sie alle auf diesen Gütern sitzenden unfreien und freien Leute; denn auch diese, wenn sie nur fremdes Grundeigenthum bauen, haben damit ein wesentliches Kennzeichen voller Freiheit verloren und werden als Hintersassen der Grundherrschaft (homines ecclesiae, monasterii) betrachtet [12]). Eben deshalb wuchsen die geistlichen Herrschaften schon in dieser Zeit nicht bloß durch königliche Schenkungen, sondern auch dadurch, daß freie Leute aus Armuth oder um sich dem Druck der öffentlichen Gewalten zu entziehen, ihr Grundeigenthum einer Kirche oder einem Kloster auftrugen, um es von ihnen als Beneficium oder Precaria oder unter anderen Geschäftsformen zur Benutzung wieder zu empfangen [13]). Mißbräuchlich, um sich den öffentlichen Lasten zu entziehen, sollte

stri *cf. Nr.* 19—24. Sickel V. S. 23-28., welcher deshalb Immunitätsprivilegien dieser Zeit mit bestimmter Umgrenzung für unecht erklärt.

11) Ludwig der Fr. stellt diesen allgemeinen Grundsatz bei Ertheilung der Immunität an das Kl. Aniane auf *a.* 821. *Vaissette* I. *Nr.* 39. *Bouquet* VI. *Nr.* 104. Sickel *Acta L.* 176. Als Formel bei *Rozière Nr.* 25. Waitz S. 261. Sickel V. S. 23.

12) *Rozière form.* 18. — homines ipsius ecclesiae. 19. — homines ipsius monasterii tam ingenuos quam et servos, qui super terram ipsius residere videntur. 20. — tam de ingenuis quam de servientibus vel quaslibet nationes hominum in praedictas istius ecclesiae villas commanentes. Waitz S. 295. v. Maurer § 34.

13) Für Beneficium s. z. B. das Immunitätsprivileg Ludwigs des Fr. vom J. 830 für Kl. Philibert auf der Insel Hyeres (*Bouquet* VI. *Nr.* 156 Sickel, *Acta L.* 270.) — homines eiusdem monasterii, sive liberi qui beneficia exinde habere vel super eius terram manere noscuntur, sive coloni vel servi. In *Cap. a.* 803. (oder 787) *c.* 16. *p.* 111. s. Note 14 sind also: ceteri vero homines liberi, qui vel commendationem vel beneficium ecclesiasticum habent, nicht, wie Walter § 112 und Waitz S. 390. annehmen, von dem Immunitätsrecht ausgeschlossen, und die Schlußworte: sicut reliqui homines, sind zu ergänzen: liberi ecclesiae = libellarii. So erklärt auch *Expos. lib. Pap. Pipp.* 99. *p.* 505.

es sie jedoch der Immunität nicht theilhaftig machen [14]), und ebensowenig traten sie in dieselbe ein, wenn sie zur Wahrung ihrer Freiheitsrechte sich einen Theil ihres freien Grundeigenthums vorbehielten [15]). Daß freie Leute, deren Güter im Gemenge der geistlichen Herrschaft lagen, ihr unterworfen und zur Immunität geschlagen worden wären, kommt in dieser Zeit (bis 840) noch nicht vor [16]).

Das Recht der Immunität wird, wie in der merowingischen Zeit, zunächst negativ dahin bestimmt, daß kein kö-

14) *Cap. Pipp. a.* 803 (oder 787. Boretius S. 113 folg.) *c.* 16. *p.* 111. begreift unter dem Immunitätsrecht der Kirche: servi, aldiones, libellarii antiqui vel illi noviter facti (jedoch nur die) qui non pro fraude nec pro malo ingenio de puplico se subtraentes terras ecclesiae incolunt vel colendas suscipiunt, und K. Lothar verfügt in *Cap. Olonn. a.* 823. *Mem. Com. c.* 8. *p.* 234. De homines, qui res suas alienant ubicunque, et super (*eis*) resedent, distringant eum Comis pro scubia publica, sicut lex contenet und *Cap. a.* 825. *c.* 2. *p.* 251. — ut liberi homines, qui non propter paupertatem, sed ob vitandam rei publicae utilitatem fraudolenter ac ingeniose res suas ecclesiae donant, easque denuo sub censu utendas recipiunt, ut quousque ipsas res possident, hostem et reliquas publicas functiones faciant. Quodsi iussa facere neglexerint, licentiam nos distringendi Comitibus permittimus per ipsas res, nostra non obsistente emunitate, ut status et utilitas regni huiusmodi adinventionibus non infirmetur.

15) In einer Tradition des zehnten Jahrhunderts (Kleinmaiern, Juvavia Nr. 74, 10. S. 194.) heißt es: dempsit partem unam pro libertate tuenda. Daher *Cap. a.* 829. *c.* 6. *p.* 354. — liberis hominibus, qui proprium non habent, sed in terra dominica resident, die Freiheitsrechte, insbesondere die Zeugenfähigkeit abspricht. Vgl. Homeyer, Hantgemal S. 46. Hierauf bezieht Eichhorn, Zeitschr. S. 197. den Schlußsatz von *Cap. a.* 803. *c.* 16: ceteri vero liberi homines, offenbar willkührlich. Das Immunitätsprivileg von 924 für Cremona (*Mur.* VI. *p.* 49.) in den Worten: ut libellarii et manentes praetaxatae ecclesiae, qui absque proprio sunt et proprium non habent, placitum non celebrent publicum, enthält daher keine Ausnahme, wie Sohm I. S. 348 behauptet. — Daß auch der König bei Schenkungen die vollen Freiheitsrechte der Einsassen vorbehalten konnte, wie Waitz S. 282 annimmt, bezweifle ich. Doch schützte er sie gegen Bedrückung von Seiten der Grundherrschaft *Cap. a.* 765. *c.* 7. *p.* 31.

16) Das älteste Beispiel ist die Urk. Ludwigs des Deutschen von 858 für Worms. Eichhorn § 172 Note 9. Waitz S. 272. Wenn, wie Sohm I. S. 185. aus *Cap. de villis a.* 812. *c.* 62. *p.* 185. nachweist, ganze Centenen Eigenthum des Fiscus sein konnten, so konnten sie auch durch Schenkung Theil einer geistlichen Immunität werden. Derselbe S. 209. und unten Note 42.

niglicher Beamter dieselbe betreten und seine Gewalt innerhalb derselben oder gegen die Einsassen geltend machen soll, sei es zur Erzwingung öffentlicher Leistungen, oder zur Ausübung seiner Gerichtbarkeit [17]). Die Uebertretung dieses Verbotes und überhaupt jede Verletzung der Immunität wird mit der zehnfachen Königsbuße, also 600 Solidi, bestraft, die zu zwei Drittheilen der verletzten Grundherrschaft und zu einem Drittheil dem König zufällt [18]). Die besonders seit Ludwig dem Frommen übliche Formel, daß nur ungerechtfertigtes Einschreiten (contra rationis ordinem, irrationabiliter, iniuste) ausgeschlossen sein soll, bezieht sich theils auf die allgemeinen gesetzlichen Bedingungen der Ausschließung [19]), theils auf Ausnahmen, die der König zu machen sich vorbehielt [20]). Positiv aber wird damit der privilegirten Corporation nicht bloß der ruhige Besitz ihrer Güter und die ungestörte Ausübung ihrer geistlichen Functionen gesichert [21]), sondern es wer-

17) In allen Formeln und Urkunden dieser Zeit heißt es: Ut nullus iudex publicus vel quislibet ex iudiciaria potestate in ecclesias vel loca — ad causas iudiciario ordine audiendas vel discutiendas vel freda exigenda — aut homines ipsius ecclesiae contra rationis ordinem distringendos, nec ullas redhibitiones aut publicas functiones — requirendas, ullo unquam tempore ingredi audeat. *Rozière form.* 17—19. 21—24.

18) *Rozière form.* 25. — immunitas fracta iudicatur — sexcentorum solidorum compositione multandus est. Urk. Ludwigs des Fr. von 822. *Bouquet* VI. *Nr.* 104. *cf. Conv. Silv. a.* 853. *c.* 7. *p.* 425. *Edict. Pist. a.* 864. *c.* 18. *p.* 492. Für jede andere Verletzung der Immunität s. *Cap. l. Sal. add. a.* 803. *c.* 2. *p.* 113. — sicut ille qui in immunitatem damnum fecit, 600 solidos componere debeat. Z. B. Todtschlag *Cap. leg. add. a.* 817. *c.* 7. *p.* 210. widerrechtliche Besitzergreifung *Meichelbeck.* I. 2. *Nr.* 116. *p.* 89. Für die Theilung der Summe s. Waitz S. 257 Note 4.

19) Das Einschreiten der öffentlichen Beamten ist zulässig 1) gegen in fraudem fisci der Immunität Angeschlossene s. oben Note 14; 2) wegen Nichtleistung vorbehaltener öffentlicher Functionen s. unten Note 24; 3) wegen verweigerter gerichtlicher Vertretung s. unten Note 39. 43.

20) Absque iussione nostra. *Rozière form.* 576. Sickel V. S. 32.

21) Für bischöfliche Kirchen: Sed liceat memorato Episcopo eiusque successoribus res praedictae ecclesiae quieto ordine possidere et nostro fideliter parere imperio, atque pro incolumitate nostra — seu pro totius imperii nostri stabilitate — Domini misericordiam

den ihr zugleich die jener Ausschließung entsprechenden Rechte verliehen. Diese sind wie jene zwiefacher Art. Erstens soll die Kirche oder das Kloster alle fiscalischen Gefälle innerhalb der Immunität für sich beziehen [22]); die dem Staat vorbehaltenen öffentlichen Leistungen aber, als Straßen- und Brückenbau, Wachtdienst, Heerbann u. A. [23]) sollen durch Vermittlung der Grundherrschaft von ihren Hintersassen beschafft werden; nur im Unterlassungsfall können die öffentlichen Beamten sie unmittelbar erzwingen [24]). Zweitens mußte wegen Ausschließung der Gerichtbarkeit der öffentlichen Beamten der Grundherrschaft eine solche eingeräumt werden. Die Natur und der Umfang derselben, die sehr bestritten sind und uns hauptsächlich interessiren, bedürfen einer besonderen Erörterung.

intentius exorare. *Rozière form.* 17. 18. 21. Für Klöster *Nr.* 19. — ut remota hominum malignorum infestatione ipse (sc. Abbas) et fratres ibidem degentes Deo liberius famulari et pro nobis et totius imperii nobis commissi stabilitate exorare delectet.

22) *Form. cit.* Quidquid vero fiscus exinde sperare potuerit, totum nos pro aeterna remuneratione praedictae ecclesiae (praedicto monasterio) ad stipendia pauperum et luminaria concinnanda concedimus.

23) *Praecept. Caroli M. a.* 775. (für Metz) *Bouquet* V. *Nr.* 23. *p.* 728. — ut de tribus causis, de hoste publico, hoc est de banno nostro, quando publicitus promovetur, et wacta, vel pontes construendum, quando illi homines bene ingenui, qui super terras ipsius ecclesiae vel ipsius Pontificis vel Abbatis sui commanere noscuntur, si in aliquo de isdem tribus causis negligentes apparuerint, exinde cum iudicibus nostris deducant rationes. *Cap. Lang. a.* 782. *c.* 4. *p.* 42. Ut de restauratione ecclesiarum vel pontes faciendum aut stratas restaurandum omnino generaliter faciant, sicut antiqua fuit consuetudo, et non anteponatur emunitas. Waitz S. 266—270. 503—509. Sickel V. S. 55—65.

24) *Cap. Pipp. a.* 803 (787). *c.* 16. *p.* 111. Ut servi, aldiones, libellarii, — qui terram ecclesiae incolunt, — non a Comite vel quolibet ministro illius ad ullam angariam seu servitium publicum — cogantur vel compellantur; sed quidquid ab eis iuste agendum est, a patrono vel domino suo ordinandum est. *c.* 18. De pontibus vero vel reliquis similibus operibus, quae ecclesiastici per iustam et antiquam consuetudinem cum reliquo populo facere debent, hoc praecipimus, ut rector ecclesiae interpellatur, — et per alium exactorem ecclesiastici homines ad opera non compellantur. Si vero opus suum constituto die completum non habuerit, liceat Comiti pro poena praepositum operis pignerare *cf. Cap. Loth. Olonn. a.* 823. *c.* 11. *p.* 205.

Zwar, daß die unfreien und freien Einsassen der Immunität in Streitigkeiten unter sich und mit der Grundherrschaft, jetzt wie früher [25]), nur vor dieser oder vor ihrem Beamten zu Recht standen, ist unbestritten. Diese häusliche Gerichtbarkeit über Unfreie und solche Freie, welche durch das dingliche Verhältniß in eine ähnliche Abhängigkeit von der Grundherrschaft getreten waren, verstand sich so sehr von selbst, daß die Immunitätsprivilegien ihrer als eines besonders zu verleihenden Rechts gar nicht Erwähnung thun. Anerkannt aber wird sie in den Capitularien dadurch, daß sie den Herrschaftsbeamten zu den Judices rechnen [26]), und es fehlt nicht ganz an Urkunden, die ihn in dieser Function zeigen [27]). Der eigenthümliche Name Advocatus aber, der diesem Beamten jetzt constant gegeben wird [28]), entscheidet dahin, daß er nicht bloß Richter innerhalb der Herrschaft, sondern auch deren Vertreter nach Außen war. Zunächst freilich Vertreter der Kirche oder des Klosters selbst und ihrer geistlichen Vorstände, die in Rechts-

25) S. oben Bd. IV. S. 442.

26) *Cap. a.* 779. *c.* 9. *p.* 36. — de infra immunitatem illius iudices. *p.* 37. — iudices et advocati. *Cap. a.* 802. *c.* 13. *p.* 92. Ut Episcopi, Abbates atque Abbatissae Advocatos atque Vicedominos Centenariosque habeant — iustum semper iudicium exercentes. *Cap. a.* 802. *c.* 58. *p.* 101. *Cap. a.* 807. *c.* 6. *p.* 151. De pravis iudicibus, Advocatis, Vicedominis, Vicariis, Centenariis *rel.* Am bezeichnendsten ist der Ausdruck der freilich späteren *L. Rom. Utin.* II. 18, 2. iudex privatus, qui actor ecclesiarum est, im Gegensatz des iudex publicus.

27) Urk. von 802. *Vaissette* I. *dipl. Nr.* 11. Ein Vicedominus sitzt mit Schöffen und boni homines zu Gericht, ob freilich unter Angehörigen der Immunität, steht dahin. Urk. von 882. *Fumagalli, Cod. Ambr. Nr.* 121. Der Vicedominus der Kirche und des Kl. St. Ambrosius sitzt zu Gericht in einem Rechtsstreit mit dessen Aldiones und Servi über Dienste. Nach der Urk. von 947. (*Neugart, Cod. dipl. Alem.* I. *Nr.* 727.) saß in Zürich der Kirchenvogt zwischen den Canonikern und ihren Hörigen zu Gericht mit Schöffen de fisco (königlichen) und ex familia (Hörigen). Nicht gehört hierher Urk. von 870. (*Pérard p.* 170) zwischen dem Abte des Klosters St. Benignus und Hörigen dieses Klosters, weil königliche Missi Richter sind. Vgl. Waitz S. 332 Note 1.

28) Waitz S. 392. Walter § 110., welcher bemerkt, daß dieser Name in merowingischer Zeit erst spät und nur selten vorkommt. Sohm, Zeitschr. für Kirchenrecht IX. S. 226. seit der Mitte des achten Jahrhunderts.

streitigkeiten mit Dritten durch diesen ihren Anwalt im Gerichte des Grafen und seiner Stellvertreter Recht suchen und geben [29]). Sodann aber auch Vertreter ihrer Hintersassen gegen Ansprüche Dritter, und hierin liegt der entscheidende Beweis, daß die Exemtion der geistlichen Immunitäten auch jetzt noch eine bedingte, nämlich eben durch jene Vertretung bedingt war [30]). Das Verfahren, welches darauf berechnet war, den Schutz der Immunität und die Rechte Dritter auszugleichen, und vollständig sich erst in carolingischer Zeit entwickelt zu haben scheint, gestaltete sich folgendermaßen.

Wenn ein Einsasse der Immunität sich eines Unrechts gegen einen nicht zur Immunität gehörigen Dritten schuldig gemacht hat, so soll dieser ihn nicht durch den öffentlichen Richter belangen lassen (distringere), sondern sich zunächst an den geistlichen Vorstand der Immunität, den Bischof oder Abt, wenden, damit dieser durch seinen Advocatus ihm Recht schaffe (**iustitiam faciat**) [31]). Dieß begreift Beides, daß er entweder in

29) *Cap. Pipp. a.* 782. *c.* 6. *p.* 43. Ut qui se reclamaverint super Pontificem, quod iustitiam habeat ad requirendum, dirigat illum Comes aut per missum suum aut per epistulam suam ad ipsum Pontificem. — Et hoc statuimus, ubicunque Pontifex substantiam habuerit, Advocatum habeat in ipso comitatu, qui absque tarditate iustitiam faciat et suscipiat. *Cap. Olonn. a.* 823. *c.* 7. *p.* 234. Volumus, ut Episcopi, Abbates et Abbatissae eorum Advocatos habeant, et pleniter iustitias faciant ante suum Comitem. Ein Dritter ist auch ein faktisch freier Mensch, den die Kirche oder das Kloster als ihren Servus und Colonus vindicirt. *Marculf. App.* 1—5. *Lindenbrog* 164—166. 169. Für die Vollmacht s. *Marculf. App.* 9. — ante Vicarios.

30) Das von dieser Vertretung hergenommene Wort mitium bezeichnet jetzt die Herrschaft schlechthin. Urk. von 760. *Schoepflin Als. dipl.* I. *Nr.* 36. *p.* 34. — qui super eorum terras vel mitio commanere videntur. Urk. von 771. *ibid. p.* 45. *Cap. Miss. a.* 803. *c.* 10. *p.* 115. — ut nec colonus nec fiscalinus foras mitio possint alicubi traditiones facere. Vgl. Waitz S. 259 Note 2 und jetzt auch 2. Aufl. II. S. 335 folg.

31) *Cap. a.* 803. *c.* 16. (787. Boretius S. 113.) Für italische Kirchen, deren Immunität vorausgesetzt wird, (s. oben Note 3. Anders Waitz S. 390). Ut servi, aldiones, libellarii, — qui terras ecclesiae incolunt vel colenda suscipiunt *rel.* (Die Beitreibung öffentlicher oder privater Leistungen soll durch die Grundherrschaft vermittelt werden.) Si vero de crimine aliquo accusantur, Episcopus primo compellatur et ipse

Güte den Kläger klaglos stelle, oder den Verklagten vor dem öffentlichen Richter vertheidige, und dieß geschah noch in verschiedener Weise, jenachdem die Sache einen freien oder unfreien Hintersassen betraf [32]). — Für den Unfreien hat der Herr schon nach Volksrecht einzustehen, d. h. er muß entweder für ihn zahlen und kann ihn dann nach Belieben selbst abstrafen, oder muß ihn dem Kläger statt der Buße und zur Bestrafung hingeben oder, wenn er den Anspruch bestreiten will, mit dem Unfreien vor Gericht erscheinen [33]). Beides wird durch den Advocatus vermittelt, der aber zuvor selbst eine Untersuchung anstellt, um sich von der Schuld oder Unschuld des Unfreien zu überzeugen, und hiernach seine weiteren Schritte zu bemessen. Seinem Urtheil muß sich der Unfreie natürlich unterwerfen [34]). — Der freie Hintersasse dagegen stand rechtlich selbst für seine Handlungen ein, sei es durch freiwillige Leistung oder vor Gericht [35]). Jedoch sollte auch dieß durch den Advocatus vermit-

per Advocatum suum secundum quod lex est, iuxta conditionem singularum personarum, iustitiam faciat. Unter crimen ist hier wie sonst jedes Unrecht, welches gebüßt wird, zu verstehen. Ueber den Schlußsatz: Ceteri vero liberi homines, s. oben Note 13.

32) *Cap. cit.* iuxta conditionem singularum personarum.

33) *Cap. L. Rib. add. a.* 803. *c.* 5. *p.* 117. — iuxta qualitatem damni dominus pro ipso respondeat, vel eum in compositione aut ad poenam petitori offerat. Hierauf bezieht *Expos. lib. Pap. Pippin* 99. *p.* 505 die folgenden Worte *Cap. cit.*: Sin vero, sicut in capitulare domno imperatori [nostro] scriptum est, ita fiat. Da aber hier auch von freien Hintersassen die Rede ist, so ist wohl ein anderes Capitular, vielleicht *Cap. a.* 779. *c.* 21. *p.* 38. gemeint. Boretius S. 114 Note 2. bezieht es auf *c.* 12. desselben Capitulars, wo aber die Folgen der Rechtsverweigerung in dem analogen Fall nicht bestimmt werden.

34) *Cap. a.* 802. *c.* 16. *p.* 105. Iubemus, ut propter ullam districtionem, quam nos facere iubemus [in] quibuslibet causis (durch königliche Missi) servi non mittantur in districtionem, sed per Missos nostros vel domini eorum aut illorum Advocati ipsos servos distringant, et ipsi, sicut lex iubet, rationem pro servis reddant, utrum culpabiles sint an non. Ipsi vero domini distringant et inquirant servos suos sicut amant.

35) Daher heißt es von diesen in *Cap. cit.* Note 32. Ceteri vero liberi homines, qui vel commendationem vel beneficium habent, sicut reliqui homines (*sc.* ecclesiastici liberi = libellarii s. Note 13) iustitiam faciant, d. h. sie sollen selbst zu Recht stehen. Vgl. Ursprung der lomb. Städtefreiheit S. 91 Note 9.

telt und dem Hintersassen dadurch derselbe Schutz der Grundherrschaft zu Theil werden, den die Geistlichen des Stifts oder Klosters in Civilsachen von ihren Vorgesetzten genossen [36]). Der Kläger soll nämlich nicht den schuldigen Hintersassen und ebensowenig den Advocatus unmittelbar vor das öffentliche Gericht ziehen, sondern zunächst in Güte den Advocatus und dann die geistlichen Grundherren selbst angehen und versuchen, ob nicht durch ihre Vermittlung die Sache ausgetragen werden kann. Dieß veranlaßte natürlich eine Verhandlung vor dem Immunitätsrichter, eine Untersuchung und einen Ausspruch desselben, der für den verklagten Hintersassen ein verpflichtendes Urtheil, für den Kläger aber nur ein Vergleichsvorschlag ist. Denn wenn dieser sich durch die häusliche Gerichtsverhandlung (familiaris iustitia) nicht befriedigt erklärt, so kann er die Sache vor das öffentliche Gericht (in mallo publico) des Grafen, als des Richters der Grundherrschaft, bringen, wo der verklagte Hintersasse nur unterstützt von dem Advocatus erscheinen muß [37]). Auf diese Weise wurde der Eintritt des öffentlichen

36) *Cap. a.* 803. (787.) *c.* 12. *p.* 110. Si autem de possessionibus — super eos (*sc.* clericos) clamor ad iudicium venerit, mittat iudex clamantem cum missis suis ad Episcopum, ut faciat eum per Advocatum iustitiam recipere. Si vero talis aliqua inter eos contentio orta fuerit, quam per se pacificare non velint aut non possint, tunc per Advocatum Episcopi — causa ipsa ante Comitem vel Iudicem veniat, ut ibi secundum legem finiatur. Vgl. Eichhorn, Zeitschr. S. 216. 224. Ausdrücklich stellt die Geistlichen und die Hintersassen in dieser Beziehung gleich das Privileg Carls des Kahlen für die ecclesia Nivernensis von 841. *Mabillon*, *de re dipl. Nr.* 82. — aut canonicos ipsius matris ecclesiae, sive ceteros homines tam ingenuos quam et servos super ipsam terram commanentes — distringendos vel inquietandos. Für Klostergeistliche s. *Cap. de mon. s. Crucis a.* 812. c. 5. 8. *Walter* II. *p.* 354.

37) Carls des Großen Immunität für Le Mans a. 796. (*Bouquet* V. *Nr.* 73.) ist unecht; gleichlautend aber die Bestätigung von Ludwig dem Fr. a. 840. (*Bouquet* VI. *Nr.* 242. Sickel, *Acta L. Nr.* 381.) — ut nullus iudex aut Comes aut quilibet homo aut quaelibet persona ecclesiae ministros vel advocatos in mallo publico accusare praesumat, antequam conveniat ministros rerum et iudices (= advocatos) villarum atque hominum, a quibus laesus est, ut ab eis familiarem et iustam accipiat iustitiam. Et si a praedictis ministris suam iustitiam accipere non valuerit, tunc con-

Richters in die Immunität verhütet, dem Dritten sein Recht und dem Hintersassen der Schutz seiner Grundherrschaft gewährt. Ein Kläger aber, der ohne vorher in jener häuslichen Gerichtsverhandlung sein Recht gesucht zu haben, den Hintersassen oder den Advocatus vor das Grafengericht zieht, soll wegen Verletzung der Immunität den einfachen Königsbann und der Grundherrschaft eine Buße zahlen und zwar nicht die Sache selbst, aber die sonst ihm gesetzlich zustehende Buße verlieren [38]).

veniat Episcopum iam dictae ecclesiae, ut ab ipso iustitiam familiarem suam atque iustam accipiat. Et si ab ipso Episcopo nec a suis ministris suam iustitiam accipere nequiverit: postmodum licentiam habeat, ut in mallo publico suas querelas iuste et rationabiliter quaerat. Für familiaris iustitia vgl. *Cap a.* 817. *c.* 10. *p.* 212. Si se familiariter pacificare velint. Für die gerichtliche Verhandlung vor dem Advocatus s. Ludwigs des Deutschen Immunitätsprivileg für St. Emmeram von 853. *Mon. Boic.* XXVIII 2. *Nr.* 31. *p.* 46. — Si vero aliquis fuerit, qui contra ipsis hominibus — aliquas iustitias requirere aut exactare voluerit: tunc Advocati et ministri ipsius monasterii illud, prout iustum est, diligenter rei veritatem inquirant et emendent. Similiter quoque praecipimus atque — iubemus, ut nullus iudex publicus super rebus — neque super hominibus liberis vel sclavis ullam potestatem habeat in quoquam illos distringendos, sed neque ad placitum ullum vel in hostem — ire compellat, quamdiu Advocati eiusdem servi iustitiam facere voluerint. Von der Klage vor dem öffentlichen Gericht des Grafen spricht *Praec. Lud. P. pro eccl. Paris. a.* 819. (*Bouquet* VI. *Nr.* 102. *Baluz.* II. *App. Nr.* 36. Sickel Nr. 145.) — De liberis autem hominibus, qui super terram supradictae ecclesiae Parisiacae commanere videntur ac eam perservire noscuntur, volumus — ut nullam etiam districtionem — iudiciaria potestas exercere praesumat, nisi — in mallo legitimo Comitis (nicht dem echten Ding, wie Sohm I. S. 317 will), et ibi una cum Advocato Parisiacae ecclesiae venire non differant et rectam rationem et legalem iustitiam adimplere cogantur. Vgl. *Cap. Lud.* II. *a.* 855. *c.* 3. *p.* 435. De liberis hominibus, qui super alterius res resident, — ut patroni eorum eos ad placitum adducant.

38) Die Urk. Ludwigs des Fr. von 840. in Note 37. fährt fort: Sed si, antequam fecerit illud, iam dictae ecclesiae Episcopum et suos ministros et Advocatos in mallo et cuiusdam conditionis publico placito accusare aut pulsare praesumserit, — bannum nostrum ex hoc nobis componat et praedictae ecclesiae Episcopo vel suis ministris solidos centum argenti componat, et iustitiam suam postmodum absque lege aut aliqua compositione recipiat *cf. Cap. Lud.* II. *a.* 855. *c.* 3. *cit.*

Wenn die Grundherrschaft aber das Recht verweigert, so wird sie durch das Einlager des Grafen oder der königlichen Missi dazu gezwungen [39]). Der Immunitätsrichter bildete also allerdings für Klagen Dritter gegen die Einsassen gewissermaßen die erste Instanz, aber nur gleich einem Friedensrichter zum Behuf gütlicher Einigung; und der verklagte Einsasse, er mochte frei oder unfrei sein, mußte sich zwar seinem Ausspruch unterwerfen, nicht aber der Kläger, der stets auf die definitive Entscheidung des Grafen, als des competenten Richters der Grundherrschaft, provociren konnte [40]).

Alles dieß gilt nur für Civilsachen; und selbst mit Ausschluß des Rechtsstreits um faktisch zur Immunität gehörige Menschen und Grundstücke. Denn wenn ein Dritter einen freien Hintersassen der Herrschaft als seinen Knecht vindicirte, so konnte der Immunitätsrichter diesen zwar in Behauptung seiner Freiheit vor dem Grafen unterstützen, nicht aber über denselben mit dem Kläger transigiren; und wurde ein Unfreier oder ein Grundstück im Besitz der geistlichen Grundherrschaft von einem Dritten vindicirt, so mußte sie als der rechte Beklagte im Gerichte des Grafen belangt werden [41]). Die bedingte Competenz des Immunitätsrichters war also aus diesen Gründen dieselbe wie die des Centenarius oder Vicarius Comitis, und schon hieraus erklärt es sich, daß er regelmäßig

39) *Cap. a.* 817. *Miss. c.* 9. *p.* 217. De his qui per occasionem immunitatis iustitiam facere renuunt, ut hoc observetur, quod a nobis constitutum est (?). *cf. c.* 23. *p.* 218. *Cap. a.* 779. *c.* 21. *p.* 38. In Italien trat nach *Cap. a.* 782. *c.* 6. *p.* 43. auch Pfändung ein.

40) Eichhorn, Zeitschr. S. 195. Unrichtig nennt v. Maurer I. S. 301. die Gerichtbarkeit des Grafen im Verhältniß zu der des Immunitätsrichters eine concurrirende. Wenn Eichhorn Note 64. für das Verfahren vor dem Kirchenvogt und dann vor dem Grafen die Urk. von 947 (*Neugart*, *Cod. dipl. Al.* I. *Nr.* 727. *p.* 590.) anführt, so trifft dieß nicht zu; denn das Urtheil des Kirchenvogts zwischen dem Stift und seinen Hörigen war ein definitives und wurde von seinen Schöffen im Grafengericht des Zürichgaus bezeugt, um dann durch dessen Vermittlung von dem Grafen des benachbarten Thurgaus, in dem die streitigen Güter lagen, vollstreckt zu werden.

41) Vgl. *Cap. Theod. villa. a.* 821. *c.* 3. *p.* 230.

mit diesen zusammengestellt und, insofern eine ganze Centena zur Immunität gehörte, selbst Centenarius genannt werden konnte [42]. Wegen Verbrechen aber, auf welche Todes- oder andere öffentliche Strafen standen, war jene Vergleichsverhandlung unmöglich; daher der Einsasse, der eines solchen Verbrechens beschuldigt wird, auf ergangene Anzeige von dem Immunitätsrichter bei Strafe des Königsbanns oder Verlust seines Beneficiums sofort in dem Gerichte des Grafen gestellt werden soll, wobei er ohne Zweifel durch denselben in seiner Vertheidigung unterstützt wurde [43]. Doch konnte die Bestrafung der Unfreien auch der Grundherrschaft überlassen werden [44]. Ein der Immunität nicht angehöriger Missethäter dagegen, welcher Art auch sein Vergehen sei, der sich der gerichtlichen Verfolgung durch die Flucht in die Immunität zu entziehen sucht, soll auf Requisition des Grafen von dem Immunitätsrichter einfach ausgeliefert werden. Wegen der ersten und zweiten Verweigerung wird eine Buße gezahlt; in Folge der dritten muß die Grundherrschaft für den Missethäter büßen, und zum Behuf der öffentlichen Bestrafung kann dieser in der

42) *Cap. a.* 802. *c.* 13. *p.* 92. (Boretius S. 73.) Ut Episcopi, Abbates atque Abbatissae Advocatos atque Vicedominos Centenariosque habeant, — iustum semper iudicium exercentes. Vgl. Sohm I. S. 253 folg. oben Note 16. Daß der Centenarius in diesem Fall die Rechte eines öffentlichen Richters gehabt, bezweifle ich.

43) *Cap. a.* 779. *c.* 8. *p.* 36. Ut homicidas aut ceteros reos, qui legibus mori debent *rel. c.* 9. Ut latrones de infra immunitatem eorum iudices [et Advocati] ad Comitum placita praesentent, et qui hoc non fecerit, beneficium et honorem perdat. — Et qui beneficium non habuerit, bannum solvat. Wegen Nichtannahme vollwichtiger Münze und Falschmünzerei verfügen dasselbe *Cap. a.* 817. *c.* 18. *p.* 213. *Edict. Caris. a.* 861. *p.* 477. *Edict. Pist. a.* 864. *c.* 8. 15. *p.* 490 *sq.* Beides sind nur Anwendungen des allgemeinen Grundsatzes. Anders Walter S. 219. und v. Maurer S. 522.

44) *Cap. a.* 821. *c.* 7. *p.* 230. De coniurationibus servorum, quae fiunt in Flandria et Menpisco et in ceteris maritimis locis, volumus ut per Missos nostros indicetur dominis servorum illorum, ut constringant eos *rel.* Ueber *Cap. Baioar. a.* 803. *c.* 1. *p.* 127. s. Waitz S. 382 Note 2.

Immunität aufgesucht und weggeführt werden; wer ihm widersteht, zahlt die zehnfache Königsbuße von 600 Solidi [45]).

Daß die Klagen der Einsassen gegen Dritte vor deren ordentlichem Richter angebracht werden mußten, wobei sie jedoch auch den Schutz ihrer Grundherrschaft und die Unterstützung des Advocatus genossen [46]), verstand sich von selbst. Nur in Einer Beziehung bedurfte es einer Bestimmung der Immunitätsprivilegien. Der Beweis des Diebstahls durch einen Dritten war dem Einsassen dadurch erschwert, daß seinen Miteingesessenen wegen des Mangels freien Grundeigenthums nach Volksrecht die Zeugenfähigkeit im öffentlichen Gericht fehlte [47]). Carl der Große hat sie ihnen daher in einem Immunitätsprivileg, aber ohne Zweifel zu analoger Anwendung in allen ähnlichen Fällen, beigelegt [48]).

Nachdem die geistlichen Immunitäten eine solche Ausdehnung gewonnen und die Immunitätsbeamten als Vertreter derselben und als Richter der Einsassen eine solche Bedeutung gewonnen hatten, konnte im öffentlichen Interesse deren Wahl und Anstellung der Grundherrschaft allein nicht überlassen blei-

45) *Cap. L. Sal. add. a.* 803. *c.* 2. *p.* 113. Si autem homo furtum fecerit, aut homicidium, aut quodlibet crimen foras committens, infra immunitatem fugerit, mandet Comes Episcopo vel Abbati vel Vicedomino vel quicunque locum Episcopi aut Abbatis tenuerit, ut reddat reum. Si contradixerit *rel. Conv. Silv. a.* 853. *c.* 7. *p.* 425. *Cap. Caris. a.* 873. *c.* 3. *p.* 520.

46) Der Advocatus sollte für die Grundherrschaft und ihre Einsassen Recht nehmen und geben. *Cap. a.* 782. *c.* 6. oben Note 29. qui iustitiam faciat et suscipiat. Urk. von 835. (*Bouquet* VI. *p.* 600.) — in acquirendis iustitiis et aliis faciendis.

47) *Cap. a.* 829. *c.* 6. *p.* 354. De liberis hominibus, qui proprium non habent, sed in terra dominica resident, ut propter res alterius ad testimonium non recipiantur.

48) Bestätigung des Privilegs von K. Pippin für St. Germain des près von 771 oder 772 (*Bouquet* V. *Nr.* 17. Sickel K. 11.) — Ita igitur, ut dictum est, de liberis hominibus, qui supra terras praescriptae basilicae — commanere noscuntur; et de capite eorum [quos] contra homines liberos in omni placito testimonium ferre concedimus. Ueber de capite = capitale furtum. Diebstahl eines Stücks Vieh s. *Du Cange v.* Caput und oben Bd. IV. S. 487 Note 38.

ben. Der Advocatus und ebenso der Verwaltungsbeamte der Kirche, der Vicedominus, und der Präpositus des Klosters, insofern ihnen die Functionen des Advocatus übertragen sind[49]), sollen daher nach Carls des Großen Vorschrift, gleich dem Centenar und Vicarius Comitis, unter Mitwirkung des Grafen und Zustimmung des Volks erwählt werden[50]). Die Missi werden angewiesen, daß nur mit Grundeigenthum in der Grafschaft angesessene, rechtskundige und Gerechtigkeit liebende Männer dazu bestellt seien[51]), und werden ermächtigt, an die Stelle untüchtig Befundener Andere einzusetzen[52]). Insofern die Güter der Kirche oder des Klosters in verschiedenen Grafschaften belegen sind, soll in jeder derselben ein Advocatus als Richter und Vertreter derselben bestellt werden[53]). Ein

49) *Muratori, Antiq. Ital.* V. *Diss.* 63. *de Advocatis ecclesiae et Vicedominis* Walter § 110. Waitz S. 292 folg. — Urkunden dieser Zeit, worin die Rechte des Klostervogts dem Abt gegenüber bestimmt werden, z. B. daß er nur drei Placita im Jahr halten, nur für eine bestimmte Zahl von Leuten Beköstigung fordern, den dritten Theil des Bannes beziehen soll u. A., Bestimmungen durch welche im eilften Jahrhundert ihren Uebergriffen gesteuert wurde, sind unecht. Z. B. die Urk. Carls des Gr. von 800. Beyer, Mittelrh. Urk. Nr. 38. Ludwigs des Fr. von 817. *Schöpflin, Als. dipl. Nr.* 82. von 819. *Neugart. Cod. dipl. Nr.* 204. von 823. *Bouquet* VI. *Nr.* 118. Vgl. Waitz S. 323 Note 1. Anders Walter cit. Note 12.

50) *Cap. Lang. a.* 802. *c.* 11. *p.* 104. Volumus, ut Advocati in presentia Comitis eligantur, non habentes fama mala, sed tales eligantur, quales lex iubet eligere. *Cap. Aquisgr. a.* 809. c. 11. *p.* 156. Vgl. Boretius S. 94. Ut iudices, Advocati, Praepositi, Centenarii, — quales meliores inveniri possunt, constituantur —; cum Comite et populo eligantur mansueti et boni.

51) *Cap. Aquisgr. a.* 802. *c.* 13. *p.* 92. Ut Episcopi, Abbates atque Abbatissae Advocatos atque Vicedominos Centenariosque legem scientes et iustitiam diligentes pacificosque et mansuetos habeant, — iustum semper iudicium in omnibus exercentes; Praepositos *rel. c.* 20. *p.* 98. *c.* 58. *p.* 101. *Cap. Aquisgr. a.* 813. *c.* 14. *p.* 188. — Et ipsi habeant in illo comitatu propriam hereditatem *Cap. Lang. a.* 819. *c.* 3. *p.* 228.

52) *Cap. Lang. a.* 802. *c.* 13. *fin. p.* 92. — removeantur, et qui digni sunt in loca eorum subrogentur, *Cap. a.* 805. *c.* 12. *p.* 136. — ut pravi Advocati, Vicedomini — tollantur et tales eligantur *rel. Cap. a.* 807. *c.* 6. *p.* 151. *Cap. Lang. a.* 819 *cit.*

53) *Cap. Pipp. a.* 782. *c.* 6. *p.* 43. — ubicunque Pontifex substantiam habuerit, Advocatum habeat in ipso Comitatu.

Centenar dieser Grafschaft aber soll es nicht sein, um Vermischung der öffentlichen und der Immunitätsgerichtbarkeit zu verhüten [54]). Auch darin werden diese Immunitätsbeamten den Unterbeamten des Grafen gleichgestellt, daß sie wie diese im Conventus der Missi erscheinen [55]) und dem Könige Hulde schwören müssen [56]). Durch alles dieses nahmen sie immer mehr die Stellung königlicher Beamten an; auch mochten bei ihrem steigenden Ansehn die auswärtigen Kläger sich allmälig gewöhnen, ihr schiedsrichterliches Urtheil anzuerkennen und nur im Fall formeller Justizverweigerung den Grafen anzugehen [57]). Dieß vermittelte den Uebergang zu dem erweiterten Immunitätsrecht der folgenden Periode, in welchem der Immunitätsrichter stillschweigend den königlichen Unterbeamten des Grafen völlig gleich gestellt, d. h. deren unbedingte, öffentliche Gerichtbarkeit ihm zugestanden werden konnte, ohne daß es einer ganz neuen Bestimmung in den Immunitätsprivilegien bedurfte [58]). Die Uebertragung der vollen Grafengerichtbarkeit

Die Beschränkung auf zwei in *Cap. a.* 825. *c.* 4. *p.* 249. beruht auf ihrer Befreiung vom Heerbann.

54) *Cap. Lud. P. a.* 817. *c.* 19. *p.* 218. Ut nullus Episcopus nec Abbas — nec Abbatissa Centenarium Comitis Advocatum habeat *cf. Lib. Pap Lud.* 44. *p.* 588.

55) *Cap. a.* 819. c. 2. *p.* 227. *Cap. a.* 825. *c.* 4. *p.* 247.

56) *Cap. a.* 786. *c.* 7. *p.* 51.

57) Hiervon kann das Privileg Ludwigs des Deutschen von 853 oben Note 37. verstanden werden.

58) Dieß war meine Meinung in Ursprung der lomb. Städtefreiheit S. 94., die Waitz S. 349. für ganz unhaltbar erklärt. — Immunitätsprivilegien dieser Zeit, welche dem Immunitätsbeamten, wenn auch mit wenig veränderten Ausdrücken, unbedingt an Stelle der königlichen Beamten Gerichtbarkeit einräumen (Waitz S. 383 Note 2.) halte ich für gefälscht, namentlich das Privileg Carls des Gr. vom 1. April 772 für Trier (Beyer, Mittelrh. Urk. Nr. 24. S. 328. Sickel *K. Nr.* 9.) und von 775 für Metz (*Bouquet* V. *p.* 727. Sickel *K. Nr.* 36.), worin die privatae audientiae des Immunitätsrichters unbedingt den öffentlichen substituirt werden. Waitz S. 379, 2 nimmt nach seiner Ansicht daran keinen Anstoß und hält sie für echt. Sickel, Beiträge III. S. 51. bemerkt zwar als bedenklich die von allen Immunitätsprivilegien dieser Zeit abweichende Fassung und den weiter gehenden Inhalt, insbesondere auch die ausgesprochene Bestätigung des Privilegs durch den Bischof und seine Leudes, endlich in diplomatischer Hinsicht die Ueberlieferung der Trierer Urkunde nur ex littera putrefacta in Bischof Balduins Regesten aus dem 14. Jahrhundert und der Metzer Urkunde

freilich, insbesondere des Blutbanns, mußte ausdrücklich geschehen und ist bekanntlich viel später erst erfolgt [59]).

II. Auch die Immunität als Privileg adliger Herrschaften kam schon in merowingischer Zeit vor [60]); es unterliegt daher keinem Zweifel, daß sie auch schon vor Carl dem Großen und seinen Nachfolgern mehrfach ertheilt worden ist, obgleich Verleihungsurkunden derselben uns kaum erhalten sind und die Capitularien sie selten erwähnen. Die dürftigen Nachrichten dieser Zeit können jedoch aus späteren Quellen ergänzt werden [61]).

Die Verleihung der Immunität geschah bald in Verbindung mit königlichen Schenkungen zu vollem Eigenthum, aber keineswegs immer, bald ohne diese [62]). Daß sie mit allen Beneficien königlicher Vasallen verbunden war, ist mehr als wahrscheinlich [63]). Das einem Einzelnen ertheilte Mundeburdium umfaßte auch seine Hintersassen und scheint auch das Recht, sie

durch eine verlorene Copie, steht aber dennoch an sie für unecht zu erklären. Mich bestimmt für die Unechtheit außer jenen Gründen auch der Umstand, daß Carl der Gr. der Kirche von Trier im September 772, also in demselben Jahr das Privileg in der gewöhnlichen Form ertheilt (Beyer Nr. 26.), eine Urkunde, die Sickel zwar nicht anführt, also für unecht zu halten scheint, die aber Ludwig der Fr. a. 816 (Beyer Nr. 51. Sickel L. Nr. 94.) ebenso bestätigt hat. Den in dieser Urkunde vorkommenden Ausdruck privatae audientiae für Civilsachen hat die Fälschung auf das Immunitätsgericht übertragen.

59) Waitz S. 380.

60) Bd. IV. S. 443.

61) Vgl. Eichhorn, Zeitschr. S. 192. Rechtsg. I. S 684. Walter § 115. Waitz IV. S. 250. 386. 400. Sickel, Beiträge V. S. 15.

62) Die Formeln bei *Rozière Nr.* 141—145. und die Urkunden bei *Bouquet* VI. *Nr.* 26—29. erwähnen sie nicht; und daß dieß nicht zufällig ist, beweist der Fall des Johannes Note 73, wo die Schenkung dem Immunitätsprivileg lange vorausging.

63) *Cap. a.* 779. *c.* 9. *p.* 36. Ut latrones de infra immunitatem *rel.* Similiter et Vassus noster, si hoc non adimpleverit, beneficium et honorem perdat. *Cap. a.* 782. *c.* 7. *p.* 43. Et si forsitan Francus aut Langobardus habens beneficium iustitias facere noluerit, iudex ille, in cuius ministerio manserit, contradicat illi beneficium illum, interim quod ipse aut missus eius iustitias faciat. *Cap. a.* 877. c. 20. *p.* 540. — eorum, qui nobiscum vadunt, beneficia et villae sub immunitate maneant. Vgl. Waitz S. 250 folg. 386. Walter cit. Note 4. v. Maurer I. S. 302.

im Grafengericht zu vertreten, enthalten zu haben [64]). In der zweiten Hälfte des neunten Jahrhunderts muß die Gerichtsimmunität der adligen Herrschaften schon so allgemein gewesen sein, daß sie in Gesetzen vorausgesetzt werden konnte [65]).

Die bei geistlichen Immunitäten mit der Befreiung vom Eintritt der öffentlichen Beamten verbundenen Rechte kommen auch den adligen Grundherren regelmäßig zu, wenn sie auch nicht immer alle genannt werden. Nämlich sowohl der Bezug aller öffentlichen Gefälle aus der Herrschaft [66]), als die bedingte Gerichtsimmunität nach den allgemeinen Grundsätzen dieser Periode, also mit der Verpflichtung, die Einsassen wegen Capitalverbrechen [67]), und andere Missethäter, die sich in die Immunität geflüchtet haben, an die öffentlichen Gerichte auszuliefern [68]), gegen Civilansprüche Auswärtiger aber die Einsassen, insofern die Sache im Immunitätsgericht nicht ausgetragen werden kann, im Grafengericht zu vertreten [69]). Die Verletzung

64) Die Urk. Carls des Gr. von 772 (Wartmann, Urk. von St. Gallen Nr. 65. Sickel K. Nr. 14.) nimmt einen Presbyter und seine Hintersassen in den königlichen Schutz und ertheilt ihm für Klagen gegen ihn selbst und seine Herrschaft (mitio) ausdrücklich nur das Reclamationsrecht, s. § 75 Note 37, wahrscheinlich aber auch das Vertretungsrecht im Grafengericht.

65) S. Note 68. 69.

66) Das Privileg K. Arnulfs von 898 für seinen Ministerialen Heymo (Kleinmaier, Juvavia Nr. 58. S. 118. Eichhorn I. S. 686) nennt debita legalia und tertia pars bannorum, das Drittel, das sonst der Graf erhielt.

67) *Cap. a.* 779 *c.* 9. *p.* 36. *Cap. a.* 782. *c.* 7. *p.* 43. oben Note 63. *Cap. Caris. a.* 861. *p.* 477. *Edict. Pist. a.* 864. *c.* 15. *p.* 491.

68) *Conv. Silv. Car.* II. *a.* 853. *c.* 7. *p.* 425. Et si in alicuius villam fugerit (*sc.* latro) — quod in capitularibus avi et patris nostri sriptum habetur, inde fiat, — Advocato denuncietur, ut ipsum latronem reddat *rel. Edict. Pist. a.* 864. *p.* 492. Et si falsus monetarius — in fiscum nostrum, vel in quamcunque immunitatem, aut in alicuius potentis potestatem vel proprietatem confugerit, — secundum quod in tertio libro capitularis 26. capitulo continetur — inde fiat. s. oben Note 43.

69) *Cap. Lud.* II. *a.* 855. *c.* 3. *p.* 435. De liberis hominibus, qui super alterius res resident, et usque nunc a ministris rei publicae contra legem ad placita protrahebantur et ideo pignerabantur, constituimus, ut secundum legem patroni eorum eos ad placitum adducant. Die Vorverhandlung im Immunitätsgericht bezeugt die Urk. K. Arnulfs von 898 Note 64. —

der Immunität von Seiten der öffentlichen Beamten wird hier nur mit dem einfachen Königsbann gebüßt [70]), die Verweigerung des Rechts von Seiten des Grundherrn durch das Einlager des Grafen oder Missus überwunden [71]), die verweigerte Auslieferung eines Verbrechers mit Beschlagnahme des Beneficiums gestraft [72]). Die Erfüllung dieser Verpflichtungen, auch die Ausübung jener häuslichen Gerichtbarkeit über seine Hintersassen lag ihm selbst ob; doch sollte er sich im Fall seiner Abwesenheit durch einen Advocatus in der Herrschaft und im Gericht des Grafen vertreten lassen, auf dessen Bestellung die allgemeinen gesetzlichen Bestimmungen Anwendung finden [73]).

Ein eigenthümliches Privileg ertheilte Ludwig der Fromme im J. 815 Spaniern, die, nachdem sie sich der Herrschaft der Saracenen entzogen, in der spanischen Mark und Septimanien mit königlicher Erlaubniß wüste Strecken Landes occupirt und angebaut hatten, und ebenso Allen die später ihrem Beispiel folgen würden [74]). Zunächst sichert er ihnen darin den könig-

quod ipse H. vel Advocatus eius corrigere nequiverit, iudicio eiusdem Comitis potenter finiatur.

70) *Cap. cit.* Et si quis eos contra hanc nostram auctoritatem pignerare aut distringere praesumpserit, patrono eorum omnia cum lege emendet et insuper pro incauta praesumptione bannum nostrum componat.

71) *Cap. a.* 779. *c.* 21. *p.* 38. *cf. Cap. a.* 817. *c.* 28. *p.* 218. oben Note 39. Auch die Bischöfe sollen mit Excommunication einschreiten. *Cap. a.* 862. *c.* 4. *p.* 481.

72) *Cap. Pipp. a.* 782. *c* 7. *p.* 43.

73) *Cap. Lang. a.* 802. *c.* 10. *p.* 104. Ut Vassi nostri —, si presentes esse non possunt, suos Advocatos habeant, qui eorum res (ihre Herrschaften) ante Comitem defendere possint, et quidquid eis queritur, iustitiam faciant. Für die häusliche Gerichtbarkeit s. Urk. von 898 in Note 69. quod ipse H. vel Advocatus eius corrigere nequiverit. Für Verbrechen *Cap. a.* 817. *c.* 18. *p.* 213. *Edict. Caris. a.* 861. *p.* 477. Für Vertretung des Grafen selbst *Cap. a.* 781. *c.* 3. *p.* 40. *Pérard p.* 33. XIII—XVIII. u. s. w. Für die Bestellung des Advocatus s. oben Note 48 folg. insbesondere *Cap. a.* 802. *c.* 20. *p.* 98. — Episcopi — Comites — atque Vassi nostri — ut omnes habeant bonos Advocatos. *Cap. Lang. a.* 802. *c.* 11. *p.* 104. *Cap. a.* 817. *c.* 19. *p.* 218. Ut nullus Episcopus — nec Comes *rel.*

74) *Lud. P. praeceptum pro Hispanis a.* 815. *Bouquet* VI. *Nr.* 21. *p.* 470. *Walter*, II. *p.* 290. Sickel L. 41. Vgl. das Präceptum Carls des Gr. von 812. *Walter*, II. *p.* 255.

lichen Schutz und die Rechte freier Leute zu und befreit sie von öffentlichen Lasten, mit Ausnahme des Heerbanns und ähnlicher Dienste, die sie auf Befehl des zuständigen Grafen verrichten müssen [75]). Rücksichtlich der Rechtspflege sollen sie in Criminal- und größeren Civilsachen, die zur Competenz des Grafen gehören, vor diesem zu Recht stehen, auch, wenn sie von einem andern Gaugenossen mit einer Civil- oder Criminalklage belangt werden, der Ladung in das Grafengericht Folge leisten; andere, geringere Streitsachen unter einander aber nach ihrem Herkommen, ohne Zweifel vor einem selbsterwählten Richter, zu schlichten berechtigt sein [76]). Dasselbe Recht wird ihnen auch in Bezug auf Leute, die sie zu Hintersassen annehmen möchten, ertheilt, woraus zu folgen scheint, daß sie diese gegen Klagen Dritter gleichfalls im Grafengericht zu vertreten hatten [77]). Das dieser Bauerschaft ertheilte Privileg geht also nicht über die allgemeinen Grundsätze der Gerichtsimmunität hinaus. Dagegen hat Ludwig der Fromme in demselben Jahr einem spanischen Großen Namens Johannes, dem schon Carl der

75) *Praecept. cit. pr.* — eosdem homines sub protectione et defensione nostra receptos, in libertate conservare decrevimus. *c.* 1. Eo videlicet modo, ut sicut ceteri liberi homines cum Comite suo in exercitum pergant *rel.* Alius vero census ab eis neque a Comite neque a iunioribus et ministerialibus eius exigatur, *cf. c.* 5.

76) *Cap.* 2. Ipsi vero pro maioribus causis, sicut sunt homicidia, raptus, incendia, depraedationes, membrorum amputationes, furta, latrocinia (Criminalsachen), alienarum rerum invasiones (Streit um Grundeigenthum), et undecunque (*quis*) a vicino suo aut criminaliter aut civiliter fuerit accusatus et ad placitum venire iussus, ad Comitis sui mallum venire non recusent. Ceteras vero minores causas more suo, sicut hactenus fecisse noscuntur, inter se mutuo definire non prohibeantur.

77) *Cap.* 3. Et si quisquam eorum — alios homines — in portione sua — habitare fecerit, utatur illorum servitio, — et liceat illi eos distringere ad iustitias faciendas, quales ipsi inter se definire possunt. Cetera vero iudicia, id est criminales actiones, ad examen Comitis reserventur. Auch das spätere Privileg Carls des Kahlen von 844. (*Bouquet* VIII. *p.* 464. *Walter* III. *p.* 29.) beschränkt zwar in *c.* 3. die ausgenommenen Criminalsachen auf drei Fälle, scheint aber sonst nicht weiter zu gehen. Vgl. Waitz S. 388.

Große wegen seiner im Krieg mit den Saracenen erworbenen Verdienste die im Gau von Narbonne verliehenen Rodungen bestätigt hatte, für ihn und seine Nachkommen ein weiter gehendes Immunitätsprivileg ertheilt; denn diesem wird die Gerichtbarkeit über seine Hintersassen mit unbedingter Ausschließung des Grafen zugesichert [78]), das erste Beispiel dieser Art, das später Carl der Einfältige zu Gunsten eines Spaniers Theodosius in noch bestimmterem Ausdruck nachahmte [79]).

III. Die königlichen Herrschaften waren von Anfang an besonderen königlichen Beamten untergeben und insofern von den öffentlichen Gewalten eximirt [80]); sie werden deshalb jetzt schlechthin als königliche Immunitäten bezeichnet [81]). Das berühmte Capitular Carls des Großen, das überhaupt die Verwaltung der königlichen Güter ordnet, bestimmt auch deren Gerichtsverfassung [82]). Den königlichen Amtleuten wird schon durch die Benennung Judices Richtergewalt beigelegt, zu deren Ausübung sie fleißig Gerichtstage halten und Recht schaffen sollen [83]). Zunächst den unfreien und freien Hinter=

78) *Bouquet* VI. *Nr.* 22. *p.* 472. Sickel *Acta L.* 42. — Et nullus Comes, nec Vicarius, nec iuniores eorum, nec ullus iudex publicus illorum homines, qui super illorum aprisione habitant, aut in illorum proprio, distringere nec iudicare praesumant; sed Iohannes et filii sui et posteritas illorum, illi eos iudicent et distringant. Et quidquid per legem iudicaverint, stabilis permaneat. Et si contra legem fecerint, per legem emendent. Nur das Schelten ihrer Urtheile wird vorbehalten.

79) Urk. von 904. *Baluz. Cap.* II. *App. Nr.* 129. — Ipsi vero homines, qui in supradictis villis habitant, — tale obsequium et tale servitium — Theodosio vel heredibus suis faciant et serviant, quale Comitibus facere consueverunt, tam Spani quam ceteri. — Praecipientes ergo iubemus, ut nullus iudex publicus *rel.* Die gewöhnliche Immunitätsclausel.

80) S. Bd. IV. S. 438.

81) Schenkung Ludwigs des Fr. an das Kloster Fulda (*Schannat. Trad. Fuld. Nr.* 446. *p.* 178.) — quae omnia prius in nostra immunitate habuimus, als königliches Jagdrevier. Sonst heißen sie im Gegensatz der geistlichen Immunitäten fiscus *Cap. Caris. a.* 857. *c.* 4. *p.* 455. *Edict. Pist. a.* 864. *c.* 18. *p.* 492.

82) *Cap. de villis a.* 812. *p.* 181. Vgl. Eichhorn § 86. Walter § 114. Waitz S. 245. 391. Sickel, Beiträge V. S. 6.

83) *Cap. cit. c.* 56. Ut unusquisque iudex in eorum ministerio frequentius audientias teneat et iustitias faciat.

sassen unter sich und in ihrem Verhältniß zur Grundherrschaft, d. i. dem königlichen Fiscus. Die freien Hintersassen zahlen in diesen Fällen die gesetzlichen Bußen und das Friedensgeld an den König; die Unfreien werden statt dessen mit Capital- oder körperlichen Strafen belegt [84]). Dritten gegenüber hat der königliche Beamte die freien und unfreien Hintersassen zu vertreten. Wenn sie belangt werden, so muß er dem dritten Kläger Recht schaffen [85]), d. h. für Unfreie, wenn er sie schuldig findet, den Kläger befriedigen, und statt des Fredus sie züchtigen [86]), und bei freien Hintersassen dafür sorgen, daß sie dem Kläger was sie schuldig sind, und dem Fiscus das Friedensgeld zahlen [87]). Daß der königliche Herrschaftsbeamte hier nur eine familiaris iustitia übe, welcher das Gericht des Grafen noch folgen könne, wird nicht gesagt und ist deshalb nicht anzunehmen [88]). Hat der Hintersasse eine Klage gegen Dritte, so soll der Herrschaftsbeamte dafür sorgen, daß ihm im öffentlichen Gericht Recht werde, und soll den Unfreien selbst in diesem vertreten; findet er aber kein Recht, dem Könige Anzeige

84) *Cap. cit. c.* 4. Si familia nostra partibus nostris aliquam fecerit fraudem, de latrocinio aut alio neglecto, illud in caput componat; de reliquo vero pro lege recipiat disciplinam vapulando. — Ad reliquos autem homines iustitiam eorum, qualem habuerint, reddere studeant, sicut lex est pro franda (l. fredo) nostro, ut diximus, familia vapuletur. — Franci autem, qui in fiscis aut villis nostris commanent, quidquid commiserint, secundum legem eorum emendare studeant; et quod pro franda (l. fredo) dederit, ad opus nostrum veniat.

85) *Cap. cit. c.* 52. Volumus, ut de fiscalinis vel servis nostris, sive de ingenuis, qui per fiscos aut villas nostras commanent, diversis hominibus plenam et integram, qualem habuerint, reddere faciant iustitiam.

86) *Cap. a.* 829. *c.* 9. *p.* 352. De homicidiis vel aliis iniustitiis, quae a fiscalinis nostris fiunt, qui impune ea committere existimant, nos actoribus nostris praecipiendum esse decernimus, ne ultra impune fiant; ita ubicunque facta fuerint, solvere cum disciplina praecipimus, d. h. die königlichen Beamten sollen für den Unfreien dem Dritten die Buße oder das Wergeld zahlen und statt des Fredus ihn züchtigen.

87) *Cap. cit. c.* 4. Franci autem *rel.* s. oben Note 84.

88) Eichhorn cit. behauptet es, aber ohne Beweis.

machen [89]). Beschwerden der Hintersassen gegen den Beamten selbst gehen an den König [90]). Daß wegen Capitalverbrechen der Hintersasse an das Gericht des Grafen ausgeliefert werden mußte, ist zwar nirgends bezeugt, aber in Bezug auf Freie wegen des dem Grafen vorbehaltenen Blutbanns anzunehmen [91]). Ausdrücklich wird dieß für freie und unfreie der Immunität nicht angehörige Missethäter, die sich durch Flucht in die königliche Herrschaft der gerichtlichen Verfolgung entziehen wollen, verfügt [92]).

Etwas ganz Besonderes ist es, was Ludwig der Fromme gewissen königlichen Forstbeamten als Privileg gewährt hat, nämlich Freiheit von einigen öffentlichen Lasten und das Recht, jährlich aus ihrer Mitte drei Beamte zu wählen, welche an Stelle des Grafen die gesammte Civilgerichtbarkeit über das gesammte Forstpersonal, Freie und Unfreie, üben sollen; nur Criminalsachen werden dem Grafen vorbehalten [93]).

D. Gesetz und Recht.

§ 78. Daß ein so thatkräftiger und einsichtsvoller Fürst, wie Carl der Große war, seine Reformen nicht bloß auf die

89) *Cap. cit.* c 29. De clamatoribus ex hominibus nostris unusquisque iudex provideat (daß ihm im öffentlichen Gericht Recht werde), ut non sit eis necesse venire ad nos proclamare (wegen Justizverweigerung) —. Et si habuerit servus noster forinsecus iustitias ad quaerendum, magister eius cum omni intentione decertet pro eius iustitia. Et si aliquo loco minime eam accipere valuerit, — magister eius — hoc nobis notum facere studeat.

90) *Cap. cit. c.* 57. Si aliquis ex servis nostris super magistrum suum nobis de causa nostra aliquid vellet dicere, vias ei ad nos veniundi non contradicat *rel.*

91) So auch Walter cit. Note 3, aber die angeführten Stellen beweisen es nicht.

92) *Edict. Pist. a.* 864. *c.* 18. *p.* 492. *Cap. Caris. a.* 873. *c.* 3. *p.* 520.

93) Urk. von 822. *Bouquet* VI. *Nr.* 30. *p.* 648. Sickel, *Acta L.* Nr. 186. Es ist kein Gesetz, sondern ein Privileg für die Forstbeamten, qui forestum in Vosago provident. Als Formel bei *Rozière Nr.* 26.

Gerichtsverfassung, sondern auch auf das in den Gerichten zur Anwendung kommende Recht erstreckt habe, diese Voraussetzung wird durch seine uns erhaltenen zahlreichen Gesetze vollkommen bestätigt. Allein noch größere Anerkennung als diese legislatorische Thätigkeit verdient das Maaß, welches er auch in dieser Beziehung innehielt. Der Gedanke einer vollständigen, das gesammte Recht seines großen Reichs umfassenden, alle individuellen Unterschiede aufhebenden Codification, wie Kaiser Justinian seiner Zeit sie für das oströmische Reich und die westgothischen Könige für Hispanien vor einem Jahrhundert unternommen hatten, wenn er ihm auch durch diese in Italien und Südfrankreich noch geltenden Gesetzbücher nahe gelegt war, widerstrebte seiner echt deutschen Sinnesweise. Von Anfang seiner Regierung, und nachdem die erlangte Kaiserwürde ihm neue Anregung für die allgemeinen Interessen des Reichs gegeben, beschränkte er sich einer Seits auf Verordnungen, durch welche die Zweckmäßigkeit, Gerechtigkeit und Einheit der Verwaltung gesichert werden sollte, und anderer Seits auf die schriftliche Verzeichnung und Verbesserung der Volksrechte, die den verschiedenen unter seinem Scepter vereinigten Stämmen zu rauben ihm fern lag. Seine Söhne und Enkel sind ihm auf diesem Wege nur nachgefolgt. Unserem Plane gemäß handeln wir nicht von dieser reichen Fülle carolingischer Rechtsquellen an sich [1]), sondern nur von ihrer Bedeutung für die Gerichtsverwaltung, also den Prozeß und die Rechtsprechung. In formeller Beziehung unterscheiden wir die Reichsgesetze (capitularia) und die Volksrechte (leges) [2]).

Die Reichsgesetze [3]) oder Capitularien, wie sie

1) Hierüber s. Eichhorn, Rechtsg. §§ 142—157. Walter, D. Rechtsg. §§ 145—161. Waitz III. S. 503—520. Vgl. v. Wyß, Carl der Große als Gesetzgeber. Zürich 1869.

2) *Cap. a.* 817. *p.* 205. in legibus — in capitulis. *Cap. a.* 857. *c.* 4. *p.* 452. secundum leges ac capitula regia. *Hincmar* bei Waitz S. 512 Note 1. Vgl. unten Note 11.

3) Eichhorn §§ 149. 150. Waitz S. 503 folg. Walter §§ 159. 161. Stobbe §§ 20. 21. S. 216 folg. Boretius, die Capitularien im Langobardenreich. Halle 1864. §§ 3. 4. S. 14 folg.

fortan heißen [4]), die der König in der Regel nicht allein, sondern unter dem Beirath seiner zu einem Reichstag versammelten geistlichen und weltlichen Großen erließ, betrafen eben deshalb sowohl die Kirche als den Staat [5]), und in letzterer Beziehung alle Theile des weltlichen Rechts, insbesondere diejenigen, die uns vorzugsweise interessiren, den Prozeß, das Strafrecht, und nur beiläufig das Privatrecht.

Sie begründeten im Gegensatz der verschiedenen Stammesrechte ein gemeines fränkisches Reichsrecht, dessen Darstellung für den Prozeß demnächst unsere Aufgabe sein wird. Die allgemeinen mit den fränkischen Großen beschlossenen Capitularien waren auch für Italien bestimmt und hatten, insofern sie hier publicirt wurden, auch ohne besondere Anerkennung Gesetzeskraft, weil das langobardische Königreich zugleich einen Theil des großen fränkischen Reichs bildete [6]). Doch ergingen schon von Carl dem Großen, nachdem er die langobardische Königskrone der seinigen hinzugefügt, auch besondere lan-

4) Capitula nennt schon K. Pippin seine Verordnung von 755. *Pertz Leg.* I. *p.* 24. und ebenso die späteren Könige. Capitulare, ein Ganzes solcher capitula, wie villare die Gesammtheit der villae, das Dorf (*Du Cange h.v.*) zuerst Carl der Gr. sein *Cap. a.* 779. *praef. p.* 36. und so ferner.

5) Die Versammlung war subjectiv und objectiv eine geistlich-weltliche. Daher von K. Pippin Carl der Gr. sagt in *Cap. a.* 779. *c.* 12. *p.* 37. Capitula, — quae genitor noster in sua placita constituit et in synodis. und von dem eigenen Capitular *praef. p.* 36. Capitulare — congregatis in unum synodali concilio Episcopis, Abbatibus virisque illustribus Comitibus — decretum. Die Reichstagsgesetze enthalten daher geistliches und weltliches Recht, theils vermischt, theils in getrennten Abschnitten. Und umgekehrt enthält z. B. die Synode zu Frankfurt a. 794. *p.* 71. einzelne weltliche Entscheidungen des Kaisers (capitula). Reine Synodalschlüsse, wenngleich die Synode auf königlichen Befehl gehalten wurde, z. B. die von 799 *p.* 77, sollte man nicht zu den Capitularien rechnen. Die praktische Bedeutung des Unterschieds hebt hervor Sohm in Zeitschr. für Kirchenrecht IX. S. 202 folg.

6) Das Gegentheil nahm nach Muratori und Canciani noch Savigny I. § 47 an. S. dagegen Stobbe S. 221 folg. Waitz S. 304 folg. und besonders Boretius § 4. S. 18 folg. Für die Nothwendigkeit nur der Publication der von fränkischen Königen einseitig erlassenen Gesetze in Italien s. besonders Carls des Gr. *Ep. ad Pipp. R. a.* 807. *p.* 150. Daß indeß diese fränkischen Capitularien in Italien nur beschränkte Anwendung fanden, bemerkt Boretius *praef. Lib. Pap.* § 4. *p.* 1.

gobardische Capitularien; und ebenso von den durch ihn eingesetzten oder ihm folgenden langobardischen Königen, von diesen aber unter Mitwirkung ihrer zu einem langobardischen Reichstag versammelten geistlichen und weltlichen Vasallen [7]). Wenngleich diese für das übrige Frankenreich keine Geltung hatten, so enthielten sie doch materiell meist gemeines fränkisches Recht und konnten deshalb von uns schon bisher als Beweise für dasselbe benutzt werden.

Auch in einer anderen Beziehung, nämlich in der Dauer ihrer Geltung, unterschieden sich ursprünglich die Capitularien von den Stammes- und Volksrechten. Denn als Befehle des Königs, wenngleich unter Beirath seiner Großen erlassen, hatten sie nur durch ihn, also streng genommen auch nur für seine Lebenszeit Kraft, wenn der Nachfolger sie nicht bestätigte. Der entscheidende Beweis hierfür liegt in der Bestätigung, welche Carl der Große den von seinem Vater, K. Pippin, auf Reichstagen und Synoden erlassenen Capitularien ausdrücklich zu ertheilen für nöthig fand [8]). Die Volksrechte dagegen waren, wie das Volk selbst als Träger derselben, von ewiger Dauer [9]). Jene Zeitbeschränkung galt auch nicht bloß von den

7) Boretius S. 20 folg. s. unten Note 19 und 20. und sein Verzeichniß der im Langobardischen Königreich gebräuchlichen Capitularien. *Pertz Leg.* IV. *p* XLIX.

8) *Cap. a.* 779. *c.* 12. *p.* 37. Capitula vero, quae bonae memoriae genitor noster in sua placita constituit et in synodis, conservare volumus. Vgl. *Cap. Pipp. a.* 768. *Pertz LL.* II. *p.* 13. *Cap. a.* 789. *c.* 1. *ibid. p.* 14. Es scheint dieß auf der allgemein germanischen Vorstellung, daß der Wille der Person nicht über ihre Lebenszeit hinausreicht, zu beruhen, wonach das Testament ihr unbekannt ist, und welche auch die burgundischen und westgothischen Könige veranlaßte, die Gesetze ihrer Vorgänger durch Aufnahme in ihr Gesetzbuch zu bestätigen, s. Bd. IV. S. 157. 216. Die früheren langobardischen Gesetze haben durch die Zustimmung des Volks die Natur und Dauer des Volksrechts. Nicht so einige Verordnungen Liutprands und Ratchis, z. B. die Notitia de actoribus regis. *Pertz LL.* IV. *p.* 180.

9) Daß der Unterschied von Capitular und Lex diese Bedeutung hatte, hat zuerst Boretius S. 26 folg. bemerkt, aber durch Berufung auf jene Notitia K. Liutprands und die *Cap. Baiuv.* unten Note 11. nicht ausreichend unterstützt. Anderer Meinung über die Capitularien ist Waitz S. 511. 246. Ob der von Sohm I. S. 102 folg. aufgestellte Gegensatz von Volksrecht und Amtsrecht nicht auf einer Uebertreibung beruht, bedarf einer sorgfältigen Prüfung.

zahlreichen Instructionen der Missi (cap. Missorum), sondern ebenso von den selbständigen, alle Beamten und Unterthanen verpflichtenden Verordnungen (cap. per se scribenda et ab omnibus observanda); nicht aber von den die Volksrechte, einzelne oder alle insgesammt, abändernden Capitularien (cap. legibus addenda) [10]), welche, um ihren Zweck zu erfüllen, gleiche Rechtskraft, also auch gleiche Dauer wie diese haben mußten [11]). Zu dem Ende wurden sie aber auch gleich den Volksrechten als Weisthümer von Rechtskundigen aus dem Volke verfaßt [12]) und diesem selbst in seinen Gauversammlungen zur Genehmigung vorgelegt. Daß dieß nur in einigen dieser Capitularien ausdrücklich vorgeschrieben wird [13]), und daß die Nach-

10) Diese 3 Arten unterscheidet besonders *Cap. Lud. P. a.* 817. *p.* 210. Capitula, quae legibus addenda sunt. *p.* 214. Capitula per se scribenda et ab omnibus observanda (also nicht bloß von den Reichsbeamten, wie Eichhorn S. 565 meinte). *p.* 216. Cap. praecipue ad legationem missorum nostrorum ob memoriae causam pertinentia. Um dieses Zweckes willen enthalten die letzteren häufig nur Ueberschriften. Vgl. *Ansegis*, *App.* I. *p.* 217. Boretius S. 17.

11) *Ep. ad Pipp. a* 807. *p.* 156. — capitula quae in lege (*sc. Langobardorum*) scribi iussimus — pro lege tenere. *Cap. L. Sal. add. a.* 819. *p.* 226. — secundum capitula d. imperatoris, quae prius pro lege tenenda constituit. *Cap. a.* 820. *c.* 5. *p.* 229. Generaliter omnes admonemus, ut capitula, quae praeterito anno legi Salicae per omnium consensum addenda esse censuimus, illa non ulterius capitula, sed tantum lex dicantur et pro lege teneantur. Einen ausdrücklichen Beweis für die dauernde Geltung dieser Capitularien findet Boretius S. 16. in *Cap. L. Baiuv. add. a.* 803. *c.* 3. *p.* 126. Haec octo capitula in assiduitate, reliqua autem reservata sunt regibus *rel.* Allein es werden hier nur die 8 gesetzlichen Fälle des Königsbanns den außerordentlich vom König verhängten entgegen gesetzt. Wilda, Strafrecht S. 376.

12) *Cap. a.* 789. *c.* 62. *p.* 63. — lex a sapientibus populi composita. Nach den *Ann. Lauresh. a.* 802. *Pertz Script.* I. *p.* 39. wurden zur Revision der Volksrechte legislatores berufen, und in den *Cap. L. Sal. add. a.* 817. *p.* 225 *sq.* heißt es wiederholt: de hoc capitulo iudicatum est, oder: iudicaverunt.

13) In *Cap Miss. a.* 803. *c.* 19. *p.* 115. werden die Missi beauftragt: Ut populus interrogetur de capitulis, quae in lege noviter addita sunt; et postquam omnes consenserint, subscriptiones et manufirmationes suas in ipsis capitulis faciant. *Cap. Aquisgr. a.* 813. *praef. p.* 187. Karolus — constituit ex lege Salica, Romana atque Gundobada capitula ista — ut unusquisque fidelis iusti-

richt von der Ausführung dieser Vorschrift in Frankreich nur Einmal auf uns gekommen [14]), ist zufällig. Es war allgemeiner Grundsatz, der als solcher noch gegen Ende des neunten Jahrhunderts ausgesprochen wird [15]). Da indeß ein Widerspruch der Gauversammlung kaum vorkam, so begnügte man sich wohl allmälig mit der allgemein vorgeschriebenen Publication durch die königlichen Missi in allen Diöcesen und Grafschaften [16]), und selbst diese mag in jenen stürmischen Zeiten

tias ita faceret, quae et ipse manu propria firmavit capitula ista, ut omnes fideles manu roborare studuissent. Nach *Edict. Pist. a.* 864. *c.* 6. *p.* 190. — Franci iurare debeant und Note 21 scheint die Anerkennung selbst eidlich geschehen zu sein. Auf die Genehmigung des Volks geht auch *Cap. a.* 873. *c.* 8. *p.* 521. — capitula avi et patris nostri, quae Franci pro lege tenenda iudicaverunt *rel.* Die folgenden Worte: et fideles nostri in generali placito conservanda decreverunt, stehen dem nicht entgegen, insofern ein auf Abänderung gerichteter Beschluß des Reichstags dem Volk zur Genehmigung vorgelegt werden konnte.

14) In der merkwürdigen Notiz eines *Cod. Paris.* zu *Cap. quae in lege Salica mittenda sunt. Pertz LL.* I. *p.* 112. Anno tertio clementissimi domni nostri Karoli augusti sub ipso anno hoc facta capitula sunt et consignata Stephano Comiti, ut haec manifesta fecisset in civitate Parisius mallo publico, et ipsa legere fecisset coram illis Scabineis, quod ita et fecit. Et omnes in unum consenserunt, quod ipsi voluissent omni tempore observare usque in posterum; etiam omnes Scabinei, Episcopi, Abbates, Comites manu propria firmaverunt. Walter § 149 Note 10. und Stobbe S. 224. halten dieß irrig für ein besonderes Vorrecht der salischen Franken. Sohm I. S. 283 folg. erklärt auch dieß für eine Hundertschaftsversammlung.

15) *Edict. Pist. a.* 864. *c.* 6. *p.* 490. — quoniam lex consensu populi fit et constitutione regis, Franci iurare debeant *rel.*

16) *Cap. Aquisgr. a.* 805. *pr. p.* 130. *Cap. a.* 806. *c.* 6. *p.* 147. Boretius S. 90. *Cap. a.* 817. *p.* 206. Haec capitula proprie ad Episcopos vel ad ordines quosque ecclesiasticos pertinent, quae non solum hi observare, sed etiam sibi subiectis vel commissis facienda perdocere debent. *p.* 210. Capitula quae legibus addenda sunt, quae et Missi et Comites habere et ceteris nota facere debent. *Cap. a.* 825. *c.* 26. *p.* 246. Volumus etiam, ut capitula — a Cancellario nostro Archiepiscopi et Comites eorum — accipiant, et unusquisque per suam dioecesin ceteris Episcopis, Abbatibus et aliis fidelibus nostris ea transscribi faciant et in suis comitatibus eorum omnibus relegant *rel. Caroli* II. *conventus Silv. a.* 853. *p.* 423. Sequuntur capitula, quae — domnus Karolus — edidit et per regnum suum a Missis suis adnuntiari et observari praecepit. *Cap. Caris. a.* 857. *c.* 2. *p.* 452. *Adnuntiatio p.* 256. Auch hier findet Sohm I. S. 284. nur Hundertschaftsversammlungen.

nicht überall erfolgt sein. Daß man sich aber allmälig gewöhnte, allen Capitularien ohne Unterschied dauernde Gesetzeskraft beizulegen, dazu trug besonders die berühmte, fortan officiell gebrauchte Sammlung des Abtes Ansegisus bei, der in der Vorrede diese Kraft von ihrem kirchlichen Nutzen ableitet [17]). Denn daß die auf Reichstagen oder Synoden von den anwesenden Vertretern der Kirche beschlossenen Kirchengesetze auch ohne die hier nicht denkbare Zustimmung des Volkes dauernde, d. h. von der Lebenszeit des Königs unabhängige Geltung hatten, verstand sich von selbst [18]). — In Italien hat Carl der Große als Eroberer nicht einmal den Reichstag, geschweige das Volk um seine Zustimmung gefragt [19]). Unter seinen Nachfolgern aber hat jener regelmäßig, wie schon bemerkt worden, zur Gesetzgebung mitgewirkt [20]) und von der Genehmigung des Volks in einer Gauversammlung ist uns Ein Beispiel aus

17) *Ansegis. Cap. Praef. p.* 272. — haec subter descripta adunavi capitula, quae procul dubio, quia ad sanctae ecclesiae profectum facta sunt, pro utili firmiter tenenda sunt lege. Ueber die Sammlung selbst s. *Pertz LL.* I. *p.* 256 *sqq.* Stobbe § 22. S. 231 folg. Für den officiellen Gebrauch s. Note 11.

18) Ludwig der Fr. wünscht in *Cap. a.* 817. *praef. p.* 205 *sq.*, daß Alles, was er nicht nur den Geistlichen, sondern auch in legibus mundanis und in capitulis verordnet, auch unter seinen Nachfolgern gültig bleiben möge (rata forent), befiehlt es aber geradezu nur für die kirchliche Bestimmung *c.* 5. *p.* 207. Anders Waitz S. 246. 511. *Concil Meldense a.* 845. *c.* 78. *Mansi* XIV. *p.* 840. Ut capitula ecclesiastica a domno Carolo magno imperatore necnon a domno Ludovico pio augusto promulgata obnixe observari praecipiantur, sicut et legalia observanda esse noscuntur. Ueber die wichtige Frage, ob sie nur kirchliche Geltung hatten, s. Sohm, Zeitschr. für Kirchenrecht IX. S. 231 folg

19) Boretius S. 20 folg., der hervorhebt, daß selbst das *Cap. Mantuan. a.* 781. *p.* 40. auf dem Reichstag nur publicirt wurde (ebenso *Cap. Lang. a.* 802. *p.* 103.), und daß selbst die *Capitula quae addita sunt ad legem Langobardorum a.* 801. *praef. p.* 83. und das *Cap. Lang. a.* 803. *p.* 109. sich nur auf den Willen des Königs, nicht auf den Beirath der Großen gründen.

20) *Cap. Pipp. a.* 782. *praef. p.* 42. — *a.* 789. *p.* 69. *Loth.* I. *const. Pap. a.* 832. *p.* 360. — Capitula quae d. Hlotharius rex una cum consensu fidelium suorum excerpsit. — *c.* 14. *p.* 362. — pro lege teneantur. *Lud.* II. *Convent. Ticin. a.* 855. *p.* 435. — Episcoporum et nobilium nostrorum consultu — pro lege tenenda firmamus.

der Zeit Ludwigs des Frommen und Lothars erhalten [21]. — Uebrigens kommen in Italien und Frankreich auch Capitularien von noch kürzerer, nur vorübergehender Bedeutung und Geltung vor [22].

Ueber Carls des Großen Thätigkeit für die Volksrechte (leges) besitzen wir eine Nachricht gleichzeitiger Geschichtschreiber, die nicht ohne Schwierigkeit mit den uns vorliegenden Gesetzesurkunden in völlige Uebereinstimmung zu bringen ist [23]. Des Königs gelehrter Geheimschreiber und Biograph Einhard erzählt [24], nachdem Carl die Kaiserwürde übernommen, habe er in Erwägung der Unvollkommenheit der Gesetze seines Volkes (denn die Franken hätten zweierlei Gesetz) den Gedanken gefaßt, das ihnen Fehlende zu ergänzen, das Widersprechende auszugleichen und das Schlechte oder unrichtig Vorgetragene zu verbessern. Zur Ausführung gekommen sei aber nur soviel, daß er den geschriebenen Volksrechten einige Capitularien hinzugefügt und die noch nicht geschriebenen habe schriftlich verzeichnen lassen. Die s. g. Lorscher Annalen, die wahrscheinlich an des Königs Hof und in seinem Auftrag verfaßt sind [25], berichten zum Jahr 802 [26], Carl habe auf dem Reichstag zu

21) *Loth. Const. Olonn. a.* 825. *p.* 248. — capitula quae d. imperator — ad generale placitum constitirit ad curte Holonna. *p.* 252 *sq.* folgen Namen der Langobarden, die im Grafengericht das Gesetz anerkannt und beschworen haben: Ortgrimo Gastaldo iuravit. Petrus Scavinus similiter u. s. w. Das Capitular betrifft Privatrecht und Prozeß. Sickel, Regesten II. S. 273. bezweifelt den Zusammenhang dieser Namenliste mit dem Capitular.

22) Boretius § 5. S. 22 folg.

23) Vgl. die verschiedenen Versuche von Eichhorn § 136. S. 529. § 143. S. 558. Walter, D. Rechtsg. § 149. S. 154. Waitz III. S. 194. 514 folg. Stobbe S. 20 folg. Boretius S. 71—85.

24) *Einhardi vita Karoli M. c.* 29. *Pertz Script.* II. *p.* 458. Post susceptum imperiale nomen, cum adverteret, multa legibus populi sui deesse, — nam Franci duas habent leges, in plurimis locis valde diversas, — cogitavit quae deerant addere et discrepantia unire, prava quoque ac perperam prolata corrigere. Sed de his nihil aliud ab eo factum est, nisi quod pauca capitula et ea imperfecta legibus addidit; omnium tamen nationum, quae sub eius dominatu erant, iura quae descripta non erant, describere ac litteris mandare fecit.

25) Wattenbach, D. Geschichtsquellen S. 127 folg. Vgl. S. 102 Note 2.

26) *Ann. Lauresh. a.* 802. (*Pertz Script.* I. *p.* 39.) — Sed et ipse imperator, interim quod

Aachen, während die Bischöfe und Aebte über kirchliche Dinge verhandelten, die weltlichen Großen mit dem christlichen Volk und mit Rechtskundigen versammelt; er habe dann alle Volksrechte seines Reichs verlesen und jedem sein Stammesrecht zutheilen, auch nach Bedürfniß sie verbessern und niederschreiben lassen, damit die Richter nach dem geschriebenen Gesetz richten könnten. — Offenbar betreffen beide Nachrichten dieselbe Thatsache[27]), und sie stimmen darin überein, daß die verschiedenen im Reiche geltenden Volksrechte nicht in einer allgemeinen Codification verbunden, sondern nur unter dem Beirath von Rechtskundigen, theils durch königliche Verordnungen ergänzt, theils zum ersten Male niedergeschrieben worden seien. Einhard zwar, dem als Kenner des Alterthums antike Ideen vorschweben mochten, scheint die ursprüngliche Absicht Carls, als auf eine allgemeine, alle Unterschiede aufhebende Gesetzgebung gerichtet, aufgefaßt zu haben, was sicherlich ein Irrthum ist[28]). Und den Annalen liegt insofern eine übertriebene Anschauung von der Bedeutung jener Reichstagsschlüsse zum Grunde, als sie sich keines Falls auf alle Volksrechte bezogen und Carl längst vorher diesen seine Aufmerksamkeit und legislatorische Thätigkeit zugewandt hatte. Die wichtigsten darauf bezüglichen Maaßregeln, die er selbst und die seine Nachfolger trafen, sind folgende.

Was zuvörderst die beiden fränkischen Volksrechte, die Lex Salica und Lex Ripuariorum, betrifft, so hat Carl eine

ipsum synodum factum est, congregavit Duces, Comites et reliquo christiano populo cum legislatoribus, et fecit omnes leges in regno suo legi et tradi unicuique homini legem suam, et emendare ubicunque necesse fuit, et emendatam legem scribere, et ut iudices per scriptum iudicassent et munera non accepissent.

27) Dagegen kann ich die einleitende Relation von *Cap. Aquisgr. a.* 802. *c.* 7. *p.* 91. nicht darauf beziehen; denn sie spricht nur von der Aussendung der königlichen Missi, welche über die Befolgung der Gesetze wachen und, wo diese mangelhaft sind, darüber berichten sollen, damit der Kaiser sie verbessern könne. Walter § 149 Note 6. Anders Eichhorn S. 530 und Stobbe S. 21 Note „Eine authentische Nachricht über die Tendenz Carls" u. s. w.

28) Ueber seine Glaubwürdigkeit vgl. Wattenbach S. 134 und daselbst Ranke.

neue Redaction derselben zwar nicht veranstaltet, aber es ist nicht unwahrscheinlich, daß auf seinen Befehl von Amtswegen über Correctheit und Lesbarkeit der Abschriften für den gerichtlichen Gebrauch gehalten wurde. Rücksichtlich der ersteren wird dieß fast zur Gewißheit erhoben durch den sprachlich besseren Text der s. g. Lex Salica emendata in 70 Titeln ohne die unverständlich gewordenen malbergischen Glossen, der sich in den Handschriften dieser Zeit findet und in officiellem Gebrauch war [29]), und durch die Bemerkungen des Abschreibers in einigen jener Handschriften, daß sie auf Befehl K. Carls gefertigt seien [30]). Ja, da in diesem Text in consequent durchgeführten Aenderungen mit Rücksicht auf das geltende Beweisrecht alle Spuren des altsalischen ausgemerzt sind, so streift derselbe an eine neue Redaction, die amtlichen Ursprungs sein muß [31]). Auch in den Handschriften der Lex Ripuaria wird eine carolingische Recension von der merowingischen unterschieden, und Eine derselben hat eine Bemerkung des Abschreibers, die auf authentischen Ursprung der ersteren gedeutet werden könnte [32]). Tie-

29) *Cap. L. Sal. add. a.* 819. *p.* 225. legen diesen Text zum Grunde. Vgl. Eichhorn S. 239. 241. 561. *Pardessus loi Salique p.* 265. *sq.* Walter § 150 Note 9. Waitz III. S. 514. Stobbe S. 22. 43. Grimm zu Merkel S. LXXXIV.

30) In einer Pariser Handschrift: anno ab incarnatione D. N. I. C. DCCLXVIII. indictione VI. dominus rex noster Karolus rex Francorum hunc libellum tractati legis Salicae scribere iussit. In einer St. Galler Handschrift mit der Jahreszahl DCCLXXVIII und in einigen anderen Pariser Handschriften ohne Jahreszahl. *Pardessus l. c.*

31) Das altsalische Beweisrecht gestattete bei Delictsklagen abweichend von allen anderen germanischen Volksrechten dem Beklagten nicht den Reinigungseid, sondern legte dem Kläger den Beweis durch Zeugen auf, daher alle älteren Texte der Lex Salica in einigen neunzig Fällen den leugnenden Beklagten nur dann für schuldig erklären: si ei fuerit adprobatum. S. Bd. IV. S. 503. Die s. g. Lex Salica emendata läßt diese Worte in den meisten Fällen aus, in einigen setzt sie statt dessen: si convictus fuerit, und behält jenen Ausdruck nur da bei, wo auch nach dem germanischen Princip Beweis nothwendig ist (s. unten § 85 Note 13.), weil jetzt in der Regel der ripuarische Reinigungseid zugelassen wurde. S. Bd. IV. S. 513. Es scheint dieß bisher unbemerkt geblieben zu sein und ist keines Falls zufällig, sondern in der kaiserlichen Kanzlei mit Bewußtsein unter Berücksichtigung des veränderten Gerichtsgebrauchs geschehen.

32) Eine Wiener Handschrift: Incipit pactus legis Ribuariae,

fer greifende materielle Aenderungen beider Gesetze hat Carl durch Capitularien vom Jahr 803, wahrscheinlich in Fortsetzung des Reichstags von 802, bewirkt [33]), und das auf die Lex Salica bezügliche Capitular scheint selbst allgemeine Gesetzeskraft erlangt zu haben, da es in vielen italienischen Handschriften vorkommt und in mehreren als Zusatz zu den Leges überhaupt bezeichnet wird [34]). Im Jahr 819 hat dann Ludwig der Fromme auf dem Reichstag zu Aachen nochmals durch Rechtskundige Zusätze zur Lex Salica machen lassen und ihnen seine Sanction ertheilt [35]).

Von den dem fränkischen Reiche unterworfenen germanischen Stämmen gaben die formell untadligen und materiell vollständigen Gesetzbücher der Burgunden und Westgothen keine Veranlassung zu specieller legislatorischer Thätigkeit, zumal sie nur als persönliches Recht einer kleinen Zahl von Individuen zur Anwendung kamen [36]). Dagegen bildeten die Ala-

qui temporibus Caroli renovatus est. Pertz, im Archiv III. S. 491. V. S. 216 folg. VII. S. 750 folg. Vgl. Eichhorn S. 252. 561. Walter § 152. Note 3. Waitz cit. Stobbe S. 56. 64.

33) Capitula quae in lege Salica mittenda sunt *a.* 803. *p.* 112 *sqq.* Merkel, Lex Salica S. 46—48. Capitula quae in lege Ribuaria mittenda sunt *a.* 803. *p.* 117 *sq.* Daß dies die von Einhard Note 24. bezeichneten Capitulare sind und daß sie zu den von den Lorscher Annalen dem Reichstag von 802 zugeschriebenen Reformen gehören, ist außer Zweifel. Eichhorn S. 567 nimmt deshalb eine Verlängerung des Reichstags bis ins Jahr 803 an; Boretius S. 77 folg., der Kaiser habe nach Schluß des Reichstags die legislatorische Arbeit mit seinem Consilium und den Rechtskundigen erst zu Anfang des Jahres 803 zu Ende gebracht.

34) Schon Eichhorn S. 560 und Stobbe S. 48 bemerken, daß sein Inhalt sich nicht an einzelne Bestimmungen der Lex Salica anschließt, und schreiben ihm deshalb eine allgemeinere Beziehung auf alle Volksrechte zu. Boretius S. 79 unterstützt diese Ansicht durch handschriftliche Beweise. Mir macht Einhards Bericht und die Ueberschrift der meisten Handschriften es wahrscheinlicher, daß das Capitular sich ursprünglich auf die Lex Salica bezog und nur allmälig allgemeinere Geltung gewann, wo dann die Abschreiber ihm auch eine allgemeine Bezeichnung gaben. Vgl. *Expositio Lib. Pap. K. M.* 100. *p.* 505.

35) *Cap. l. Salicae add. a.* 819. *p.* 225 *sq.* Merkel, L. Salica S. 48—50. *Einhardi ann. a.* 819. Die kaiserliche Sanction der Rechtssprüche bezeugt *Cap. a.* 820. *c.* 5. *p.* 229.

36) Die geringe Zahl der Gundobadingi, die das Andenken ihrer Abkunft und somit ihr Stammesrecht bewahrt hatten, bezeugt unter Ludwig dem Fr. der Bischof *Agobardus*, und wünscht, der König

mannen und Baiern, wenngleich unter Carl dem Großen der fränkischen Botmäßigkeit völlig unterworfen, geschlossene nationale Gesammtheiten mit eigenen, schriftlich verzeichneten Volksrechten, welche die Aufmerksamkeit des Königs in Anspruch nahmen. Die Lex Alamannorum in Herzog Lantfrids Redaction hat wahrscheinlich durch Carl den Großen einen verbesserten Text und Zusätze erhalten [37]). Daß die Lex Bajuwariorum noch unter Carls Regierung durch Decrete des Herzogs Tassilo ergänzt wurde, erklärt sich aus der selbständigen Stellung, die dieser Vasall des fränkischen Königs einnahm [38]). Erst nach seinem Sturz und der völligen Einverleibung Baierns in das fränkische Reich im J. 788 übte Carl hier die gesetzgebende Gewalt unbeschränkt, aber nicht durch eine neue Redaction des bairischen Volksrechts [39]), sondern nur durch Einführung des fränkischen Königsbanns, und durch ein Capitular, worin er beiläufig jenes Volksrecht bestätigt [40]), beide mit voller Gesetzeskraft, obgleich weder ein Reichstag, noch eine Volksversammlung zustimmte [41]).

möge unter Abschaffung ihres unvernünftigen Gesetzes ihnen fränkisches Recht verleihen, in *lib. adversus L. Gundobad. c.* 6. 7., abgedruckt bei *Bluhme, L. Burg. praef.* § 11. *Pertz LL.* III. *p.* 504. Das *Cap. Aquisgr. a.* 813. *p.* 187., zusätzlich zu den Leges überhaupt, erwähnt neben der Lex Salica und Romana auch die Gundobada. *Cap. eccl. a.* 789. *c.* 63 *p.* 63. und *Syn. Francof. a.* 794. *c.* 45. *p.* 74. erwähnen den Eid Unmündiger nach burg. Recht, treten ihm aber nur kirchlich entgegen. Gothen wohnten in verhältnißmäßig geringer Zahl in Septimanien, in größerer in der spanischen Mark, und lebten nach ihrem Recht. Das westgothische Gesetzbuch wird angeführt in Urk. von 852 *Vaissette* I. *Nr.* 76. von 862 *ibid. Nr.* 88. und noch öfter in den Urk. bei *Baluz. Marca hisp.* Vgl. Walter § 153 Note 5. Stobbe S. 93 Note 75.

37) *Merkel* in *Pertz LL.* III. *p.* 1—24. hat dieß wahrscheinlich gemacht und *p.* 120—170 diese *L. Alam. Karolina* herausgegeben. Ihm tritt Walter § 154. S. 161. bei. Stobbe S. 152 zweifelt.

38) Ueber diese decreta Tassilonis s. *Merkel* in *Pertz Leg.* III. *p.* 240 *sqq.* und den Abdruck der *Additio* V. *p.* 459 *sqq.*

39) Merkel cit. S. 230 folg.

40) Beide abgedruckt in *Pertz Leg.* I. *p.* 125—127. und nach Merkels Recension *Leg.* III. *p.* 477 *sqq.* Pertz setzt sie ins Jahr 803, bei Gelegenheit der Anwesenheit Carls in Baiern. Vgl. Merkel S. 250 folg. In dem *Cap. Bai. c.* 5. *p.* 127. heißt es: Ut latrones vel homicidae — sub magna districtione sint correpti secundum eoa Baiuvariorum vel legem.

41) Boretius S. 15. 16.

Daß auch nach Eroberung des langobardischen Königreichs nicht nur besondere Capitularien für dasselbe ergingen, sondern auch fränkische in Italien Gesetzeskraft erhielten, ist oben bemerkt worden. Es ist aber nicht erweislich, daß sie mit dem Edict der langobardischen Könige officiell zu einem Ganzen verbunden worden seien, vielmehr blieb es den Abschreibern und Sammlern als Privaten überlassen, sie zum praktischen Gebrauch zusammenzustellen [42]).

Die Unterwerfung der Sachsen, die Carl dem Großen während mehr als dreißig Jahren so viel zu schaffen machte, mußte ihn in ihren verschiedenen Stadien auch zu legislatorischen Maaßregeln veranlassen [43]). Es sind dieß 1) die von Carl als Sieger im Jahr 777 ohne Mitwirkung eines Reichstags dictirten Capitula de partibus Saxoniae, welche die Bestimmung hatten, in dem so eben erst unterworfenen, bisher heidnischen Lande die fränkische Verwaltung durch Comites und kirchliche Einrichtungen, wie sie im übrigen Reiche bestanden, einzuführen [44]). 2) Die Lex Saxonum in der uns vorliegenden Gestalt ist das wahrscheinlich im Jahr 785, nachdem das ganze Volk und selbst sein tapferer Führer Widukind sich unterworfen und die Taufe angenommen hatte, auf dem Reichstag der fränkischen und sächsischen Großen zu Paderborn verfaßte Volksrecht, worin die alten Rechtsgewohnheiten der Sachsen verzeichnet und im Einzelnen dem fränkischen Recht angepaßt wurden [45]). 3) Der erneuerte und letzte Aufstand der Sachsen war der Hauptsache nach überwunden, als Carl im Jahr 797 zum Reichs-

42) Boretius § 6. S. 23 folg. *Praef. Lib. Pap.* § 9 Note 39. *p.* LII. Nur *Cap. Ticin. a.* 801. *p.* 83. wird bezeichnet als: Capitula quae addita sunt ad legem Langobardorum.

43) v. Richthofen, Zur Lex Saxonum. Berlin 1868. Es sind die Resultate dieser vortrefflichen, vollkommen überzeugenden Untersuchungen, die ich im Text andeute.

44) v. Richthofen S. 128 folg. 170 folg. Abdruck bei Pertz *Leg.* I. *p.* 48 *sq.*, der sie in Uebereinstimmung mit allen neuern Schriftstellern ins J. 785 setzt und V. S. 34 folg.

45) v. Richthofen S. 331 folg. S. 348 folg. Ueber die mit der Lex Ripuariorum übereinstimmenden Anordnungen S. 371. über fränkische Bestimmungen s. Gaupp, Recht der alten Sachsen S. 57 folg. Ueber die Ausgaben Stobbe § 15. S. 186. Richthofens Ausgabe (*LL.* V, 47 *sq.*) ist im Buchhandel noch nicht erschienen.

tag in Aachen sächsische Große aus allen Theilen des Landes berief und unter ihrer Zustimmung in dem Capitulare Saxonicum neue Bestimmungen über dessen Verwaltung traf, insbesondere die Fälle des Königsbanns auch hier einführte und die Lex Saxonum in einigen Punkten abänderte [46]). Die schriftliche Verzeichnung oder eine neue Redaction des sächsischen Rechts auf dem Aachener Reichstag von 802 ist hiernach nicht anzunehmen [47]).

Zur Bestätigung der Nachricht, daß auf diesem Reichstag ältere Volksrechte verbessert und bis dahin ungeschriebene schriftlich verzeichnet worden seien, bleiben also nur die Lex Frisionum, Chamavorum und Thuringorum übrig.

Die Entstehungsgeschichte der Lex Frisionum knüpft sich, wie die Geschichte des fränkisch-sächsischen Rechts, zunächst an die verschiedenen Stadien der Vereinigung Frieslands mit dem fränkischen Reich [48]). Es sind nämlich in dem uns vorliegenden Gesetz drei, verschiedenen Zeiten angehörige und auf verschiedene Landestheile sich beziehende Redactionen zu unterscheiden. Die älteste gehört wahrscheinlich der Zeit an, als nach K. Radbods Tode (719) nicht nur das westliche Friesland zwischen Sinkfal und Fly, sondern durch einen Sieg Carl Martells auch das mittlere bis zum Laubach, auf welches sich ihre Bestimmungen mehrfach beziehen, den Franken unterworfen wurde (734). Einer zweiten Redaction gehören die das östliche Friesland zwischen Laubach und Weser berücksichtigenden Bestimmungen an, und da dieser Landestheil erst durch Carl den Großen nach Ueberwindung der gemeinschaftlichen Erhebung aller Friesen mit den Sachsen im J. 781 dem fränkischen Reich einverleibt wurde, auch der Inhalt dieser Bestimmungen, na-

46) v. Richthofen S. 340 folg. Abdruck bei *Pertz Leg.* I. *p.* 75 *sqq.* und V. *p.* 47 *sq.*

47) v. Richthofen S. 351 folg. gegen die herrschende Ansicht, nach welcher die Lex Saxonum auf diesem Reichstag verfaßt sein soll.

48) *Richthofen, Lex Frisionum. Pertz Leg.* III. *p.* 640—655. Lex Saxonum S. 342. 350. 353. hat auch diese schwierige Frage mit den wenigen, im Gesetz selbst dargebotenen Mitteln zuerst befriedigend gelöst.

mentlich die Einführung des Königsbanns, damit übereinstimmt, so ist diese Redaction wahrscheinlich gleichzeitig mit der Lex Saxonum im J. 785 verfaßt worden. Endlich drittens enthält die Lex Stücke, welche sich gleichfalls auf ganz Friesland bis zu der Weser beziehen und als Zusätze Rechtskundiger (Additio sapientum), zum Theil mit Anführung ihrer Namen bezeichnet sind. Da sie das ältere friesische Recht abändern und mit dem fränkischen ausgleichen, so paßt auf sie vorzugsweise die Nachricht von Verbesserungen der alten Volksrechte, welche von Rechtskundigen auf dem Reichstage des J. 802 vorgenommen wurden.

Erst in neuerer Zeit ist die Lex Chamavorum als das Volksrecht des fränkischen Stammes der Chamaver, die in der Nachbarschaft der Friesen und Sachsen an der Yssel wohnten, erkannt worden, und da sie ganz den Charakter eines von Rechtskundigen verfaßten Weisthums hat, auch in ihrem Inhalt, namentlich durch den Königsbann, sich an das fränkische Recht unter Carl dem Großen anschließt, so mag auch sie dem Reichstag von 802 ihren Ursprung verdanken [49]).

Die Lex Thuringorum, oder wie sie von zwei Gauen Südthüringens in einer Handschrift auch genannt wird, lex Angliorum et Werinorum, ist aus überwiegenden Gründen in die Zeit Carls des Großen zu setzen, und da sich keine Spur von einer früheren Aufzeichnung des Rechts der Thüringer findet, so darf auch ihre Entstehung wohl mit jener Nachricht, daß auf dem Reichstag von 802 bis dahin ungeschriebene Volksrechte zum ersten Mal schriftlich verzeichnet worden seien, in Verbindung gebracht werden [50]).

49) Gaupp, *Lex Francorum Chamavorum*. Breslau 1855. Zöpfl, die Ewa Chamavorum, Heidelb. 1856. Stobbe § 17. S. 200. Walter § 159 Note 5. Waitz S. 516.

50) Stobbe § 13. S. 172 folg. und außer den von ihm angeführten Schriftstellern v. Richthofen, Lex Saxonum S. 353. 394—415 und *Lex Frisionum praef. p.* 654 *sq.*, wo überzeugend nachgewiesen wird, daß die von Herold zur Lex Thuringorum gestellten iudicia Wulemari nicht zu dieser, sondern zur Lex Frisionum gehören. Richthofens Ausgabe *LL.* V. *p.* 103. *sqq.*

Zu den in Carls des Großen Reich geltenden Rechten gehörte endlich auch das römische Recht, und zwar nicht nur in der Lex Romana Wisigothorum, sondern auch in Justinians Gesetzgebung [51]). Beide gaben ihm keine Veranlassung zu speciellen, darauf bezüglichen legislativen Maaßregeln. Denn die in Einer Handschrift des Breviars vorkommende Bemerkung des Abschreibers, die man auf eine officielle Recognition desselben gedeutet hat, ist dafür kein ausreichender Beweis [52]).

Alle Abänderungen der einzelnen Volksrechte hatten naturgemäß die Tendenz, sie dem fränkischen zu nähern und also ein gemeines Reichsrecht herzustellen. Ebenso die Capitularien, die sich auf alle zugleich bezogen; namentlich das Capitular Carls des Großen vom J. 813, welches als Zusatz zum salischen, römischen und burgundischen Recht, als den vorzüglichsten, bezeichnet wird [53]), und die capitula legibus addenda Ludwigs des Frommen vom J. 817 [54]).

In formeller Beziehung sprechen die Gesetze Carls und seiner Nachfolger häufig die Absicht aus, den Richter durch den Buchstaben des geschriebenen Rechts zu binden, damit ungerechte Willkür ausgeschlossen sei [55]). Auch sollte dadurch die

51) Savigny, R.R. im M.A. I. § 35. II. §§ 28—57. Eichhorn I. § 157. S. 611.

52) *L. Rom. Vis. ed. Haenel p.*4. Hinter dem Recognitionsvermerk des gothischen Beamten K. Alarichs fanden sich in Einer von Cujacius benutzten, jetzt verlornen Handschrift die Worte: Et iterum (*sc. recognovimus*) anno XX. regnante Karolo rege Francorum et Langobardorum et patricio Romanorum, welchem Hänel *p.* XXII. *sqq.* aus schwachen Gründen diese Deutung giebt Was ein einfältiger Abschreiber sich unter dem Iterum recognovimus gedacht hat, ist gleichgültig; keines Falls beweist es eine amtliche Revision und Republication des Gesetzes durch Carl den Gr. Vgl. Savigny II. S. 164 folg. Stobbe S. 68. Walter § 153 Note 4. — Daß übrigens durch Capitularien auch dem römischen Recht derogirt wurde, beweist *Cap. Aquisgr. a* 813. *p.* 187. Carl der Kahle in *Ed. Pist. a.* 864. c. 20. *p.* 493 sagt nur, daß die Geltung des römischen Rechts überhaupt nicht in Frage gestellt worden sei. Anders Sohm I. S. 138. Note 105.

53) *Cap. Aquisgr. a.* 813. *p.* 187. *praef.* Karolus — constituit ex lege Salica, Romana atque Gundobada ista capitula.

54) *Cap. Aquisgr. a.* 817. *praef. p.* 205. — quid etiam in legibus mundanis inducendum — *p.* 210. Capitula quae legibus addenda sunt.

55) *Cap. a.* 802. *c.* 26. *p.* 94. Ut iudices secundum scriptam legem iudicent, non secundum

Kenntniß des Rechts nicht nur den königlichen Beamten, sondern auch den gebildeten Laien ermöglicht werden [56]). Doch wird die subsidiarische Geltung des Gewohnheitsrechts anerkannt [57]), und die Scabini, in deren Händen ja vorzugsweise die Rechtsprechung lag, werden nicht eigentlich als Gesetzeskundige, sondern als weise und fromme Männer bezeichnet, die als Geschworene des Rechts nach ihrer besten Erkenntniß urtheilen sollen [58]), so daß also, insoweit das geschriebene Recht Raum ließ, weder ihr Zeugniß über das Herkommen, noch ihre freie Rechtsschöpfung ausgeschlossen war [59]). In Beidem lag ja die Bedeutung des Instituts der Schöffen, bei seiner ersten Einführung und während des ganzen Mittelalters.

Die Geltung der Volksrechte bezog sich zunächst auf die verschiedenen im fränkischen Reich vereinigten germanischen Volksstämme als Gesammtheiten, also mittelbar auch auf den Landestheil, in dem sie ihren Wohnsitz hatten, so daß z. B.

arbitrium suum. Vgl. *Ann. Lauresham. a.* 802. oben Note 26. — ut iudices per scriptum iudicassent et munera non accepissent.

56) *Cap. a.* 805. *c.* 24. *p.* 135. Comites quoque et Centenarii et ceteri nobiles viri legem suam pleniter discant, sicut in alio loco decretum est. *Cap. a.* 803. *c.* 4. *p.* 16. Ut Comites vel Vicarii eorum legem sciant. *Cap. exam. a.* 802. *p.* 107. *c.* 11. Laicos etiam interrogo, quomodo legem ipsorum sciant vel intelligant. *c.* 12. Ut unusquisque filium suum litteras ad discendum mittat.

57) *Cap. a.* 783. *c.* 10. *p.* 47. Placeat inserere, ubi lex erit praecellere consuetudine, et nulla consuetudo superponatur legi. *Cap. Olonn. a.* 823 *c.* 14 *p.* 235. Volumus ut homines talem consuetudinem habeant, sicut antiquitus Langobardorum fuit. Dagegen ist *Cap. Lang. a.* 813. 17. *p.* 193. Ut longa consuetudo pro lege servetur, kein Capitular, sondern eine Stelle der Interpretatio des Breviars. Boretius S. 182.

58) *Cap. Aquisgr. a.* 809. *c.* 11. *p.* 156. — quales meliores inveniri possent et deum timentes — mansueti et boni. *Cap. a.* 829. *c.* 2. *p.* 351. — iurare faciant, ut scienter iniuste iudicare non debeant. *Cap. a.* 832. *c.* 5. *p.* 438. nobiles et sapientes — et iurent, ut iuxta suam intelligentiam recte iudicent. Erst *Cap. Karlom a.* 884. *c.* 9. *p.* 552. verlangt: mundanae legis documentis eruditi.

59) Die Anfrage beim Könige und dem Reichstag wird nur dem Missus in *Cap. misso cuidam dat. c.* 2. *p.* 121. zur Pflicht gemacht; den Judices überhaupt nur in dem verdächtigen *Cap. Lud.* II. *a.* 875. *c.* 1. *p.* 528 s. Boretius S. 184

das salische Recht in den Gerichten des altsalischen Flanderns und des schon von Chlodwig über die Seine hinaus erweiterten Wohnsitzes der salischen Franken, dessen Mittelpunkt Paris war, in der Regel zur Anwendung kam[60]); das ripuarische in den alten Sitzen der Ripuarier mit der Residenz Aachen, das alamannische in Alamannien u. s. w.[61]). Insofern waren sie faktisch Territorialrechte, und es ist deshalb mehrfach von einem Rechte des Ortes oder Landes die Rede[62]). Allein das Princip des fränkischen Reichs, daß jeder einzelne Reichsgenosse, wo er sich aufhalten oder seinen persönlichen Wohnsitz haben mochte, nach dem Rechte des Stammes, dem er durch seine Geburt angehört, oder, was mit Rücksicht auf jene faktische Territorialität dasselbe ist, nach dem Rechte seines Geburtslandes (lex patriae) lebe und zu beurtheilen sei, ist auch von Carl dem Großen und seinen Nachfolgern anerkannt und selbst in Italien, wo bis dahin nur langobardisches und römisches Recht gegolten hatte, eingeführt worden[63]). Auch die Ausnahme, daß Frauen,

60) Daher die Cap. legi Salicae addita in der Volksversammlung zu Paris zur Annahme kamen s. oben Note 14.

61) Eine Aufzählung der Stämme giebt *Ben. Lev. Cap.* VI. 366. *Walter C. I. G.* II. *p.* 650. Ueber die Wohnsitze derselben und die Theile des Reichs s. Waitz III. S. 290 folg.

62) Lex loci. *Cap. a.* 779. *c.* 10. *p.* 37. Die fränkische Fassung sagt legem suam, die langobardische lex loci illius. Vgl. Boretius S. 61 65. Carolingische Urkunden s. bei Waitz III. S. 296. Note 4. So auch lex patriae Note 63.

63) *Cap. Aquis. a.* 768. *c.* 10. *Pertz* II. *p.* 14. Ut omnes homines eorum legis habeant, tam Romani quam Salici, et si de alia provincia advenerit, secundum legem ipsius patriae vivat. *Cap. Lang. Pipp. a.* 782. *c.* 7. *p.* 43. De universali quidem populo, quis ubique iustitias quaesierit, suscipiat tam a Comitibus suis, quam etiam a Castaldiis seu ab Sculdaissihis vel Locipositis iuxta ipsorum legem. *Cap. a.* 786. *c.* 8. *p.* 51. — voluntas domini regis est, ut unusquisque homo suam legem pleniter habeat conservatam. *Cap. a.* 802. *c.* 1. *p.* 91. — laici et saeculares recte legibus suis uterentur. *cf. Ann. Lauresh. a.* 802. oben Note 26. — et fecit omnes leges in regno suo legi et tradi unicuique homini legem suam. *Ansegis. App.* I. *c.* 71. *p.* 321. Si quis in aliena patria, ubi vel propter beneficium vel propter aliam quamlibet occasionem adsidue conversari solet, de qualibet causa fuerit interpellatus, — ibi secundum suam legem iustitiam faciat. Im Krönungseide gelobten die Könige legem uni-

so lange die Ehe dauert, das Geburtsrecht ihres Mannes theilen, besteht noch [64]). Da nun verschiedene Anlässe, als Versetzung der königlichen Beamten, der Erwerb von Grundbesitz, der Handelsverkehr in der Fremde und selbst erzwungene Verpflanzungen, z. B. der Sachsen, in einzelnen Theilen des Reichs, namentlich im südlichen Gallien und in Italien, eine große Mischung der Nationalitäten herbeiführten [65]), so mußte vor Gericht in Verhandlungen der freiwilligen und streitigen Gerichtbarkeit häufig die Nachfrage nach dem Geburtsrecht der Partheien und deren Erklärung darüber (professio) erfolgen [66]), ja die Gerichtsobrigkeiten werden in mehreren Capitularien ausdrücklich dazu angewiesen [67]).

cuique competentem se observaturum, z. B. *Cap. Car. Calvi. a.* 844. *c.* 3. *p.* 377. *a.* 858. *p.* 458. u. s. w. Dagegen gehen die einzelnen Städten oder Landschaften ertheilten Zusicherungen auf deren gesammtes Recht mit Einschluß ihrer Verfassung. Waitz III. S. 293. Note 3.

64) *Cap. Loth. Olonn. a.* 823. *c.* 18. *p.* 235. Ut mulier Romana, quae virum habuerit Langobardum, defuncto eo, a lege viri sit soluta et ad suam legem revertatur. Hoc vero statuentes, ut similis modus servetur in ceterarum nationum mulieribus.

65) *Agobard, adv. leg. Gundob. c.* 4. sagt von Burgund unter Ludwig dem Frommen: plerumque contigit, ut simul eant aut sedeant quinque homines, et nullus eorum communem legem cum altero habeat. Ueber Italien s. *Cap. a.* 783. *c.* 4. *p.* 46. — de diversis generationibus, qui in Italia commanent *rel.* Vgl. Waitz S. 297.

66) Diese Bedeutung der professio hat Gaupp, Ansiedlungen S. 242—247. gegen Savigny I. S. 147 folg., welcher eine einmalige Erklärung und deren Eintragung in eine öffentliche Liste behauptet, überzeugend nachgewiesen; auch Merkels Vermuthung in den Zusätzen zu Savigny VII. S. 2., daß beim Census eine allgemeine Professio des Geburtsrechts stattgefunden, ist durch die angeführte Urkunde nicht erwiesen. Die Verbindung der professiones mit den gerichtlichen Verhandlungen ergeben recht deutlich die *Form. Lang.* 1. 2. *Walter C. I. G.* III. *p.* 547 *sq.* Qua lege vivis? Langobarda — Salicha. Savigny irrte auch in der Annahme, S. 149, die professiones seien nur in Italien vorgekommen; sie werden hier wegen der großen Mischung der Nationalitäten nur besonders häufig erwähnt. Für Frankreich s. Pl. von 816 bei *Pérard p.* 35. XVIII. Tunc interrogatus fuit iam dicto Maurino, sub qua lege vivebat? et ipsius sibi a lege Salica adnunciavit. Pl. von 933 in Narbonne *Vaissette* II. 56. *Gall. christ.* VI. 423. — interrogaverunt ipso supradicto Comite, qualem legem vivebat? — Ille autem praesens stetit, et taliter dixit, quod lege Salica vivebat.

67) *Cap. a.* 786. *c.* 8. *p.* 51. (missi) et per singulos inquirant, qualem habeant legem ex no-

Auch das römische Recht galt nach wie vor für die besonders in den früher römischen Provinzen mit den eingewanderten Germanen vermischt wohnenden Romanen, und wo sie die überwiegende Mehrheit bildeten, konnte es gleichfalls faktisch als Lokal- oder Territorialrecht bezeichnet werden. So geschieht dieß in dem Edictum Pistense Carls des Kahlen vom J. 864 für gewisse, ohne Zweifel die südlichen Theile Galliens[68]), obgleich dasselbe Gesetz den Einzelnen ihr Geburtsrecht zuspricht, also eine Aenderung des Systems, wie man früher annahm, nicht bezeugt[69]). Ebenso in dem Theil von Italien, der, weil die Mehrzahl der Bewohner Römer waren, schon damals Romania hieß[70]), und in Rom selbst. Hier scheint jedoch die Geltung des römischen Rechts in Frage gestellt worden zu sein,

mine (oder ex natione). Waitz S. 296 Note 1. Dagegen Savigny S. 152 folg. Boretius S. 132. setzt dieß Capitular ins J. 792 und in Verbindung mit der Verschwörung des Pippin; die Missi sollen, da die Verschwörer in der Untersuchung (inquisiti) behauptet hatten, 1) den Eid der Treue nicht geleistet zu haben, 2) ihr Geburtsrecht werde nicht geachtet, ad 1) den Eid der Treue fordern, ad 2) des Königs Willen erklären, daß jedem sein Recht werde und untersuchen u. s. w. Also auch hier ist von Aufstellung einer „Liste" nicht die Rede. Allgemein verordnet *Cap. a.* 802. *c.* 48. *Pertz p.* 101. Ut Comites et iudices confiteantur (l. confiteri faciant partes), qua lege vivere debeant, et secundum ipsam iudicent.

68) *Edict. Pist. a.* 864. *c.* 16. *p.* 491. — in illa terra, in qua iudicia secundum legem Romanam terminantur, secundum ipsam legem iudicetur; et in illa terra, in qua iudicia secundum legem Romanam non terminantur, monetarius *rel. c.* 23. In illis autem regionibus, in quibus secundum legem Romanam iudicantur iudicia, iuxta ipsam legem committentes talia iudicentur; quia super illam legem vel contra ipsam legem nec antecessores nostri quodcunque capitulum statuerunt, nec nos aliquid constituimus. *cf. c.* 13 23. 31.

69) *Edict. Pist. a.* 864. *c.* 34. — quidam Comites nostri nos consuluerunt de illis Francis hominibus, — quia non in lege Salica ex hoc expressius quiddam invenimus — *fin.* Salva constitutione legis Romanae in eis, qui secundum illam vivent. Daß im südlichen Frankreich neben dem römischen auch salisches und gothisches Recht zur Anwendung kam, beweisen *Syn. Tricass. a.* 878. *Walter* III. *p.* 222. und die Placita bei *Vaissette* I. *Nr.* 76. 88. II. *Nr.* 56. (72). Vgl. Savigny S. 177 folg.

70) *Cap. a.* 783. *c.* 17. *p.* 47. Romaniae vel Pentapoli. *Form. Bign.* 15. in Romanorum vel Langobardorum provinciis. *Rozière form.* 12. 13. partibus Romaniae atque Italiae.

als unter Papst Paschalis im J. 823 einige vornehme Römer nach demselben als Majestätsverbrecher hingerichtet und ihre Güter confiscirt worden waren [71]). Hieraus, nämlich aus der Absicht ähnlichen Zweifeln in Zukunft zuvorzukommen, erkläre ich mir, daß, als im folgenden Jahre 824, nachdem Paschalis gestorben und Eugen III. von der Gegenparthei zum Papste erwählt worden, Ludwig der Fromme seinen Sohn Lothar nach Rom sandte, um die Verhältnisse zu ordnen, die römische Bürgerschaft (populus Romanus) auf Lothars Befehl zu der Erklärung aufgefordert wurde, nach welchem Recht sie fortan leben wolle, eine Erklärung, die auch die einzelnen Bürger band [72]) und natürlich für das althergebrachte Recht der Stadt, das römische, ausfiel [73]). Denn nachweislich galt dieses auch ferner für alle Bürger der Stadt Rom [74]), während Fremde,

71) Das römische Recht war noch im J. 801 bei der Empörung gegen Pabst Leo zur Anwendung gekommen. *Ann. Lauresh. a.* 802. *Pertz Script.* I. *p.* 188. Habita de eis quaestione secundum legem Romanam (also mit Tortur), ut maiestatis rei capite damnati sunt. Aus demselben rechtfertigte Paschalis die Tödtung jener vornehmen Römer durch seine Vasallen *Einhardi Ann. a.* 823. *p.* 211. — interfectores praedictorum hominum, quia de familia sancti Petri erant, summopere defendens, mortuos velut maiestatis reos condemnavit, iure caesos pronunciavit.

72) *Hloth. I. const. Rom. a.* 824. *c.* 5. *p.* 246. Volumus ut cunctus populus Romanus interrogetur, qua lege vult vivere, ut tali, qua se professi fuerint vivere velle, vivant. Illisque denuntietur, quod hoc unusquisque sciat, tam Duces, quam et Iudices vel reliquus populus, quod si in offensione sua contra eandem legem fecerint, eidem legi quam profitentur per dispositionem Pontificis et nostram subiacebunt. Vgl. *Einhardi Ann. a.* 824. *p.* 213. Dieselbe Autonomie gewährte Ludwig der Stadt Merida. *Einhardi Epist.* 39. *p.* 68. — non aliam legem, nisi qua ipsi vivere volueritis, vos tenere iubemus. Savigny I. § 45. S. 158 folg. und Hegel, Städteverfassung in Italien I. S. 327. verstehen es von einer Professio der Einzelnen, die aber sehr verschieden ausfallen konnte und worauf der Rechtszustand Roms wenig zweckmäßig geordnet worden wäre.

73) Dieß sagt die Glosse einer Pariser Handschrift nach Baluze: Non est putandum populum Romanum ulterius esse interrogandum, quandoquidem Romana lege confessi sunt se vivere eo tempore. Savigny S. 164.

74) Formula für die Erbittung und Ertheilung des römischen Stadtbürgerrechts bei Bluhme, Rhein. Mus. 5 S. 125 folg. Merkel, Savigny R.R. im M.A. VII. S. 5. *Pertz Mon. LL.* IV. *p.* 662. — postulans ut liceat eum legi Romanae succedere Ro-

namentlich Langobarden, in den römischen Gerichten ihr Geburtsrecht in Anspruch nehmen konnten [75]).

Daß das römische Recht auch für die Kirche und alle Geistlichen, welchem Volksstamm sie durch ihre Geburt angehören mochten, galt, ist für das eigentliche Frankenreich in carolingischer wie in merowingischer Zeit außer Zweifel [76]). Dagegen ist es für das langobardische Königreich auch nach seiner Vereinigung mit dem fränkischen sehr bestritten [77]). Allein, selbst wenn es nicht schon für die frühere Zeit aus überwiegenden Gründen angenommen werden müßte [78]), wäre es nicht

manumque civem adscribi. — Ut amplificetur numerus Romanorum, illum, quem vos hodie mihi denuntiastis, Romanae legis iubemus *rel. desunt.*

75) Noch zu Ende des zehnten und Anfang des eilften Jahrhunderts machte das Kloster Farfa sein langobardisches Recht in römischen Gerichten geltend, wo die römischen und langobardischen Schöffen es mit dem römischen auszugleichen suchten. Erst König Conrad II., um diese Controverse der Schöffen zu beseitigen, erhob im J. 1038 das römische Recht für Rom und sein Gebiet zum absolut geltenden Territorialrecht. *Pertz Leg.* II. *p.* 10.

76) Für die merowingische Zeit *Chlot. I. const. a.* 560. *c.* 13. *p.* 3. Quidquid ecclesia, clerici vel provinciales nostri — per triginta annos inconcusso iure possedisse probantur *rel.* — nec quisquam aliud agere aut iudicare, quam ut haec praeceptio secundum legum Romanarum seriem continet, — praesumat *L. Rip.* 58, 1. s. oben IV. S. 456 folg. Aus carolingischer Zeit der Streit zwischen dem Abt von Prüm und dem Fiscus über Grundstücke, der von Carl dem Gr. a. 797 nach römischem Recht (secundum quod lex Romana edocet) entschieden wird (*Martene Coll. ampl.* I. *p.* 51.), und die Urkunden Ludwigs des Fr. von 816 für das Kloster Aniane. *Vaissette* I. *Nr.* 29. — si secundum legem Romanam tricennio se defendere voluerit — secundum Romanae legis sanctionem, ut tricennia ea excludere non possint. Vgl. unten Note 99. Savigny I. S. 142 folg.

77) Dafür Savigny I. S. 143. Dagegen Hegel, Städteverf. von Italien I. S. 441.

78) S. Bd. IV. S. 339. Bluhme hat mich nachträglich darauf aufmerksam gemacht, daß die Papienser Schule des eilften Jahrhunderts entschieden annahm, erst durch das Capitular Ludwigs des Frommen (*Lib. Pap. Lud.* 53. *p.* 539) sei dem Clerus die römische Nationalität verliehen worden, s. *Expositio ad K. M.* 142. *p.* 513. *Pippin* 6. *p.* 515. Allein diese ihre Meinung gründete sich nicht auf Tradition aus früherer Zeit, die überdieß mehr als 200 Jahre hinter ihnen lag, sondern auf die Auslegung der ihnen vorliegenden Gesetze, bei der sie nicht nur entschieden irrten, sondern sich auch selbst widersprachen. *Cap. L. Sal. add. a.* 803. *c.* 1. *p.* 113. und *Ep. ad Pipp. a.* 807. *p.* 150., auf welche sie sich für die Zeit vor Ludwig dem Fr. berufen, bestimmen nicht das persönliche Recht,

wohl erklärlich, daß der römischen Kirche und Geistlichkeit in Italien ein Privileg vorenthalten worden, das sie im übrigen Frankenreich entschieden besaß. Auch ist uns in der Papienser Sammlung langobardischer Gesetze ein Capitular Ludwigs des Frommen überliefert, welches den fränkischen Grundsatz ausspricht [79]). Freilich steht es urkundlich fest, daß die Mehrzahl

sondern nur das (dreifache) Wergeld des Geistlichen nach seiner Geburt auf anomale Weise, vgl. Walter § 147 Note 10. unten Note 86. Das für unsere Ansicht vom persönlichen Recht der Geistlichen entscheidende Gesetz (*Lib. Pap. Liutpr.* 152. *p.* 473.) legen sie aus wie wir, nämlich so, daß der Langobarde durch den Eintritt in den geistlichen Stand Römer wird. Ebenso die späteren Commentatoren der Lombarda *Aripranḋ* und *Albert.* II. 5. Den geschichtlichen Zusammenhang denke ich mir so. Als die Langobarden Arianer waren, lebte ihre Geistlichkeit nach langobardischem Rechte, die Geistlichkeit der römischen Kirche wie andere Römer nach römischem, und als der König mit seinem Volke zur römischen Kirche übertrat, war die Annahme natürlich, daß principiell ein Langobarde durch den Eintritt in den geistlichen Stand dieser Kirche Römer werde, wie es K. Liutprand in jenem Gesetz voraussetzt. Doch konnte der Einzelne trotz dieses Gesetzes und selbst nach dem Capitular Ludwigs des Frommen sich sein Geburtsrecht vorbehalten. Es war ein Kampf der nationalen und kirchlichen Anschauung, in welchem schließlich letztere Sieger blieb. Das Kloster Farfa war zwar zu Ende des siebenten Jahrhunderts von fränkischen Mönchen neu gegründet, aber diese lebten als Wargangi unter königlichem Schutz nach langobardischem Recht welches die Aebte auch unter fränkischer Herrschaft sorgfältig wahrten, weil darauf ihre territoriale und geistliche Immunität von Rom beruhte, die sie erst 1125 verloren. S. *L. Bethmann, Hist. Farf.* in *Mon. Germ.* XIII. *p.* 519.

79) *Lib. Pap. Lud. P. c.* 53. *p.* 539. = *Cap. Lang. a.* 819. *c.* 1. *p.* 228. — Ut omnis ordo aecclesiarum secundum legem Romanam vivat; et sic inquirantur et defendantur res aecclesiasticae, ut emphiteusis, unde damnum ecclesiae paciuntur, non observetur, sed secundum legem Romanam destruatur, et poena non solvatur. Schon Pertz bemerkt, daß es sich in keiner Handschrift der Capitularien, sondern nur in der Sammlung der langobardischen Gesetze unter dem Namen Ludwigs des Frommen finde, und zweifelt, ob es diesem König zuzuschreiben sei. Boretius S. 182 sagt: „Es ist in allen Handschriften des langobardischen Rechtsbuches vorhanden; aber, da es des römischen Rechts in einer den Capitularien sonst ganz fremden Weise Erwähnung thut, wohl kaum für Reichsrecht, vielmehr für Juristenrecht zu halten." Allein die Ausdrucksweise ist doch mehr die eines königlichen Erlasses, und die Singularität des Inhalts kein ausreichender Grund gegen die Echtheit. Hegel S. 442. will es auf „die kirchliche Emphyteuse," die doch nur als Beispiel angeführt wird, beschränken; und Walter § 147 Note 8 auf „die Vermögensverhältnisse der Kirche," mit Ausschluß der Geistlichkeit; aber die Worte: omnis ordo ecclesiae — vivat, scheinen doch auch die Geistlichen zu umfassen.

der langobardischen Geistlichkeit nach wie vor in angeerbtem Nationalstolz auf jenes Privileg verzichtete und die Professio ihres Geburtsrechts vorzog, daß auch Klöster ihr langobardisches Stiftungsrecht beibehielten, bis endlich im eilften Jahrhundert die straffer angezogene Hierarchie dies unmöglich machte, indem sie das römische Recht zum bindenden Jus publicum der Kirche und aller ihrer Glieder erhob.

Die einzige Abweichung von dem Grundsatz, daß die Person und nicht der Ort das anzuwendende Recht bestimme, findet sich in der singulären Vorschrift des sächsischen Rechts, wahrscheinlich auf einem Gesetz Carls des Großen beruhend, daß Verbrechen, die innerhalb des Sachsenlandes begangen mit dem Tode bedroht sind, außerhalb mit der milderen Strafe des **locus delicti** geahndet werden sollen [80]).

Bei der Anwendung des Systems der persönlichen Rechte auf Fälle, wo die verschiedenen Geburtsrechte der Partheien in Conflict kommen, verzichtet auch die carolingische Gesetzgebung auf Herstellung eines beiden Theilen gemeinsamen Rechts, sondern legt das persönliche Recht des Einen oder des Andern zur Grundidee der Entscheidung. Die hierfür geltenden Regeln [81]) verzeichnet eine Stelle der langobardischen Gesetzsammlung, welche hier als ein Capitular Carls des Großen oder Pippins aufgeführt wird, wahrscheinlich aber ein langobardisch-römisches Weisthum ist, ziemlich vollständig [82]), und echte Capitularien bestätigen und ergänzen sie [83]).

80) Von diesen Zusätzen der Spangenbergschen Handschrift der Lex Saxonum handelt ausführlich v. Richthofen, Lex Saxonum S. 1—18.

81) Savigny I. § 46. S. 167 folg. Eichhorn I. S. 260. Rogge, Gerichtsverf. der Germanen S. 57. *Pardessus, loi Salique p.* 446. Walter § 148. und oben Bd. IV. S. 457—460.

82) *Lib. Pap. Kar. M. c.* 143. *p.* 514. = *Cap. a.* 813. *c.* 6. *p.* 192. Boretius S. 180. Sicut consuetudo nostrorum est, ut Longobardus vel Romanus, si evenerit quod causam inter se habeant, observamus, ut Romanus populus successionem eorum iuxta suam legem habeant; similiter et omnes conscriptiones iuxta suam legem faciant, et quando iurant, iuxta suam legem iurent, et quando componunt, iuxta legem cui malum fecerint, componant; et Longobardus similiter con-

Besonders merkwürdig ist die Aenderung des früheren Rechts rücksichtlich der für Vergehen zu zahlenden Bußen. Nach ripuarischem Volksrecht richtete sich die Buße nach dem Geburtsrecht des Thäters, der dadurch gestraft werden sollte, also des Beklagten; nach den Capitularien nach dem Geburtsrecht des Verletzten oder des Klägers, also gewissermaßen als Aequivalent des erlittenen Unrechts. Dieß gilt für alle Verbrechen und Vergehen [84]), und nicht bloß, wie man angenommen hat, nach langobardischem, sondern auch nach fränkischem Reichsrecht [85]).

venit componere. De ceteris vero causis communi lege vivamus, quam dominus excellentissimus Karolus rex Francorum atque Longobardorum in edicto adiunxit. Die ausgezeichneten Worte charakterisiren das Ganze als Zeugniß über das in Uebung stehende Recht. Der Schlußsatz meint das Reichsrecht der Capitularien, die ja in der That, wenn auch nicht alle auf Carls Befehl, dem Edict der langobardischen Könige angehängt wurden. Vgl. Savigny S. 174.

83) Die erste gesetzliche Regelung für Italien war *Cap. Pipp. a.* 783. *c.* 4. *p.* 46. De diversis generationibus hominum, qui in Italia commanent *rel.*

84) *Cap. Pipp. cit.* volumus, ut ubicunque culpa contigerit, unde faida crescere potest, pro eas fatigationes hominis illius, contra quem culpavit, secundum ipsius legem, cui neglegentiam commisit, emendet. Daß der Zwischensatz: unde faida crescere potest, keine Beschränkung auf schwere Verbrechen enthält, ergeben schon die Ausdrücke culpa, fatigationes, neglegentia. Ueberdieß das langobardische Weisthum Note 81.: (Romanus populus) et quando componat, iuxta legem cui malum fecerint, componant; et Langobardus similiter convenit componere.

85) *Cap. Pipp. a.* 789. *c.* 4. *p.* 70. — qui hoc malum fecit, secundum suam legem emendet. *Cap. Car. M. a.* 810 oder 811. *c.* 2. *p.* 169. Boretius S. 97. Si quis domum alienam cuilibet fregerit, — totum secundum legem et ewam illi[us], cuius domus fuerit fracta et exspoliata, in triplo componat. Si vero servus hoc fecerit, sententiam superiorem accipiat (*cf. c.* 1. — disciplinae corporali subiaceat), et insuper secundum suam legem (= legem illius) compositionem faciat. — *Ansegis App.* II. 35. *p.* 324. (Boretius S. 98). Si aliquis Saxo caballos in sua messe invenerit, et ipsos caballos inde ducere pro suo damno ad comprobandum voluerit, si quis liber homo ei contradixerit aut aliquid malum pro hoc fecerit, tripla compositione secundum legem et secundum ewam (*sc. Saxonum*) contra eum emendare studeat. — Si servus hoc fecerit, secundum suam legem (= *legem illius*) omnia in triplum restituat et disciplinae corporali subiaceat. Vgl. Richthofen, Lex Saxonum S. 12 folg. Damit stimmt auch *Cap. Ticin. a.* 801. *c.* 11. *p.* 85 (Nach Boretius S. 121. 140. *Cap. Lud. P. a.* 814 oder 815.) = *Ansegis* IV. 72. *p.* 321.

Daß das Wergeld nach dem Geburtsrecht des Getödteten bestimmt wird, ist also keine Anomalie mehr [86]); etwas Besonderes nur, daß auch der Geistliche, obgleich nach römischem Rechte lebend, weil dieses kein Wergeld kennt, ein solches nach seinem Geburtsstande haben soll [87]).

In allen anderen Beziehungen kommt jetzt wie früher in der Regel das Geburtsrecht des Beklagten zur Anwendung, weil er im Prozeß hauptsächlich thätig ist [88]). Darin liegt aber noch zweierlei: die Frage nach dem materiellen Recht des Beklagten, durch dessen Behauptung er die Beschuldigung des Klägers indirekt zurückweist, und sodann die Form seiner Prozeßhandlungen. Was das Erste betrifft, so wird z. B., wenn der Kläger ihn als seinen Knecht in Anspruch nimmt, die Frage, ob er frei oder unfrei sei, nach seinem Geburtsrecht beurtheilt [89]). Ebenso wenn er Erbrecht [90]) oder Eigenthum an der streitigen Sache behauptet [91]). Beruft er sich freilich auf seinen Auctor, so kommt dessen Recht zur Anwendung [92]). Die Verjährung

überein, welches verordnet, daß der Solidus in der von einem Sachsen oder Friesen dem salischen Franken zu zahlenden Buße zu 40 Denaren, d. h. nach salfränkischem Münzfuß berechnet werden soll. Wilda, Strafrecht S. 337 folg. – Hiernach ist Bd. IV. S. 459 Note 59., wo dieß mit Rogge für eigenthümlich langobardisches Recht erklärt und auf Fehdesachen beschränkt wurde, zu berichtigen.

86) S. oben Bd. IV. S. 459.

87) *Cap. L. Sal. add. a.* 803. *c.* 1. *p.* 113. *Ep. ad Pipp. a.* 807. *p.* 150. *Cap. a.* 832. *c.* 2. *p.* 360.

88) *Cap. Pipp. cit.* Note 82. 83. De vero statu ingenuitatis aut aliis quaerelis unusquisque secundum suam legem se ipsum defendat.

89) *Cap. Pipp. cit.* De statu ingenuitatis — secundum suam legem se defendat.

90) *Lib. Pap. cit.* Note 81. — observamus, ut Romanus populus successionem eorum iuxta suam legem habeant.

91) *Ansegis App.* I. 71. *p.* 321. Si quis in aliena patria — fuerit interpellatus, verbi gratia de conquesitu suo vel de mancipiis suis, ibi secundum suam legem iustitiam faciat. In dem Prozeß des Fiscus gegen den Abt von Prüm im J. 797 über Grundstücke wurde nach römischem Recht gesprochen, s. unten Note 100.

92) *Cap. a.* 819. *c.* 8. *p.* 225. Porro adversus ecclesiasticas res eadem sententia maneat, quae tempore domni et genitoris nostri fuerat prolata, ut ecclesiarum defensores res suas contra suos adpetitores eadem lege defendant, qua ipsi vixerunt, qui easdem res ecclesiis condonaverunt. Vgl. oben Bd. IV. S. 488 Note 58.

aber wird nach dem persönlichen Recht des Beklagten selbst berechnet [93]). Zweitens hat dieser alle seine zur Vertheidigung gehörigen Prozeßhandlungen nach seinem Geburtsrecht vorzunehmen [94]), also in dieser Form Bürgschaft zu bestellen für den ersten und für den Beweistermin [95]), und ebenso den Beweis selbst zu führen, namentlich den Eid nach seinem Geburtsrecht zu leisten [96]). Doch ist zu bemerken, daß, wie früher, so auch jetzt in vielen Stücken die Partheien sich dem Rechte des Gerichts, also in der Regel dem fränkischen Reichsprozeßrecht unterwerfen mußten [97]).

Gerichtliche und außergerichtliche Rechtsgeschäfte werden nach dem Rechte des hauptsächlich Handelnden beurtheilt [98]), Vormundschaften nach dem Rechte des Mündels angeordnet [99]).

93) Schon nach *Chlothar* II. *const. c. a.* 620. (s. Savigny RR. VII. 48.) *c.* 13. *p.* 3. sollen die Kirche und die Geistlichen gleich den römischen Provinzialen sich auf die römische Verjährung von 30 Jahren berufen können; ebenso nach den Urk. Ludwigs des Frommen von 816 das Kloster Aniane *Vaissette* I. *Nr.* 29. s. oben Note 75. Das *Cap. Ticin. a.* 801. *c.* 8. (Boretius S. 120.) schließt zu Gunsten der Franken u. A. rücksichtlich ihrer nach Italien entflohenen Sklaven ausnahmsweise alle Verjährung aus.

94) *Cap. Pipp. cit.* secundum suam legem se ipsum defendat.

95) *Pl. a.* 933. *Vaissette* II. *Nr.* 56 oben Note 65. — ordinaverunt ipso supradicto Comite, quod — wadiasset legaliter sicut in lege Salica continetur; ita et fecit.

96) *Cap. Pipp. cit.* Note 81. et quando iurant, iuxta suam legem iurent. — *Cap. Aq. a.* 806. *c.* 2. *p.* 146. — si Francus est, cum duodecim similibus suis iuret *cf. L. Sal. Extravag.* V. *Merkel p.* 100. De lege Salica 12 iuratores esse debent: ita tenent Franci. non tamen in Italia propter Hludovici et Hlotharii capitulare cum sua manu septima. Testes autem 7 contra Francum sint. Franci autem post testes non adfirmant sacramentum. *Ansegis App.* I. 71. *p.* 321.

97) S. Bd. IV. S. 460. Note 66. Urk. Carls des Gr. von 812. (Sickel *K.* 240) sicut lex loci vestri de tale causa docuerit. Sohm I. S. 75 folg 170. erklärt dieß für die lex patriae der Parthei; das Gericht aber wird hier und in den ähnlichen Formeln angeredet. Merkwürdig ist, daß *Cap. Miss. a.* 803. *c.* 2. *p.* 121. über die Frage, ob für die Ausfertigung des Urtheils Sporteln zu zahlen seien, den Missus eventuell auf das römische Recht verweist: lege Romanam legem, was, da es keine römischen Gerichte mehr gab, sich auf das Geburtsrecht der Parthei beziehen muß.

98) *Lib. Pap. cit.* Note 81. — et omnes conscriptiones iuxta suam legem faciant.

99) *Cap. Pipp. a.* 782. *c.* 5. *p.* 42. *Lib. Pap. Pipp. c.* 5. *p.* 514. Ut viduae et orfani tuto-

Inwiefern war nun die Anwendung der verschiedenen Stammesrechte in allen diesen Fällen durch die Nationalität der Schöffen gesichert? Es fehlt weder in diesem noch in dem folgenden Zeitabschnitt an Beispielen gemischter Schöffengerichte, namentlich der Zuziehung römischer Schöffen in Sachen der Kirchen und Klöster, und zwar sowohl in Frankreich als in Italien [100]), um über die persönlichen Rechte beider Partheien

res habeant iuxta illorum legem, qui illos defendant et adiuvent. Et si tutor aliquis illorum esse noluerit, iudex praevideat deum timentem hominem, iuxta ut lex ipsorum est, qui per nostram praeceptionem illorum causas peragere debeat. Es scheint hiermit gesagt zu werden, daß auch der Vormund das Geburtsrecht des Mündels haben mußte, ohne welches er ihn nicht vollständig vertreten konnte.

100) Für Frankreich: In dem *Praecept. a* 797 (*Martene. Coll. Ampl.* I. *p.* 51) erzählt Carl der Gr. von dem im Königsgericht verhandelten Prozeß des Fiscus gegen den Abt des Klosters Prüm über Grundstücke: Qui in conspectu nostro ac plurimorum procerumque nostrorum praesentia stans in iudicio, secundum quod lex Romana edocet et sui scabinii ei iudicaverunt, praedictas villas partibus nostris — reddidit. *Pl. a.* 844. (*Gallia christ.* I. *instr. p.* 107. *Nr.* 4.) Klage des Bischofs Alboin von Marseille gegen den Vicar Rodbertus, der selbst zu Gericht sitzt: — in mallo publico ante Rodbertum Vicarium de viro illustri A. Comite: Et [tam] scavinis tam Romanis quam Salicis vel iudicibus. *Pl. a.* 918 (*Vaissette* II. *Nr.* 42. *Gallia christ.* XIII. *instr. p.* 2. *Nr.* 2.) Prozeß zwischen dem Abt Arifonso und Bernardus, Vicarius des Grafen zu Toulouse, um Grundeigenthum, vor dem Bischof von Toulouse und demselben Vicarius: una cum abbatibus, presbyteris, iudices, scaphinos et regimburgos, tam Gotos, quam Romanos seu etiam et Salicos, namentlich 5 iudices Romanorum, 4 iudices Gotorum und 8 iudices Salicorum. *Pl. a* 921. (*Neugart, Cod. dipl. Alam.* I. *p.* 572. *Nr.* 705.) Prozeß der Mönche von St. Gallen mit dem Bischof von Chur über eine Abtei, vor demselben Bischof und dem Dux: mandavit dux B., ut secundum legem Romanam iudicaret. — Iudicaverunt omnes Romani et Alamanni *rel. Pl. a.* 933. (*Vaissette* II. *Nr.* 56. *Gall christ.* VI. *instr. p.* 423.) Prozeß des Abtes des Klosters St. Johannis gegen den Grafen Pontio, der salisches Recht profitirte, in Narbonne, vor dem Erzbischof und demselben Grafen: vel iudices, qui iussi sunt causas dirimere et legibus definire tam Gotos quam Romanos velut etiam Salicos. *Pl. a.* 968. (*Martene, Coll. ampl.* I. *p.* 322.) in Arelate civitate ante domno Wilhelmo Comite et ante vassos dominicos tam Romanos quam Salicos una cum plurimarum personarum diversis legibus viventibus. Für Italien: *Pl. a.* 880. (*Muratori* I. *p.* 359) Prozeß des Klosters Novalicium gegen einen Unfreien, Morinus, vor dem Grafen Supo in Turin mit 11 oder 12 Scavinus (?) Romani. In den römischen Gerichten der Romagna und in Rom wer-

Zeugniß abzulegen, wobei denn freilich die Ausgleichung derselben die Urtheiler verschiedener Nationalität häufig in schwer zu lösende Discussionen verwickeln mußte [101]). Ob schon bei Besetzung der Schöffencollegien, namentlich in Gegenden sehr gemischter Bevölkerung, auf solche Fälle Rücksicht genommen, oder nur nach Bedürfniß im einzelnen Fall außerordentliche Urtheiler der betreffenden Nationalität zugezogen wurden, steht dahin, da die Gesetze darüber völlig schweigen. Daß aber der Grundsatz von Carl dem Großen bei Einführung des Scabinats ausgesprochen worden, wird dadurch wahrscheinlich, daß er unter ihm zuerst in der Anwendung auf einzelne Fälle erscheint [102]). Schwierig mußte es oft in der Fremde sein, solche Urtheiler zu beschaffen, wo dann vielleicht nach Analogie der Eidhelfer eine Provocation auf das Gericht der Heimath gestattet war [103]). Die schriftliche Verzeichnung aller Stammesrechte und die fortschreitende Bildung freilich machte es den ordentlichen Beisitzern des Gerichts möglich, auch das fremde Recht zu kennen und anzuwenden [104]).

den neben den ordentlichen römischen Schöffen germanische zugezogen. *Pl. a.* 967. in Ravenna *Fantuzzi* II. *p.* 28. *Pl. a.* 1015. in Ferrara *Mur. Script.* I. 2. *praef. p.* 11. S. auch Note 101. Savigny S. 258. 322. — Waitz S. 336 Note 3. bezieht hierauf *Cap. cit.* Note 66. Ut Comites et iudices confiteantur, qua lege vivere debeant, et secundum ipsam iudicent. Allein das Geburtsrecht des Grafen kam ja gar nicht in Betracht.

101) *Adrevald. Mir. S. Bened.* (*saec.* IX.) *Bouquet* VI. *p.* 313. Colliguntur ab utriusque partibus plurimi legum magistri et iudices, qui pro partibus decertarent. Sed cum litem in eo placito finire nequirent, eo quod Salicae legis iudices ecclesiasticas res sub Romana constitutas lege decernere perfecte non possent, visus est Missis dominicis placitum Aurelianis mutare. Venientes igitur ad condictum locum magistri et iudices utraque ex parte acerrime decertabant. Aderant igitur legum doctores tam ex A.... quam ex W.... provincia. Enim vero longiuscule litem iudicibus protrahentibus, ideo quod nec hi cedere illis, nec illi assensum aliis praebere vellent, tandem adiudicatum est *rel.* Ebenso in den Prozessen des Klosters Farfa im 10. und 11. Jahrhundert zu Rom., wovon später. *Galletti, del primicerio della S. S. Apost. Doc. Nr.* 21. 26. 27. 28. 30.

102) S. Bd. IV. S. 461 folg.

103) Für die Eidhelfer s. *Cap. Lud. P.* bei *Ansegis* I. 71. *p.* 321. = *Lib. Pap. Lud. P.* 1. *p.* 522. Ueber Zeugen s. Waitz S. 356 Note 1. 2.

104) *Cap. Karlom. a.* 884. *c.* 9. *p.* 552. oben Note 57. nennt nun

Auf diese praktische Rechtskunde beschränkte sich die Zeit; von einer Frucht der am Hofe Carls des Großen und in den Klosterschulen aufblühenden literarischen Bildung für wissenschaftliche Bearbeitung des Rechts findet sich noch keine Spur. Denn die Notae Juris des Magno, Erzbischofs von Sens, welche dieser Carl dem Großen widmete, gehören mehr der grammatischen als der juristischen Literatur an, beweisen aber, daß man in den Schulen der Grammatik sich auch mit den römischen Rechtsquellen beschäftigte, wenn auch mehr durch Worterklärung, als durch Erläuterung ihres Inhalts [105]). Und die Formelbücher, Erlasse der königlichen Kanzlei, Privatrechtsgeschäfte und Gerichtsurkunden enthaltend, deren neben den überlieferten älteren jetzt auch neue verfaßt und gesammelt wurden [106]), können nach wie vor nicht eigentlich als wissenschaftliche Erzeugnisse betrachtet werden.

E. Prozeßrecht der Capitularien.

1. Allgemeines.

§ 79. Ueber die Frage, inwiefern Selbsthülfe, insbesondre die Rache (faida) wegen persönlicher Verletzung, nach carolingischem Recht ausgeschlossen ist, gehen die Meinungen der

die Schöffen: mundanae legis documentis eruditi. Vgl. Ursprung der lomb. Städtefreiheit S. 13 folg.

105) Savigny R.R. im M.A. II. S. 133 folg. I. S. 164 folg. besonders S. 467 (Alcuin).

106) Nach Sickel, *Acta Karol.* I. S. 112 folg. war Marculfs Sammlung im achten Jahrhundert zu einer officiell gebrauchten geworden. Die s. g. Carpentiersche Sammlung ist nach Sickel S. 116 folg. unter Ludwig dem Fr. ums Jahr 830 aus Formeln der königlichen Canzlei gebildet. In dem s. g. Appendix zu Marculf und in den von Bignon und Lindenbrog herausgegebenen Sammlungen finden sich unter älteren Formeln auch carolingische, die als solche an dem Inhalt zu erkennen sind. Vgl. Stobbe, D. Rechtsquellen I. S. 250 folg. Sickel cit. S. 121. Die Langobardischen gehören erst dem eilften Jahrhundert an. Die nach Materien geordnete Sammlung sämmtlicher im fränkischen Reich vom fünften bis zehnten Jahrhundert gebrauchten Formeln von *Rozière, Recueil général des Formules. Paris* 1859.1861. *P.*1.2. entbehrt leider noch immer den vollständigen kritischen Apparat und selbst einen den Gebrauch erleichternden Index. Vgl. Sickel S. 111 Note 4.

Neueren auseinander [1]). Wenn, wie früher ausgeführt worden [2]), schon unter den Merowingern nach salischem und ripuarischem Recht ein gesetzliches Fehderecht, d. h. die Straflosigkeit der zur Rache verübten Tödtung oder Verletzung, nicht mehr bestand, so ist ein Rückschritt in die Barbarei auf diesem Punkte unter den Carolingern gewiß nicht zu erwarten, das Reichsrecht der Capitularien muß in gleicher Weise die Fehde ausgeschlossen haben, wenn es auch nicht möglich war, die Volksrechte aller dem fränkischen Reiche einverleibten Stämme sofort damit in Uebereinstimmung zu bringen.

Ein Capitular K. Pippins vom J. 757 erwähnt zwar noch die Blutrache (faida), aber nur als fattisch vorkommend [3]), und daß es der Strafgesetzgebung längst nicht gelungen war, diese tief in dem germanischen Volksgefühl wurzelnde Sitte oder Unsitte auszurotten, haben wir früher gesehen. Eben daraus erklärt es sich, daß Carl der Große und seine Nachfolger in einer Reihe von Capitularien ihr entgegentreten mußten. Carl verordnet in dem zu Heristal im J. 779 erlassenen Decret, daß, wer an Stelle der Blutrache das Wergeld nicht annehmen und wer dieses weder zahlen noch sich deßhalb vor Gericht stellen will, vor den König gebracht werden soll, um von ihm dahin gesandt zu werden, wo er keinen Schaden mehr thun kann, d. h. ins Exil [4]). Da dieß Decret für das ganze Reich be-

1) Eichhorn § 207. I. S. 770. Wilda, Strafrecht S. 195., dem ich beitrete. Walter § 706. II. S. 373. Siegel, D. Gerichtsverfahren § 4. S 31. Waitz IV. S. 430 folg. Richthofen, Zur Lex Saxonum S. 265 folg.

2) Bd. IV. S. 464 folg.

3) *Cap. a.* 757. *c.* 21. *p.* 29. Si qui propter faidam (d. h. um der drohenden Rache des Gegners zu entgehen) fugiunt in aliam patriam et dimittunt uxores suas, nec illi viri, nec illae feminae accipiant coniugium. Es ist eigentlich ein kirchliches Gesetz, welches die Scheidung auch in diesem Fall für wirkungslos und die zweite Ehe für unerlaubt erklärt.

4) *Cap. Miss. a.* 779. *c.* 22. *p.* 39. Si quis pro faida precium recipere non vult, tunc ad nos sit transmissus, et nos eum dirigamus ubi damnum minimum facere possit. Simili modo et qui pro faida pretium solvere noluerit, nec iustitiam exinde facere, in tali loco eum mittere volumus, ut pro eodem maius scelus non crescat. Für Exil s. unten Note 13.

stimmt war, so bezog es sich auch auf das soeben unterworfene Königreich der Langobarden, wo bis dahin die Fehde nur in gewisse Grenzen eingeschlossen, nicht absolut verboten war und bei der inneren Zerrüttung dieses Reichs noch in häufiger Uebung sein mochte [5]). Zehn Jahre später, im J. 789, also bald nach seinem italienischen Zuge in den Jahren 786 und 787, wo ihm erneuerte Uebertretungen seines Verbotes in diesem Lande bekannt geworden sein konnten, erließ er an alle Bischöfe unter anderen Ermahnungen auch die, daß sie seine Grichtsbeamten hierin unterstützen und der Blutrache steuern möchten [6]). Nach seiner Kaiserkrönung in der großen Gesetzgebung des Aachener Reichstags vom J. 802 erneuert er vom kirchlichen und staatlichen Standpunkt aus das Verbot der Blutrache, indem er das Wergeld als die einzige den Blutsverwandten des Getödteten gesetzlich zukommende Genugthuung bezeichnet [7]). Stand schon

5) S. oben Bd. IV. S. 363 folg. Ueber die Bestimmung des Capitulars für das ganze Reich Boretius S. 58—65 Indeß ist es merkwürdig, daß die Handschriften der Bibliotheken Chigi und La Cava, woraus Pertz mit Unrecht eine officielle langobardische Recension gemacht hat, und denen nur eine Bearbeitung des Capitulars durch langobardische Juristen zum Grunde liegt, unter anderen das c. 22. nicht enthalten. Da es sich aber in andern italienischen Handschriften und im *lib. Pap. Karol.* c. 19. *p.* 487. findet, so ist seine Geltung in Italien nicht zweifelhaft. Daß die Worte des *Cap. Lang. a.* 783. *c.* 4. — culpa — unde faida crescere potest, nicht sagen: Verbrechen, wegen deren Fehde erlaubt ist, sondern nur: Vergehen, aus denen leicht Fehde entstehen könnte, dafür s. oben § 78 Note 84.

6) *Cap. a.* 789. *c.* 66. *p.* 64. (Boretius S. 66 folg. und S. 71.) Episcopis omnibus. Item ut homicidia infra patriam, sicut in lege Domini interdictum est, nec causa ultionis nec avaritiae nec latrocinandi non fiant. Et ubicunque inventa fuerint, a iudicibus nostris secundum legem ex nostro mandato vindicentur. Et non occidatur homo nisi lege iubente.

7) *Cap. Aquisgr. a.* 802. *c.* 32. *p.* 95. (Boretius S. 71 folg.) — ne etiam peccatum adcrescat, ut inimicitia maxima inter christianos non fiat, ubi suadente diabulo homicidia contingant, statim reus ad suam emendationem recurrat, totaque celeritate perpetratum malum ad propinquos extincti digna compositione emendet. Et hoc firmiter banniamus, ut parentes interfecti nequaquam inimicitias super commissum malum adaugere studeant, neque pacem fieri petenti denegare, sed data fide paratam compositionem recipere, et pacem perpetuam reddere, reum autem nullam moram compositionis facere. — Qui autem dignam compositionem facere contemserit, hereditate privetur usque ad iudicium nostrum.

dieß Gesetz mit einer allgemeinen Aussendung von Königsboten in Verbindung, so werden in der Dietenhofer Instruction vom J. 805 das Verbot des Waffentragens und die Maßregeln gegen Faidosi von Neuem eingeschärft [8]). Allerdings hatten diese Maßregeln einen mehr präventiven, also polizeilichen Charakter; allein es wird dabei offenbar vorausgesetzt, daß die Fehde schon nach Volksrecht ausgeschlossen, und nur die Macht der Gerichtsobrigkeiten nicht zureichend sei, die Uebertretungen, die vorzugsweise von den großen Reichsvasallen ausgingen, zu verhüten, daher der König hier wie in allen ähnlichen Fällen zu ihrer Unterstützung eintritt [9]). Nur in dem kaum unterworfenen und für das Christenthum gewonnenen Friesland und Sachsen glaubte Carl bei Verzeichnung ihrer Volksrechte (a. 785) die Fehde nicht ganz aufheben, sondern nur einschränken zu müssen, und es ist merkwürdig, daß selbst die wahrscheinlich auf dem Reichstag von 802 verfaßten Zusätze zur Lex Frisionum nicht weiter gehen [10]). Wenn daher in dem früheren Capitular de partibus Saxoniae (a. 777) dem Grafen das Recht des Königsbanns von 60 Solidi wegen Fehde und anderer größeren Sachen beigelegt wird, so kann dieß nur den Sinn haben, daß sie in den Fällen unerlaubter Fehde mit einem solchen Strafbefehl sollen einschreiten können [11]). Dagegen behielt Carl in dem späteren Capitulare Saxonicum

8) *Cap. in Theod. villa a* 805. *c.* 5. *p.* 133. = *Lib. Pap. Kar.* 20. *p.* 487. (Boretius S. 85 folg.) De armis infra patria non portandis, id est scutis et lanceis et loricis. Et si faidosus sit, discutiatur tunc, quis e duobus contrarius sit, ut pacati sint; et distringantur ad pacem, etiam si noluerint. Et si aliter pacificare nolunt, adducantur in nostram praesentiam. Et si aliquis post pacificationem alterum occiderit, componat illum et manum, qua periuravit, perdat et insuper bannum dominicum solvat. *cf. Cap. a.* 803. *c.* 26. *p.* 190.

9) S. oben § 75. Note 47. v. Richthofen cit. behauptet die Möglichkeit der Fehde nach Volksrecht, wogegen der König nur polizeilich eingeschritten sei.

10) *L. Frision.* II. 5. 6. 7. 11. *Add. Sap.* I. 1. *L. Sax.* II. 5. 6. III. 4. XII. 5. XIII.

11) *Cap. de partibus Sax. a.* 785 (777). *c.* 31. *p.* 50. Dedimus potestatem Comitibus bannum mittere infra suo ministerio de faida vel maioribus causis in sol. 60. De minoribus vero causis Comitis bannum in sol. 15. constituimus.

(a. 797) dem Könige das Recht vor, sie auch in anderen Fällen unter Androhung der doppelten oder mehrfachen Buße zu verbieten [12]). — Ludwig der Fromme hat dann die allgemeinen Verordnungen seines Vaters in den Capitularien von 817 und 829, welche Zusätze zu den Volksrechten sein und deren Kraft haben sollten, erneuert [13]), so daß also fortan von gesetzlich erlaubter Fehde im ganzen Umfang des fränkischen Reichs nicht mehr die Rede sein konnte. Eine andere Frage ist freilich, inwiefern dem Gesetz Folge geleistet wurde [14]). Und schon zu Ende des neunten Jahrhunderts erscheinen auch auf diesem Punkte die ersten Vorboten der inneren Auflösung [15]), durch welche die Vasallen des Königs sich von seiner Uebermacht emancipirten und als selbst kleine Könige unter einander Krieg zu führen sich berechtigt hielten.

Die andere Art der Selbsthülfe, nämlich die **Pfändung** (pigneratio) zum Schutz eines Rechts oder zur Verfolgung eines Anspruchs [16]), ist nicht durch allgemeines fränkisches Reichs-

12) *Cap. Sax. a.* 797. *c.* 9. *p.* 76. Item placuit, ut quandoquidem voluerit domnus rex propter pacem et propter faidam — bannum fortiorem statuere, una cum consensu Francorum et fidelium Saxonum, secundum quod ei placuerit, — solidos sexaginta multiplicare in duplum, et solidos centum usque ad mille componere faciat, qui eius mandatum transgressus fuerit.

13) *Cap. Aquisgr. leg. add. a.* 817. *p.* 212. *c.* 13. *de faidis coercendis* = *lib. Pap. Lud.* 18. *p.* 533. Si quis aliqua necessitate cogente homicidium commisit, Comes in cuius ministerio res perpetrata est, et **compositionem solvere** et faidam per sacramentum pacificari faciat. Quodsi una pars ei ad hoc consentire noluerit, — faciat illum, qui ei contumax fuerit, ad praesentiam nostram venire, ut eum ad tempus quod nobis placuerit **in exilium** mittamus, donec ibi castigetur, ut Comiti suo inobediens esse ulterius non audeat, et maius damnum non adcrescat. Auf die Klage der Bischöfe *Const. Worm. a.* 829. *Petitio c* 9. *p.* 340. bestätigte Ludwig in *Capitula pro lege habenda c.* 7. *de faidis cohercendis* das frühere Gesetz.

14) Ludwig II. bedroht a. 866. jeden, der während seines Heereszuges sich Fehde erlaubt, mit Todesstrafe *Const. de exercitu promovendo c.* 9. *p.* 505.

15) *Cap. Carlom. a.* 884. *c.* 3. 10. 11. *p.* 552. Wenn Einer wegen Rechtsverweigerung getödtet wird und seine Verwandten deshalb gegen den königlichen Beamten Fehde erheben, so verheißt der König mit seinen Getreuen diesen in der Fehde, deren Rechtmäßigkeit er beschwört, zu unterstützen.

16) **Wilda**, das Pfändungsrecht in **Reyschers** Zeitschr. für D. Recht

recht, sondern durch die Volksrechte und darauf bezügliche Capitularien, und zwar verschieden, bestimmt. Zwar die Pfändung zum Schutz des Grundeigenthums gegen Beschädigung durch fremdes Vieh ist allen Volksrechten gemein und nur in untergeordneten Beziehungen verschieden geregelt [17]). Dagegen ist die Privatpfändung zur Beitreibung einer Schuld, welche das altsalische Recht so eigenthümlich gestaltet hatte, auch in der carolingischen Recension der Lex Salica beibehalten, während die Lex Ripuariorum sie nicht kennt [18]). Damit mag es zusammenhängen, daß Carl der Große sie in seinem ersten Gesetz für Sachsen, als Anlaß zu Friedensstörungen gebend, verbot [19]). Auch die neuesten Zusätze zur Lex Frisionum scheinen sie zu mißbilligen [20]). Das absolute Verbot der Lex Visigothorum [21]) und die Zulassung der Pfändung des Schuldners mit Urlaub des Richters nach der Lex Burgundionum [22]) und der Lex Bajuwariorum [23]) bestehen mit diesen Gesetzen noch zu Recht. Desgleichen die eigenthümlichen Bestimmungen des langobardischen Edicts über dieß Pfändungsrecht, welches abzuschaffen die fränkischen Könige keinen Versuch machten [24]), ja

I. (1839). S. 176—320. Vgl. Meibom, das D. Pfandrecht. Marburg 1867.

17) Walter § 571 Note 23. S. 226., wo nur zu berichtigen ist, daß *L. Alam. Hloth. tit.* 76, 1. 2. (*Pertz* III. *p.* 71 *sq.*) sie nicht ausschließt, sondern auch nur regelt *cf. Karol. tit.* 74. *p.* 159.

18) *L. Sal. em. c.* 52. 54. s. Bd. IV. S. 478.

19) *Cap. de part. Sax. a.* 785. (777). *c.* 25. *p.* 49. De pignore: ut nullatenus alterum aliquis pignerare praesumat, et qui hoc fecerit, bannum persolvat.

20) Nach *L. Fris. add. Sap.* IX. 12. soll zwar der vertragsmäßige Pfandgläubiger als Besitzer des Sklaven nicht für dessen Missethat einstehen, wohl aber der, der ihn eigenmächtig gepfändet hat.

21) S. Bd. IV. S. 225.

22) Bd. IV. S. 168.

23) *L. Baiuw. text.* III. 12, 1—5. vgl. Sohm, Prozeß der Lex Salica S. 46 folg.

24) Dieß behauptet Wach, Arrestprozeß 1868. 8. S. 24. wegen *Cap. Pipp. a.* 789 (oder 787). *c.* 14. *p.* 71. Ut nullus praesumat, alteri res suas aut aliam causam (*cf. Du Cange h. v.*) tollere aut invadere; et qui hoc facere praesumpserit, ad partem nostram bannum nostrum exsolvat. Allein es ist hier nicht von Pfändung fremder, sondern von gewaltsamer Besitznahme der eigenen beweglichen oder unbeweglichen Sachen die Rede, wie auch die Papienser die Stelle (*Lib. Pap. Pipp.* 23. *p.* 519.) richtig verstehen. Hatte doch Pippin den langobardischen Gebrauch noch in *Cap. a.* 782. (s. folg. Note) aner-

es blieb in Italien noch für andere Fälle in Gebrauch, nämlich wegen Justizverweigerung [25]) und von Seiten des Grundherrn zur Beitreibung der Leistungen seiner Hintersassen [26]).

§ 80. Was die gerichtliche Verfolgung des Unrechts betrifft, so fragt sich vor Allem, in welchem Verhältniß die öffentliche Strafe zu dem altgermanischen, auch fränkischen, System der Privatbußen steht. Auch in dieser Beziehung ist der maßvolle Fortschritt dieser Gesetzgebung merkwürdig. Das entwickelte Bewußtsein der Staatsidee und die gesteigerte Sorge für Ordnung und Frieden im Reiche, welche der große König in sich trug, veranlaßten ihn zu ferneren Erweiterungen des von den Merowingern überkommenen öffentlichen Strafrechts, und hierauf beziehen sich zahlreiche Bestimmungen der Capitularien. Das System der Bußen aber zur Sühnung der verletzten Persönlichkeit als Sache des Privatrechts, woran die Völker gewöhnt waren und welches die Volksrechte noch in verschiedener Weise verzeichnen, bestand mit diesen wesentlich unverändert und uneingeschränkt fort [1]). Daß übrigens jenem erweiterten Strafrecht nicht ein einheitliches, ausgesprochenes Princip zum Grunde lag [2]), sondern daß bald die Wiedervergeltung [3]), bald die öffentliche Sicherheit [4]), bald der

kannt, und in *Cap. Lud. et Loth. Olonn. gen. a.* 825. *c.* 5. *p.* 251. wird er vorausgesetzt. Desgleichen in den von Wach S. 13 und 17. angeführten Urkunden von 796 und 819. *Fumagalli Cod. Nr.* 23. *Mem. di Lucca* V. *Nr.* 528. Auch in anderer Beziehung weicht das treffliche Büchlein in § 4. S. 24—33. von meiner Darstellung des langobardischen Pfändungsrechts (Bd. IV. S. 366 folg.) ab, ohne mich zu überzeugen.

25) *Cap. Pipp. a.* 782. *c.* 6. *p.* 43. gegen den Bischof als Immunitätsherrn, der seinen Hintersassen nicht vertritt: ubi consuetudo fuerit pignerandi a longo tempore s. oben § 77 Note 37. Wach S. 25.

26) Gegen unfreie Hintersassen Urk. von 835. *Fumagalli Cod. Nr.* 41. Pl. von 880. *Mur.* I. *p.* 359. Gegen freie nach Vertrag Urk. von 789. *Mem. di Lucca* IV. *Nr.* 106. Urk. von 837 und 897. *Fumag. cit. Nr.* 47. 135. Wach S. 31.

1) Wilda, Strafrecht S. 485 folg. Waitz IV. S. 445 Note 2

2) Wilda S. 493. Waitz S. 446 folg. Walter D. R G. § 707.

3) *Cap. a.* 779. *c.* 11. *p.* 37. De vindicta et iudicio in latrones. *Cap. eccl. a.* 789. *c.* 66. *p* 64. Episcopis omnibus. — ut homicidia a iudicibus nostris secundum legem ex nostro mandato vindicentur.

4) *Cap. a.* 779. *c.* 8. *p.* 36. pro legibus et pro pace facien-

religiös-sittliche Gesichtspunkt, den die Kirche vertrat [5]), oder endlich die Abschreckung von Verbrechen [6]) als Motiv der Strafe hervorgehoben wird, gereicht ihm um so weniger zum Vorwurf, da auch unsere, ihrer fortgeschrittenen Bildung sich rühmende Zeit zu einer Einigung darüber noch nicht gelangt ist.

Unter den öffentlichen Strafen [7]) nimmt 1) die Todesstrafe die erste und eine sehr bedeutende Stelle ein. Denn, wenngleich persönliche Grausamkeit Carl nicht Schuld gegeben werden kann, er selbst die Strenge des früheren fränkischen [8]) und des altsächsischen Rechts in dieser Hinsicht milderte [9]), auch dem freiwilligen Bekenntniß der Schuld und dem lebenerhaltenden Fürwort der Kirche Rechnung trug [10]) und keines Falls

da. *Cap. Lud.* II. *a.* 850. *c.* 1. *p.* 406. — ut ab his malefactoribus regnum nostrum purgetur. *c.* 2. — liceat omnibus sub nostra ditione degentibus cum salvatione et pace vivere, ut ordo reipublicae — salvus et quietus permaneat.

5) *Cap. Aquisgr. a.* 802. *c.* 25. *p.* 94. — ut Deo largiente omnia haec mala a christiano populo auferantur. *c.* 32. *p.* 95. Homicidia, pro quibus multus Deo perit populus christianus *rel. Conv. Silv. a.* 853. *c.* 12. *p.* 425. — illicita de quibus Deus offendi solet.

6) *Cap. Aquisgr. a.* 802. *c.* 33. *p.* 95. — ut ceteri homines metum habeant talia perpetrandi. *Pet. Episc. a.* 809. *c.* 9. *p.* 340. — quod rex saltem in uno exercere debuerat propter terrorem multorum. *Conv. Silv. a.* 853. *c.* 7. *p.* 425. — ut ceteri metum habeant.

7) Die Aufzählung derselben bei Pertz in *Cap. Loth. a.* 835. *c.* 2. *p.* 371., die selbst Wilda S. 511 Note 1. täuschte, ist weder ein Capitular, noch wie Waitz IV. S. 436, 2. vermuthete, „die doctrinelle Bemerkung eines langobardischen Juristen," sondern wie Boretius S. 190 folg. gezeigt hat, eine von Augustin angeführte Stelle des Cicero.

8) Nach *Cap. a.* 779. *c.* 23. *p.* 39. soll erst der dritte Raub mit dem Tode gestraft werden. Vgl. Bd. IV. S. 467 Note 20.

9) Wilda S. 100. 496. Eichhorn § 146. Waitz III. S. 125. v. Richthofen, Lex Sax. S. 218 folg.

10) *Cap. de part. Sax. a.* 785 (777). *c.* 2. *p.* 48. Si quis confugia fecerit ad ecclesiam, nullus eum de ecclesia per violentiam expellere praesumat, sed pacem habeat usque dum ad placitum praesentetur; et propter honorem Dei sanctorumque ecclesiae ipsius reverentiam, concedatur ei vita et omnia membra. Emendet autem causam in quantum potuerit et ei fuerit iudicatum; et sic ducatur ad praesentiam domini Regis, et ipse eum mittat ubi clementiae ipsius placuerit. *c.* 14. *p.* 49. Si vero pro his criminibus mortalibus latenter commissis aliquis sponte ad sacerdotium confugerit et confessione data agere poenitentiam voluerit, testimonio sa-

die Todesstrafe ohne Gesetz und richterliches Urtheil zulassen wollte [11]), so scheute er sich doch auch nicht, dem Recht und der Sicherheit des Staats zahlreiche Menschenleben zum Opfer zu bringen [12]). Auch wird die häufige Androhung der Lebensstrafe durch die Rohheit der Völker, über die er herrschte, gerechtfertigt. Neben der altfränkischen Vollstreckung der Todesstrafe durch den Strang am Galgen [13]) kommen jetzt zwar auch Fälle der Enthauptung vor, aber wohl nur als Tödtung des Verbrechers auf frischer That oder nach Kriegsrecht [14]). Auch 2) Leibesstrafen sind nicht selten, insbesondere verschiedene Arten der Verstümmelung, und die Geißelung sowohl Freier als Sklaven, worin eine bedeutende Minderung der Freiheitsrechte hervortritt [15]). 3) Freiheitsstrafe ist nicht die persönliche

cerdotis de morte excusetur *cf. Cap. ad L. Sal. a.* 803. *c.* 3. *p.* 113. Den zum Tode verurtheilten Verbrecher soll das Asylrecht der Kirche nicht schützen. *Lex Sax.* III. 5. *Cap. a.* 779. *c.* 8. *p.* 36. Vgl. Wilda S. 541 folg.

11) *Cap. eccl. a.* 789. *c.* 66. *p.* 64. § 79 Note 6. Non occidatur homo nisi lege iubente. *Cap. Noviom. a.* 808. *c.* 2 *p.* 152. De latronibus ut melius distringantur. Et ut nullus hominem pendere praesumat, nisi per iudicium. Ueber die Tödtung des auf frischer That ergriffenen Verbrechers mit dem Schwert s. unten Note 14. und oben Bd. IV. S. 500.

12) Die Enthauptung der im J. 782 von den Sachsen selbst ausgelieferten 4500 Empörer nach Kriegsrecht ist dafür das schlagendste Beispiel. Waitz III. S. 120 folg. Vgl. IV. S. 429 Note 3. Die S. 423 Note 1 angeführte Stelle der *Mon. Sangall.* II. 11. *Pertz Script.* II. *p.* 754. sagt von Ludwig dem Frommen: nullo unquam modo compelli potuit, ut quemquam condempnaret ad mortem.

13) Die Centenarien und Vicarien als Vollstrecker der Urtheile des Grafengerichts sollen deshalb Galgen haben. *Cap. Aquisgr. a.* 813. *c.* 11. *p.* 188.

14) Grimm RA. S. 682. weist durch zahlreiche Quellenzeugnisse nach, daß Hängen die älteste und allgemeinste Todesstrafe bei den Germanen war. Wilda S. 500. giebt ohne Beweis der Enthauptung die erste Stelle. Waitz S. 430. läßt schon nach carolingischem Recht, wie im spätern Mittelalter, jenes für geringere, dieses für angesehenere Leute eintreten, widerlegt aber sich selbst durch die angeführten Beispiele. Die Ansicht des Textes begünstigen die Andeutungen der Gesetze und die Nachrichten der Geschichtsquellen, z. B. die Enthauptung der 4500 Sachsen nach Kriegsrecht. *Ann. Lauresh. a.* 782. *Pertz* I. *p.* 32. *Ann. Lauriss. mai. a.* 782. *p.* 164. *Einhardi Ann. a.* 782. *p.* 165. S. auch Grimm S. 689 folg. — Ueber andere Todesarten s. Wilda und Waitz citt.

15) Waitz S. 434 folg. Vgl. oben Bd. IV. S. 467.

Haft, die nur als Zwangsmittel zur Zahlung der öffentlichen oder Privatbuße vorkommt [16]), sondern das Exil, welches der König, meist an Stelle der Todesstrafe mit den Folgen der Friedlosigkeit, oder ohne diese, um einen Verbrecher unschädlich zu machen, verhängt [17]). 4) Vermögensstrafen sind die Confiscation des ganzen Vermögens, hauptsächlich als Folge der mit der Todesstrafe und dem Exil verbundenen Friedlosigkeit [18]), und die dem Könige zu zahlenden Bußen, insbesondre der reichsgesetzliche Königsbann von 60 Solidi [19]). 5) Als persönliche Strafe trifft die Rechtlosigkeit den im Grafengericht wegen Rechtsverweigerung mit dem Bann belegten, bis er Genugthuung leistet [20]), bleibend aber den zum Tode verurtheilten und vom Könige begnadigten Verbrecher, wenigstens als Unfähigkeit zum Schöffenamt, zum Zeugniß und zum gerichtlichen Eide [21]).

Rücksichtlich der Verbrechen ist die scharfe Grenze bemerkenswerth, welche Carls des Großen Gesetzgebung zwischen Staat und Kirche zieht, deren Vermischung ihm so oft, aber mit Unrecht schuldgegeben wird, und die im späteren Mittelalter zu so großen Mißbräuchen führte. Der Disciplin der Kirche, welche freilich durch ihre feste Organisation und ihre indirekten Zwangsmittel eine wesentliche Ergänzung der Staatsgerichtbarkeit bildete, sind überlassen 1) alle Vergehen gegen die

16) Schuldhaft wegen öffentlicher oder Privatbuße. *Cap. a.* 779. *c.* 19. *p.* 38. *Cap. ad L. Rib. a.* 803. *c.* 3 *p.* 117. *Cap. a.* 811. *c.* 3. *p.* 170. *Cap. a.* 817. *c.* 2. *p.* 210. Die freiwillige Ergebung des Diebes in Schuldknechtschaft schließt die öffentliche Strafe nicht aus. *Cap. Aquisgr. a.* 812. *c.* 15. *p.* 189. Schuldhaft wegen öffentlicher Strafgelder. *Cap. Compend. a.* 787. *c.* 22. *p.* 29. *Cap. Aq. a.* 813. *c.* 12. *p.* 188. Zu diesem Behuf soll jeder Graf ein Gefängniß haben. *ibid. c.* 11.

17) Wilda S. 518 folg. Walter § 720. Waitz S. 408. 437. 441.

18) Wilda S. 519 folg. Walter § 717. Waitz S. 439.

19) Wilda S. 469 folg. Walter § 716. Waitz III. S. 272—278. IV. S. 443 folg.

20) Walter § 720 Note 10. 11. Waitz S. 441. Vgl. oben Bd. IV. S. 518 folg.

21) So hat Carl der Gr. in *Cap. Aquisgr. a.* 809. *c.* 1. 2. *p.* 155. die mit der Todesstrafe verbundenen Folgen der Friedlosigkeit für diesen Fall ermäßigt. Wilda S. 522 folg. Walter § 726 Note 13. Waitz S. 429.

Sittlichkeit [22]), insofern sie nicht zugleich eine Verletzung der Person, wie z. B. Ehebruch [23]) enthalten. 2) Gegen die Religion. Zwar hat Carl das Heidenthum in dem eben erst unterworfenen Sachsenlande, ohne Zweifel aus politischen Motiven, durch blutige Verfolgung auszurotten gesucht, diese Strafbestimmungen aber in die spätere Lex Saxonum nicht aufgenommen [24]) und sonst von Anfang seiner Regierung die Bekämpfung des Irr- und Wahnglaubens aller Art der Kirche überlassen [25]). Zauberei wird zuerst in einem Capitular Carls des Kahlen vom J. 873 mit dem Tode bedroht [26]). Daß der Meineid nicht mehr, wie nach altsalischem Recht, nur mit fünfzehn Solidi, sondern mit dem Abhauen der Hand gebüßt werden sollte, war wohl mehr durch die Gemeingefährlichkeit desselben, besonders bei der Häufung der gerichtlichen Eide, als durch

22) Der kirchlichen Disciplin sind überlassen 1) Bigamie in *Cap. eccl. a.* 786. *c.* 5. *p.* 51. (Boretius S. 130.) *Cap. a.* 835. *c.* 2. *p.* 372. 2) Incest nicht mehr mit dem Tode bedroht (s. oben Bd. IV. S. 467.), sondern in *Cap. a.* 743. *c.* 3. *p.* 18. nur kirchlich, nach *Cap. a.* 753. *c.* 22. *p.* 29. zwar mit Verlust des Vermögens, aber durch Carl den Gr. in *Cap. a.* 779. *c.* 5. *p.* 36. *Cap. a.* 786. *c.* 4. *p.* 51. wieder nur kirchlich bestraft. Nur in *Cap. de part. Sax. a.* 785 (777). *c.* 20. *p.* 49. *L. Fris. Add.* III. 77. 78. hat er ihn zur Unterstützung der Kirche im heidnischen Lande mit Bußen belegt. *cf. Lib. Pap. Loth* 107. *p.* 559. 3) Widernatürliche Unzucht in *Cap. eccl. a.* 789. *c.* 48. *p.* 61. *Cap. eccl a.* 829. *c.* 20. *p.* 344. Erst *Ben. Levita. Cap.* VII. 356. (*Walter* II. *p.* 750.) empfiehlt die Todesstrafe durch Verbrennung nach römischem Recht, die nach den *Ann. Bert. a.* 846. *p.* 242. in einem Fall iudicio Francorum zur Anwendung kam. 4) Lohnhuren werden nur am königlichen Hoflager nicht geduldet. *Cap. de disc. Pal. a.* 809. *c.* 3. *p.* 158.

23) Außer den Volksrechten handeln davon *Cap. ad L. Sal. a.* 819. *c.* 4. *p.* 226. *Const. Olonn. a.* 823. *c.* 2. *p.* 234. *Cap de ex. Ben. a.* 866. *c.* 10. *p.* 505.

24) v. Richthofen, Lex Saxonum S. 174 folg. S. 322 folg.

25) Die Bischöfe sollen auf ihren jährlichen Visitationsreisen dem Heidenthum besonders nachforschen. *Cap. Carlom. a.* 742 *c* 5. *p.* 17. *Cap. Pipp. a.* 744. *c.* 6. *p.* 21. *Cap. Carlom a.* 769. *c.* 7. *p.* 33. Bürgerlich bestraft es mit einer Buße von 15 Solidi *Cap. Carlom. a.* 743. *c.* 5. *p.* 18., die später verschwindet. Carl der Gr. *Cap. a.* 769. *c.* 6. *p.* 33. weist den Grafen nur als defensor ecclesiae zu ihrer Unterstützung an. *Cap. Lud. P. a.* 829. *c.* 20 *p.* 344. rein kirchlich.

26) Kirchliche Censur nach *Cap. a.* 786. *c.* 2. *p.* 51. *Cap. Ticin. a.* 850. *de ord. eccl. c* 23. *p.* 404. Erst Carl II. in *Cap. Caris. a.* 873. *c.* 7. *p.* 520. verordnet Todesstrafe.

kirchliche Anschauungen motivirt [27]). — Von Seiten der Staatsgesetzgebung dagegen sind mit öffentlichen Strafen bedroht vor Allem 1) die eigentlichen Staatsverbrechen, auf welchen Todesstrafe steht, und zu denen nicht bloß Verschwörung Einzelner gegen Leben oder Herrschaft des Königs oder Abfall ganzer Völkerschaften, z. B. der Sachsen, gerechnet wurde, sondern, charakteristisch für den kriegerischen Charakter des Staats, auch der Ungehorsam gegen das königliche Aufgebot (herisliz); nicht aber, wie unter den Merowingern, jede Infidelität gegen den König [28]). 2) Verbrechen gegen das Eigenthum, insofern dadurch nicht bloß der Einzelne, sondern die öffentliche Sicherheit überhaupt verletzt wird, also Raub und Diebstahl, waren schon durch merowingische Gesetze mit dem Tode bedroht [29]). Carl der Große hat die Strafe ermäßigt, insofern der Dieb und Räuber erst in dem dritten Fall mit dem Leben büßen soll [30]). 3) Die Verletzungen der Person werden regelmäßig nach den Volksrechten mit Gelde gebüßt; nur für Mord hatte K. Childerich II. unbedingt die Todesstrafe vorgeschrieben [31]). Merkwürdigerweise wissen die carolingischen Capitularien davon nichts mehr, sondern lassen wegen jedes Todtschlags Zahlung des Wergeldes zu; zur Verhütung der Blutrache kann jedoch der König den Todtschläger, der das Wergeld nicht zahlt, exiliren [32]).

27) Daher auch Falschmünzerei. Vgl. Wilda S. 980. 983. Walter § 748. v. Richthofen, Lex Saxonum S. 236 folg.

28) Wilda S. 984 folg. Walter § 729. Waitz III. S. 265—270. IV. S. 364. v. Richthofen, Lex Saxonum S. 320 folg. Ueber das frühere fränkische Recht s. oben Bd. IV. S. 466. Für die Todesstrafe wegen Heerflucht, die freilich jetzt bei Carls Eroberungskriegen für die freien Leute hart genug war, s. *Cap. Ticin. a.* 802. *c.* 3. *p.* 83. *Cap. Bon. a.* 811. *c.* 4. *p.* 173.

29) S. oben Bd. IV. S. 467. Note 26.

30) *Cap. a.* 779. *c.* 23. *p.* 39. De latronibus. Ita praecipimus observandum, ut pro prima culpa non moriatur, sed oculum perdat; de secunda vero culpa nasus ipsius latronis abscidatur; de tertia vero culpa, si non emendaverit, moriatur. *cf. Cap. Aq. a.* 806. *c.* 2. *p.* 46. *Cap. Aquisgr. a.* 813. *c.* 13. *p.* 188. Vgl. Walter § 743. v. Richthofen, Lex Saxonum S. 318 folg.

31) Bd. IV. S. 467 Note 18.

32) S. oben § 79 Note 4. 7. 8. 13. Daß auch nach der Anschauung dieser Zeit durch Zahlung des Wergeldes das eigentlich verwirkte Leben erkauft wird, sagt deutlich *Lindenbr. form.* 124. — malo ordine inter-

Nur wegen Todtschlag in der Kirche [33]) und Verwandtenmord ist Todesstrafe angeordnet [34]).

Was das Verfahren in Criminalsachen betrifft, so wird die Verfolgung nicht blos dem Verletzten überlassen, sondern die Grafen sind allgemein angewiesen, von Amtswegen durch die Unterbeamten bürgerlichen und kirchlichen Vergehen in ihrem Amtsbezirk nachzuspüren und deren Verfolgung vor den weltlichen oder geistlichen Gerichten zu veranlassen [35]). Besonders wird ihnen die Verfolgung der Diebe und Räuber eingeschärft [36]), zu deren Habhaftwerdung Jeder bei Strafe des Königbanns ihnen Hülfe leisten muß [37]). Aber auch dafür, daß der Todtschlag nicht ungerügt bleibe, sollen sie sorgen [38]).

Zur Ermittlung unbekannter Verbrechen bedienen sich die königlichen Missi der ihnen vom Könige übertragenen Inquisitionsgewalt, d. h. der Befugniß, aus den Einsassen der Graf-

fecit, unde vitae periculum incurrere debuit. Sed postquam venit isdem homicida — coram illo Comite — et hanc causam nullatenus denegabat, sed magis inde confessus fuit, — iudicatum est ei ab ipso Comite et ab ipsis Scabinis, ut illam leudem — ponere deberet.

33) *Cap. LL. add. a.* 817. *c.* 1. *p.* 210. *Ansegis* IV. 1. 3. *Cap. a.* 829. *pro lege c.* 1. *p.* 353.

34) *Cap. ad L. Sal. a.* 803. *c.* 5. *p.* 113. *Cap. a.* 829. *pro lege c.* 2. *p.* 353.

35) *Cap. Aquisgr. a.* 802. *c.* 25. *p.* 94. Ut Comites [et] Centenarios ad omnem iustitiam faciendam compellant et iuniores tales in ministeriis suis habeant, in quibus securi confidant, qui legem atque iustitiam fideliter observent, — fures latronesque homicidas, adulteros, maleficos atque incantatores vel auguriatrices, omnesque sacrilegos nulla adulatione — vel tegmine celare audeant, sed magis prodere, ut emendentur et castigentur secundum legem, ut Deo largiente omnia haec mala a christiano populo auferantur. Die von mir angenommene Emendation des Textes verlangt der Zusammenhang und bestätigt, daß iuniores nicht Rügezeugen, sondern Unterbeamte des Grafen sind. Vgl. Biener, Inquisitionsprozeß S. 130. Waitz IV. S. 368. Dove, Zeitschr. für K.R. IV. S. 32. *cf. Cap. Caris. a.* 873. *c.* 1. 2. 3. 7. *p.* 519.

36) *Cap. Mant. a.* 781. *c.* 10. *p.* 41. *Cap. Lang. a.* 802. *c.* 13. *p.* 104.

37) *Cap. Silv. a.* 853. *c.* 5. *p.* 424. *Cap. Caris. a.* 873. *c.* 2. *p*, 519. Die für denselben Zweck von merowingischen Königen organisirten Freischaaren (trustis s. Bd. IV. S. 468) hatte Carl der Gr., ohne Zweifel weil sie ausgeartet waren, verboten. *Cap. a.* 779. *c.* 14. *p.* 37. *Cap. a.* 789. *c.* 15. II. *p.* 15. Waitz IV. S. 364. 366.

38) *Cap. eccl. a.* 789. *c.* 66. *p.* 64. *cf. Cap. Caris. a.* 873. *c.* 3. *p.* 519.

schaften ihres Missionsbezirk tüchtige und glaubwürdige Männer auszuwählen und sie bei ihrem dem Könige geleisteten Treueide zur Anzeige der ihnen bekannt gewordenen Vergehen der Beamten [39]) und anderer Verbrechen aufzufordern [40]). Im langobardischen Königreich ist von König Pippin den Grafen die ähnliche Befugniß, nämlich unter Auferlegung eines speziellen Eides solche Zeugnisse zu verlangen, eingeräumt [41]) und von K. Ludwig II. bestätigt worden [42]). Ueberall dienten diese Zeugenaussagen nicht zum Beweise, sondern nur zur Einleitung des Criminalverfahrens, in welchem die gewöhnlichen Beweisgrundsätze zur Anwendung kommen [43]), und sind daher mit dem Inquisitionsbeweise, von dem später (§ 85) die Rede sein wird, nicht zu verwechseln. — Zur Ergänzung der bürgerlichen Gerichte dienten in dieser Beziehung die Visitationsreisen der Bischöfe, insofern ihnen durch Synodalschlüsse und Capitularien

39) *Cap. Miss. a.* 828. *c.* 3. *p.* 328.

40) *Cap. Silv. a.* 864. *c.* 4. *p.* 424 (latrones). Dieß beweist, daß die allgemeine Inquisitionsgewalt der Missi nicht auf Vergehen der Beamten beschränkt war; auch wird es als älteres Herkommen bezeichnet. Vgl. auch bei Brunner S. 127. die Urk. von 912. — latentia quaeque.

41) *Cap. Pipp. a.* 782. *c.* 8 *p.* 43. Iudex unusquisque per civitatem faciat iurare ad Dei iudicia homines credentes iuxta quantos praeviderit, — ut cui ex ipsis cognitum fuerit, id est homicidia, furta, adulteria et de inlicitas coniunctiones (also bürgerliche und kirchliche Vergehen), ut nemo eas concelet.

42) *Cap. Ticin. Lud.* II. *a.* 850. *c.* 3. *p.* 406. Ubicunque autem fama est tales (*sc.* malefactores) habitare, inquisitio per sacramentum per omnem populum circa manentem fiat, et cuiuscunque gentis aut conditionis fuerit, per quos hoc melius inquiri potuerit, iusiurandum dare, cum a Comite conventus fuerit, recusandi non habeat potestatem. Mit Recht beschränkt Dove cit. S. 33 folg. diese Gesetze auf Italien, und eine Ausdehnung auf das ganze Frankenreich glaube ich nicht annehmen zu dürfen, weil der Graf im Allgemeinen keine Inquisitionsgewalt hatte, s. § 85. Daß *Cap. Worm. a.* 829. c. 3. *p.* 351. nicht von Rügezeugen im Grafengericht, sondern von Schöffen redet, scheint mir Brunner, Zeugen- und Inquisitionsbeweis S. 22. gegen Biener, Waitz und Dove überzeugend dargethan zu haben.

43) *Cap. Hloth. Lang. c.* 1. *p.* 371. Quo die factum fuerit, per meliores loci illius inquiratur, si in qualibet persona suspectio fuerit: si servus est, ad iudicium (*sc.* Dei) dominus eius eum mittat, aut ipse pro eo sacramentum faciat; quodsi libera persona fuerit, proprio sacramento se idoneum faciat.

zur Pflicht gemacht war, den Uebertretungen der Kirchengesetze nachzuforschen [44]). Der Graf sollte sie nach Vorschrift der Capitularien dabei stets begleiten und konnte die zu Tage kommenden bürgerlichen Verbrechen vor sein Gericht ziehen [45]). In der zweiten Hälfte des neunten Jahrhunderts wurde es auch in diesen s. g. Sendgerichten der Bischöfe Sitte, aus der versammelten Menge (synodus) geschworene Sendzeugen zur Anzeige oder Rüge der ihnen bekannt gewordenen Vergehen aufzufordern [46]).

§ 81. Der Civilprozeß der carolingischen Zeit, auf den es uns hauptsächlich ankommt, ist nicht bloß durch die Reichsgesetze oder Capitularien Carls des Großen und seiner Nachfolger, sondern auch durch den Gerichtsgebrauch des fränkischen Reichs, den wir aus den in großer Zahl erhaltenen Gerichtsurkunden kennen lernen, gemeinrechtlich bestimmt, so jedoch daß die Partheien in Bezug auf ihre Handlungen und Rechte ihr partikuläres Stammesrecht geltend machen konnten [1]).

Dieses gemeinfränkische Civilprozeßrecht beruht in materieller und formeller Hinsicht durchaus auf germanischen Principien; ein Einfluß des römischen Rechts ist in dieser Periode noch nicht bemerkbar. Vor Allem gilt dieß von der germanischen Grundanschauung des Rechtsstreits, welche, wie oben (§ 14 folg.) ausgeführt worden, überwiegend das Unrecht oder die Schuld des Beklagten, und nur in Bezug auf diese das Recht des Klägers oder des Beklagten in Betracht zieht. Der

44) *Cap. Pipp. a.* 744. *c.* 4. 6. *p.* 21. *Cap. Car. M. a.* 796. *c.* 7. *p.* 33. *Cap. eccl. a.* 789. *c.* 69. *p.* 64. *Cap. Aquisgr. a.* 813. *c.* 1. *p.* 188. Ut Episcopi circumeant parochias sibi commissas, et ibi inquirendi studium habeant de incestis, de parricidiis, fratricidiis, adulteriis — et alia mala *rel* Ueber die Synodalschlüsse und das Sendgericht überhaupt, so wie die Controle des Grafen s. Dove cit.

45) *Cap. Carlom. a.* 742. *c.* 5. *p.* 17. *Cap. Car. M. a.* 769. *c.* 6. *p.* 33. *Cap. Mant. a.* 781. *c.* 6. *p.* 41. Vgl. Dove cit. S. 22 folg.

46) Dove S. 28. hat nachgewiesen, daß sie zuerst in *Regino* († 915) *de synod. caus.* II. 2., nicht früher vorkommen, also eher jenen bürgerlichen Rügegerichten nachgebildet waren, als diese jenen.

1) Näheres s. oben § 78 Note 86—98.

entscheidende Beweis dafür liegt darin, daß noch immer auch im Fall eines reinen Rechtsstreits, z. B. um das Eigenthum eines Grundstücks, der unterliegende Beklagte, neben der Herausgabe der Sache, für die dem Kläger zugefügte persönliche Verletzung, in diesem Fall für die eigenmächtige Besitzergreifung, eine Buße (compositio) zahlen muß [2]), und außerdem, als Sühne des Friedensbruchs im weiteren Sinne, ein Friedensgeld (fredus) dem Könige entrichtet [3]). Nur darin ist ein Fortschritt von der einseitigen Betonung der Schuld zu objectiver Gerechtigkeit zu bemerken, daß die Rechtsfrage und mit dieser der wirkliche Beweis durch Zeugen und Urkunden, im Gegensatz des förmlichen durch Eid und Gottesurtheil, mehr in den Vordergrund tritt (§ 84). Die Bußsätze in den einzelnen Fällen werden überwiegend durch die verschiedenen Volksrechte bestimmt. Daher die Buße schlechthin lex genannt wird. Nur die fränkische Ordnungsbuße von 15 Solidi und der Königsbann von 60 Solidi sind durch Aufnahme in die Capitularien Reichsrecht geworden.

Auch die Classification der Klagen ist danach zu bemessen, daß das Unrecht des Beklagten entweder 1) rein als Verbrechen (Ungericht, crimen) verfolgt und durch öffenliche Strafe, Buße und Schadensersatz gesühnt wird [4]), oder zugleich einen

2) *Bignon form.* 12. *Meichelbeck* I. 2. *Nr.* 116. 472. 530. s. unten § 90 Note 5. Von der „schlichten Klage" des Sachsenspiegels finde ich noch keine Spur.

3) Die Capitularien folgen auch hier dem fränkischen Recht, wonach das Friedensgeld $^2/_3$ der Buße beträgt. *Cap. L. Sal. add. a.* 803. *c.* 7. *p.* 114. — widrigildum eius componat, duas partes illi, quem inservire voluerit, tertiam Regi. *Cap. a.* 801. *c.* 24. *p.* 84. (nach Boretius S. 120. a. 814 oder 815.) — cuius compositionis duas partes ei, contra quem testati sunt, dentur, tertia pro fredo solvatur. Das *Cap. Ticin. a.* 807. *c.* 24. *p.* 86., wonach der Fredus niemals früher als die Buße gezahlt werden soll und $^1/_3$ derselben beträgt, ist nach Boretius S. 122. = *L. Rip.* 89 (91)., aber früh unter die Capitularien gerathen, s. *Lib. Pap. Karol.* 88. *p.* 504. Damit nicht zu verwechseln ist die andere Vorschrift in *Cap. a.* 783. *c.* 5. *p.* 46., daß von den Friedensgeldern der Graf $^1/_3$ behalten, $^2/_3$ an den Fiscus abliefern soll. Vgl. *Cap. Bon. a.* 811. *c.* 2. *p.* 173. — Die anderen Volksrechte des fränkischen Reichs bestimmen das Friedensgeld verschieden. S. Wilda, Strafrecht S. 455 folg.

4) S. § 84 Note 12—18. Crimen bezeichnet keineswegs bloß das

Rechtsstreit veranlaßt, der sowohl durch die Natur des streitigen Rechts als durch dessen Gegenstand bestimmt wird [5]). Wir unterscheiden daher 2) die Klage um eine Geldschuld aus Vertrag (debitum), Darlehn, Lieferung, Verkauf, u. s. w. [6]). 3) Um das Besitzrecht beweglicher Sachen, die gegen den Besitzer stets wegen der vorausgesetzten Entwendung mit Anefang (interciatio) eingeleitet wird [7]). 4) Um Grundbesitz, den ein Anderer sich eigenmächtig angemaßt hat (malo ordine invasit, iniuste, contra legem tenet) [8]). Gegenstand der Klage ist nicht bloß ein herrschaftlicher oder bäuerlicher Hof (villa), der aus den Wohn- und Wirthschaftsgebäuden und dem beweglichen und unbeweglichen Zubehör (casae et res) besteht, und jeder einzelne Theil desselben, sei es Acker, Weinberg, Wiese oder Wald (terra, vinea, pratum, silva), sondern auch ein kirchlichen Zwecken gewidmetes Gebäude, Kirche oder Kloster, nebst Zubehör. Dem Rechte nach kann der in Anspruch genommene Grundbesitz Erbgut oder durch Rodung, Kauf, Schenkung u. s. w. erworben, und nicht bloß Allod, sondern auch Beneficium sein [9]), ja nur auf einem beschränkten dinglichen

todeswürdige Verbrechen, sondern jedes formelle Unrecht. S. z. B. *Cap. a.* 803. *c.* 16. *p.* 111. *Cap. a.* 817. *c.* 11. *p.* 212.

5) Das dingliche Recht setzt seiner Natur nach und ebenso die dingliche Klage eine individuell bestimmte Sache voraus; eine solche ist das Grundstück und ein Mensch immer; andere bewegliche Sachen bei der Klage mit Anefang. *L. Rip.* 72, 9. Fungible Sachen können nur Gegenstand einer Schuldforderung sein; fungibel aber waren nach altgermanischer Anschauung Mobilien stets als Gegenstand einer Forderung; daher Zahlung z. B. der Bußen (*L. Rip.* 36, 11. *Cap. Sax. a.* 797. *c.* 11. *p.* 76.) durch sie geleistet, und Privatpfändung und Execution auf sie gerichtet wird (s. Bd. IV. S. 473. 517.), die res praestita immer eine Schuldforderung begründet (S. 474) und selbst für die vindicirte Sache als Schadensersatz eine gleich werthvolle gegeben werden kann (S. 15 Note 11). Vgl. *Cap. Bon. a.* 811. *c.* 2. *p.* 173. Beitreibung des Königsbanns: neque in terris neque in mancipiis, sed in auro et argento, palleis atque armis, atque animalibus et pecoribus, sive talibus speciebus, quae ad utilitatem pertinent. Diesen Zusammenhang scheint Laband, die vermögensrechtlichen Klagen. Königsberg 1869 S. 5 folg. nicht genug zu würdigen.

6) S. die Fälle in § 84 Note 19. 20. Ueber res praestita s. *L. Fris.* 10, 1. *Pertz*, *Leg.* III. *p.* 695. und dazu v. Richthofen.

7) S. § 84 Note 21—29.

8) S. § 84 Note 30 folg.

9) Vindication des Beneficiums durch den Vasallen in Pl. von 756 (?)

Recht beruhen, z. B. dem Gebrauchsrecht einer Kirche [10]). Auch andere Rechte, namentlch Regalien, haben durch ihre Lokalisirung einen dinglichen Charakter, z. B. Zollrecht [11]), Hafengeld [12]) u. s. w. 5) Der Streit um den Besitz eines Unfreien zwischen dem Herrn und einem Dritten wird jetzt dem um Grundeigenthum gleichgestellt [13]). Verschieden davon ist 6) der Streit um Knechtschaft oder Freiheit, der von dem Herrn vor den ordentlichen Gerichten, von dem faktisch Unfreien nur vor dem Könige und seinen Vertretern angebracht werden kann [14]). — Als Civilklagen von höherer Bedeutung waren die Klagen um den Besitz von Grundstücken und Unfreien und um persönliche Freiheit ausgezeichnet [15]), und außer diesen wird die Anklage wegen eines todeswürdigen Verbrechens zu den größeren Sachen gerechnet, welche die ausschließliche Competenz des Grafengerichts bilden [16]).

Eine allgemeine Klagenverjährung ist dieser Zeit unbekannt, wie sich insbesondere daraus ergiebt, daß Carl der Große durch eine einmalige Verordnung vom J. 812 die Annahme aller vor seinem Regierungsantritt im J. 768, also vor mehr als vierzig Jahren entstandenen Klagen, vorbehaltlich einer von ihm zu bewilligenden Ausnahme, ausdrücklich verboten hat [17]). Nur

Pérard p. 33. XIII. Pl. von 869. *Baluz.* II. *App. Nr.* 98. Vindication des Obereigenthümers gegen die Untereigenthümer, die das Beneficium als Allod besitzen wollen, in Urk. von 870. *Pérard* p. 150.

10) Urk. von 875. *Mur.* V. *p.* 988.

11) Pl. von 843. *Baluz. Marca hisp. Nr.* 16. — pascuario et teloneo. Pl. von 844. *Gallia christ.* I. *p.* 107. *Nr.* 4.

12) Pl. von 852. *Mur.* II. *p.* 953.

13) Nach *L. Rip.* 58, 8 72. als bewegliche Sache mit Anefang. Jetzt wie Grundstücke *Rozière form.* 499. und dem Werth nach diesem gleichgestellt in *Cap. Aquisgr. a.* 812. *c.* 4. *p.* 174. *Cap. a.* 817. *per se scrib. c.* 11. *p.* 215. *Cap. Olonn. a.* 823. *c.* 17. Note 15. Auch in Bezug auf die Veräußerung s. § 84 Note 22.

14) S. § 84 Note 56—62.

15) Sie gehören zur Competenz des Grafen, s. oben § 75 Note 18. und werden durch Mannitio eingeleitet § 82 Note 23.

16) S. § 75 Note 16. Als größere Sachen werden sie ausgezeichnet in *Cap. Olonn. a.* 825. *c.* 7. *p.* 252. — de libertate vel de hereditate vel de proprietate in mancipiis et terris, sive de homicidio et incendio. und in den Urk. Ludwigs des Fr. für die Spanier von 815 s. oben § 77 Note 71.

17) *Cap. Aq. a.* 812. *c.* 1. *p.* 174. Aehnlich *Cap. Baiuw. a.* 803. *c.* 8. *p.* 127.

die Eigenthumsklage wird, jetzt wie früher, durch den dreißigjährigen, von keiner Interpellation unterbrochenen Besitz ausgeschlossen, weil der Besitzer dadurch Eigenthümer geworden ist [18]).

Der Prozeß in formeller Beziehung ist, abgesehen von den verschiedenen Einleitungsformen (§ 82), gesetzlich für alle Klagen derselbe, die Legis Actiones der Volksrechte haben einem allgemeinen und gestaltloseren Verfahren Platz gemacht. Dasselbe erhält seine besondere Richtung im einzelnen Fall durch das Zusammenwirken der Partheien und des Gerichts. Dabei tritt der Einfluß des Gerichts mehr in den Vordergrund als früher. Während die Partheien in ältester Zeit vor Gericht unter sich verhandeln und nur über die streitigen Punkte das Urtheil der Schöffen begehren oder den Richter zur Execution auffordern, richten sie jetzt von vorn herein und im weiteren Verlauf an diese ihre Anträge, werden vom Gerichte, meist ohne strenge Unterscheidung des Richters und der Schöffen, zu Erklärungen veranlaßt und empfangen von ihm die Rechtssprüche, wodurch der Prozeß geleitet und schließlich entschieden wird [19]). Ja das Gericht ist angewiesen, Partheien, die ihre Sache nicht zu führen wissen, von Amts wegen zu Hülfe zu kommen [20]). Die Mitwirkung der Partheien zeigt sich aber darin noch als bedeutend, daß die gerichtlichen Befehle durch ihr Gelöbniß mit Bürgschaft bekräftigt werden müssen; so bei dem Beweisurtheil in Bezug auf die Beweisführung in dem anberaumten Ter-

18) Das frühere Recht s. Bd. IV. S. 461. Jetzt *Cap. Aquisgr. a.* 801. *c.* 16 *p.* 88. *Cap. Worm. a.* 828. *gen. c.* 10. *p.* 351. Vgl. unten § 84 Note 49. 50.

19) S. z. B. Pl. von 783. *Baluz.* II. *App. Nr.* 16. von 852 *Vaissette* I. *Nr.* 76. von 880 *Mur.* I. *p.* 436. von 875 *ibid. p.* 505. Bestimmt richtet der vorsitzende Graf die Urthelfragen an die Schöffen in Pl. von 807. *Goldast. form.* 99. Wartmann, St. Gall. Urk. I. Nr. 187.

20) *Cap. Aquisgr. a.* 802. *c.* 9. *p.* 92. — nisi (st. sed si) aliquis sit infirmus aut rationes nescius, pro quibus Missi vel Priores, qui in ipso placito sunt, vel Iudex, qui causae huius rationem sciat, rationetur conplacito. Der Prozeß ist also auch dadurch ohne „Gefahr.“ Sohm I. S. 140.

mine [21]) und bei dem Endurtheil durch Annerkennung desselben und ein Erfüllungsgelöbniß [22]), und sonst.

Die Partheien, also der Kläger und der Beklagte [23]), müssen handlungsfähig sein; daher Unmündige durch ihren Vater oder ihren Tutor vertreten werden [24]) und Frauen durch ihren Mundwald [25]). Ferner rechtsfähig; daher Unfreie weder als Kläger [26]), noch als Beklagte für sich auftreten können, sondern der Vertretung durch ihren Herrn bedürfen.

Zwar als Kläger vertritt der Herr seinen Knecht nur insofern, als er in der Person desselben mit verletzt ist, also sein Interesse verfolgt. Für die Missethat des Knechts aber soll der Herr vor Gericht geladen werden [27]), weil er für ihn antworten, d. h. schwören oder die Buße zahlen muß, an deren

21) S. unten § 83 Note 20.

22) S. unten § 90 Note 2—4. 8. 9.

23) Technische Ausdrücke kommen dafür nicht mehr vor; doch ist es charakteristisch, daß der Kläger, weil eine persönliche Verletzung geltend machend, accusator, und der Beklagte, dessen Behauptungen dem Prozeß die Richtung geben, causator = gasacius genannt wird, in *Cap. a.* 805. *c.* 11. *p.* 133. Die veränderte Stellung der Partheien zum Gericht bezeichnen die Ausdrücke clamare, clamatores, und clamor oder querela für die Klage. *Du Cange h. vv.* Doch wird auch noch mallare vom Kläger (s. Note 26) und obmallare vom Beklagten gesagt in *Cap. L. Sal. add. a.* 819. *c.* 7. *p.* 226.

24) *Cap. Worm. a.* 829. *pro lege c.* 4. *p.* 353. — aut alteri cuilibet necdum legitimos annos habenti — si pater eiusdem parvuli vixerit, ipse intret in causam rationem reddendi pro filio suo. Si autem ipse pater mortuus est, tunc legitimus eius propinquus, qui iuste ei tutor ac defensor esse videtur, pro ipso rationem reddere compellatur. *Cap. Pipp. a.* 782. *c.* 5. *p.* 42. Ut — orfani tutores habeant — qui illorum causas peragere debent. Wenn der nächste Verwandte die Vormundschaft ablehnt, soll der Richter einen solchen bestellen. Auf die Vertretung oder Unterstützung des Unmündigen durch den Vormund deutet auch *Cap. L. Sal. add. a.* 819. *c.* 5. *p.* 226. in den Worten: manniatur, sicut ille manniri potest, und: ad mallum a Comite suo adducatur, sicut ille adduci potest. Der Mündigkeitstermin war nach salischem Recht das vollendete zwölfte Jahr *Cap. cit. L. Sal.* 24, 5. Nach ripuarischem das fünfzehnte *L. Rip.* 81.

25) Den Mundwald des fränkischen Rechts erwähnt *Cap. a.* 779. *c.* 18. *p.* 38.

26) *Cap. Lud.* II. *a.* 855. *pro lege posita c.* 1. *p.* 436. Si quis aliquem de aliquo mallaverit negotio, et ille qui mallatus fuerit dicat, ideo ei respondere nolle, quia servus alterius sit *rel.*

27) *Cap. Lang. a.* 802. *c.* 16. *p.* 105.

Statt er indeß den Knecht selbst dem Kläger hingeben kann. Die öffentliche Strafe soll jeden Falls an dem Knecht vollzogen werden [28]).

Die unfreien Bauern des Königs (fiscalini), der Kirchen und Klöster (ecclesiastici) und der königlichen Vasallen (beneficiarii) und ebenso die Halbfreien (liti) können als Kläger und Beklagte vor Gericht auftreten, werden aber von ihrem Herrn unterstützt, der im zweiten Fall die Wahl hat, ob er dem Kläger von dem Beklagten Befriedigung verschaffen oder die Vertheidigung mit übernehmen will [29]).

Auch das freieste Abhängigkeitsverhältniß dieser Zeit, das des Vasallen zu seinem Senior, äußert seine Wirkung im Prozeß. Der Senior unterstützt seinen Vasallen vor Gericht und es soll ihm deshalb Anzeige von der Klage gegen Jenen gemacht werden, damit er durch seinen Einfluß dem Kläger Recht schaffe oder die Vertheidigung mit übernehme [30]). Und ebenso ist der Vasall seinem Senior zur Gerichtshülfe durch Eid und Gottesurtheil verpflichtet [31]).

Insofern alle diese Abhängigkeitsverhältnisse durch ihre Beziehung auf das zwischen dem Herrn und seinem Untergebenen getheilte Grundeigenthum eine dingliche Natur annahmen, bildete die Vertretungspflicht des Herrn die privatrechtliche Grundlage der gerichtlichen Immunität seiner ganzen Herrschaft, deren öffentliche Anerkennung freilich in Bezug auf die freien Einsassen derselben und als Befreiung vom Eintritt der königlichen Beamten ein königliches Privileg erforderte [32]).

In Betreff willkührlicher Vertretung ist die Regel, daß die

28) *Cap. L. Rip. add. a.* 803. *c.* 5. *p.* 107. *Cap. a.* 817. *Leg. add. c.* 15. *p.* 217. *Cap. L. Sal. add. a.* 819. *c.* 7. *p.* 226.

29) *L. Rip.* 58, 20. *L. Chamav.* 44. *Cap. de villis a.* 812. *c.* 29. 52. *p.* 183 *sq. Cap. Ticin. a.* 802. *c.* 6. *p.* 84. *Cap. L. Sal. add. a.* 819. *c.* 7. *p.* 226. Vgl. Walter R.G. §§ 402. 419.

30) *Cap. Olonn. a.* 823. *c.* 13. *p.* 234. *Baluz. form.* 3. *Cap. Silv. a.* 853. *c.* 4. *p.* 424. *Cap. a.* 883. *c.* 3. *p.* 550.

31). *Cap. Aquisgr. a.* 813. *c.* 20. *p.* 189. Beispiele Pl. von 775. Bouquet V. Nr. 32. *Cap. Francof. a.* 794. *c.* 9. *p.* 73.

32) S. oben S. 33.

Partheien persönlich vor Gericht erscheinen und in mündlicher Rede ihre Sache selbst führen sollen [33]). Doch kann eine Parthei, wenn sie des Rechts und der Rede nicht kundig ist, sich einen Vertheidiger (defensor) oder Fürsprecher (causidicus) wählen [34]); ja das Gericht soll mitleidswürdigen Personen von Amts wegen nicht nur selbst zu Hülfe kommen, sondern nöthigen Falls auch einen solchen Fürsprecher bestellen [35]). Anderer Seits kann das Gericht einen Fürsprecher wegen Schikane auf Antrag des Gegners zur Zahlung der Ordnungsbuße von 15 Solidi verurtheilen [36]) und außerdem, nach einem späteren Capitular, ihn mit Androhung des Königsbanns aus dem Gericht ausweisen [37]). Auch ist der Fürsprecher verpflichtet,

33) *Cap. Aquisgr. a.* 802. *c.* 9. *p.* 92. (Bericht über die Instruction der K. Missi) Ut nemo in placito pro alio rationari usum habeat defensionem alterius iniuste, sive pro cupiditate aliqua, minus rationare valente, vel pro ingenio rationis suae iustum iudicium marrire vel rationem suam minus valente opprimendi studio (gegen schikanöse Fürsprecher s. Note 36. 37.). Sed unusquisque pro sua causa, vel censum vel debito, rationem reddat *rel.*

34) *L. Rip.* 31. S. oben Note 22. Quindecimo autem anno aut ipse respondeat, aut defensorem eligat. Für causidicus s. z. B. *Cap. a.* 805. *c.* 8. *p.* 133.

35) *Cap. Aquisgr. cit.* Note 31. — nisi aliquis sit infirmus, aut rationes nescius, pro quibus Missi vel Priores, qui in ipso placito sunt, vel Iudex, qui causa huius rationem sciat, rationetur conplacito (das Gericht soll ex officio der Parthei zu Hülfe kommen, s. oben Note 20); vel si necessitas sit, talis persona largietur ut rationem [*reddat*], qui omnibus probavilis sit et qui in ipsa bene noverit causa: quod tamen omnino fiat secundum convenientiam Priorum vel Missorum, qui praesentes adsunt. *Cap. a.* 817. *Leg. add. c.* 3. *p.* 211. De viduis, et pupillis et pauperibus. — Et si — legem nescierint, Comes illos vel illas adiuvet, dando eis talem hominem, qui rationem eorum teneat et pro eis loquatur.

36) *Cap. L. Sal. add. a.* 803. *c.* 4. *p.* 113. Si quis hominem in iudicio contra alium altercantem iniuste adiuvare per malum ingenium praesumpserit, atque inde coram Iudicibus vel Comite increpatus fuerit et negare non potuerit, solidis 15 culpabils iudicetur.

37) *Cap. Misso cuidam dat. a.* 819. *c.* 4. *p.* 227. Si homini cuilibet causam suam in placito aut coram Comite palatii alius fuerit impedimento et causam eius iniuste disputando impedierit, tunc volumus, ut sive Comes palatii sive Comes ipse in comitatu suo iubeat eum exire foras. Et si noluerit oboedire, tunc solvat bannum dominicum, id est 60 solidos; et illi cui adversatus est, donet wadium suum pro lege sua (für die Buße).

im Namen der Parthei, die er vertritt, das Endurtheil sofort anzuerkennen oder zu schelten, widrigen Falls auch er in Haft gehalten wird [38]).

Verschieden von dem Fürsprecher der gegenwärtigen Parthei ist der bevollmächtigte Vertreter (mandatarius) einer abwesenden, der natürlich auch ihr Fürsprecher ist [39]). In früherer Zeit wurde für Römer nach den Grundsätzen des römischen Rechts ein General- oder Specialbevollmächtigter unbedingt zugelassen [40]). Nach fränkischem Recht bedurfte es dazu einer Ermächtigung des Königs [41]). Jetzt scheint dieß Partheien, die durch Alter oder Krankheit vom Gericht fern gehalten werden, allgemein gestattet zu sein [42]).

Vorzüglich aber war es ein Recht des Königs, der Bischöfe und Aebte, der königlichen Vasallen und der Communen, sich vor Gericht durch einen bevollmächtigten Fürsprecher vertreten zu lassen. — 1) Für den König in allen fiscalischen Prozessen verstand es sich von selbst, daß er durch seine Fiscalbeamten oder einen eigens dafür bestellten Sachwalter (advocatus) vertreten wurde [43]). — 2) Den Bischöfen und Aebten

38) *Cap. a.* 805. *c.* 8. *p.* 133. De clamatoribus vel causidicis *rel.* s. § 89 Note 7.

39) Urk. von 783. *Baluz.* II. *App.* 16. *Vaissette* I. *p.* 25. *Nr.* 5. — assertor vel causidicus et mandatarius D. Archiepiscopi *rel.*

40) *Form. Andegav.* 51. *Arvern.* 3. 4. *Sirmond.* 20. (Generalmandat). *Andegav.* 47. 50. (Spezialmandat zum Prozeß). *Sirmond.* 2. (zu bestimmten Rechtsgeschäften).

41) *Marculf. form.* I. 21. Königliche Ermächtigung zur Bestellung eines vir illustris zum allgemeinen Vertreter vor Gericht (propter simplicitatem suam). Die Vollmachten *Marculf.* II. 31. *Sirmond* 46. setzen vielleicht diese Ermächtigung voraus.

42) *Marculf. App.* 25. (senectus). *Lindenbrog* 183 (gravis aegritudo). Darauf deutet schon *L. Sal.* 76. Cui nec demandata nec lever pita fuerit (*sc.* causa aliena) — solidos 15 culpabilis iudicetur, de postea ei, cui causa est, liceat legibus causam suam mallare. Die Uebertragung der Sache geschah nach fränkischem Recht mit dem Halmwurf.

43) Beispiele sind Pl. von 806. *Mur.* I. 973. — G. filio quondum G. qui causam curtis domini Regis peragebat. Pl. von 827. *Tiraboschi Non.* II. *Nr.* 28. *p.* 46. R. scavino et advocato W. Comiti de Verona, agente causa eius — a parte regia. Pl. von 852. *Mur.* II. 954. — Gastaldio de Sexpilas und Advocatus de ipsa curte. Pl. von 891. *ibid.* 981. — A. advocatus Curtis, Sexpilas. Pl. von 863. *Martené* I. 169. — iudicaverunt,

war es zur Pflicht gemacht, unter Mitwirkung der königlichen Beamten sich Vögte (advocati) zu wählen, welche sie persönlich, ihre Kirchen und Klöster, die ihnen untergebenen Geistlichen und ihre Hintersassen vor Gericht vertreten und zugleich die Gerichtbarkeit innerhalb der Herrschaft verwalten [44]). Das persönliche Erscheinen der Bischöfe und Aebte mit ihrem Vogt vor Gericht war dadurch nicht ausgeschlossen [45]). Die Cleriker und Mönche sollten aber nur mit Erlaubniß ihres geistlichen Vorgesetzten in weltlichen Gerichten erscheinen [46]); und damit scheint es zusammenzuhängen, daß K. Pippin in Italien auch ihnen das Recht beigelegt hat, sich durch einen Bevollmächtigten vertreten zu lassen, während in dem übrigen Reich die Vertretung durch den Advocatus ihres Bischofs ihnen genügen mußte [47]). — 3) Auch die königlichen Vasallen sollen tüchtige

ut — admitterentur advocati utriusque partis, regalis videlicet et episcopalis. Anderes bei Brunner, Zeugen- und Inquisitionsbeweis S. 75 Note 2.

44) S. oben § 77 Note 48—52. Auch mit Genehmigung des Königs selbst. Urk. von 816. 832. 835. *Vaissette* I. *Nr.* 29. 47. *Bouquet* VI. *Nr.* 58 200. Für die Vertretung des Bischofs oder Abtes selbst s. § 77 Note 29., seiner Geistlichen Note 36., seiner Hintersassen Note 31 - 44. Für die von dem Bischof zu ertheilende Vollmacht s. *Marculf. App.* 9. Urk. von 783. *Baluz.* II. *App. Nr.* 16. — assertor vel causidicus et mandatarius D. Archiepiscopi et per ordinatione de damno et Regi nostro Karolo. Urk. von 862 *Vaissette* I. 88. R. qui est mandatarius de F. abbate et de congregatione S. Ioannis. Auch im Placitum der königlichen Missi können sie durch Generalbevollmächtigte erscheinen. *Cap. a.* 817. *Miss. c.* 28. *p.* 218. Ut omnis Episcopus, Abbas et Comes, excepta infirmitate vel nostra iussione, nullam excusationem habeat, quin ad placitum Missorum nostrorum veniat, aut talem vicarium suum mittat, qui in omni causa pro illo rationem reddere possit.

45) Mit dem Bischof oder Abt erscheint der Advocatus z. B. in Pl. von 833. *Mur.* I. 460. von 870. *Vaissette* I. 95. an dessen Stelle in Pl. von 806. *Mur.* I. 974. — G. Scabino, qui tunc procurator erat monasterii S. Bartholomei. Pl. von 880. *ibid. p.* 436. T. advocatus monasterii beati — Zenonis.

46) *Cap. Verm. a.* 755. *c.* 78. *p.* 26. *Cap. a.* 789. *c.* 72. *p.* 65. *Syn. Francof. a.* 794. *c.* 11. *p* 73. *Syn. a.* 799. *c.* 3. *p.* 77. *Cap. Aquisgr. a.* 801. *c.* 16. *p.* 88. Waitz IV. S. 371 Note 4. Fürsprecher (advocati) der Kirche oder des Klosters konnten sie sein. *Cap. a.* 782. *c.* 6. *p.* 43.

47) *Cap. a* 783. *c.* 3. *p.* 46. De advocatis Sacerdotum, volumus pro ecclesiastico honore et pro illorum reverentia advocatos habeant. Im Pl. von

Vögte (advocati) bestellen, welche sie persönlich und die Einsassen ihrer Herrschaften vor Gericht vertreten [48]). — Diese königlichen, geistlichen und adligen Advocati sind es, die im Interesse ihrer Clienten regelmäßig im Gericht der königlichen Missi und der Grafen erscheinen und auf deren Beschäftigung in Einem Grafengericht andere benachbarte Grafen bei Ansetzung ihrer Gerichtstage Rücksicht nehmen sollen [49]). Ihre Vertretung ist eine vollständige, so daß sie z. B. auch für ihre Parthei schwören oder kämpfen [50]). — 4) Auch Communen werden in ihren Prozessen durch frei erwählte Bevollmächtigte vertreten [51]).

Daß vorzugsweise Rechtskundige, also auch Schöffen, Notare u. A., zu Fürsprechern gewählt wurden, war natürlich [52]); aber öffentlich angestellte Redner oder Sachwalter gab es in dieser Periode noch nicht [53]).

885. (*Fantuzzi* II. *Nr.* 5.) Tunc iudicaverunt ipsi ss. Dativi et Scavini et ipso ss. Stephano presbyter dedisse avocato (?); et dedit avocato suo nomine Urso, qui vocatur Pittulo. Dieser Presbyter war Abt von Schavino. Vgl. Sohm, Zeitschr für Kirchenrecht IX. S. 226., der übrigens dafür *Cap. a.* 803. *c.* 12. *p.* 110. anführt, welches nur ihre Vertretung durch den Advocatus des Bischofs verordnet.

48) S. oben § 77 Note 68 und besonders *Cap. a.* 802. *c.* 10. *p.* 104. Ut vassi nostri, — si praesentes esse non possunt, suos advocatos habeant, qui eorum res ante Comitem defendere possint, et quidquid eis queritur, iustitiam faciant. Daher der Advocatus Comitis in *Cap. Mant. a.* 801. *c.* 2. *p.* 40. Pl. von 820. 833. *Mur.* I. 456. 460. 462.

49) *Edict. Pist. a.* 864. *c.* 32. *p.* 496. — ad suum mallum (= mallum eius) occurrere possint.

50) Für den Eid *Cap. Mant. a.* 781. *c.* 3. *p.* 40. *Cap. a* 782. *c.* 6. *p.* 43. *Cap. a.* 809. *c.* 15. *p.* 157. Ein Beispiel im Pl. von 885. *Fantuzzi* II. *Nr* 5. Für das Gottesurtheil oben Note 31.

51) Pl. von 882. *Fumagalli Cod. Ambr. Nr.* 121. Die Einwohner von Ortschaften in einem Dienstprozeß: vicini et consortes — elegerunt ex hac causa de eorum parte in rationem standum et finem inde participiendum: id sunt L. et magistrum, quis super ipsis constitutum erat ad regendum seu I. *rel.*

52) Scabinus et advocatus z. B. im Pl. von 820. 857. 880. *Mur.* I. 462. 537. 359. Pl. von 899. *Tiraboschi Non.* II. 58. *p.* 77. — Notarius et advocatus z. B. im Pl. von 820. 844. *Mur.* I. 462. 529. u. s. w.

53) Maurer § 60 S. 73. nahm dieß an und ich folgte ihm Bd. IV. S. 69 Note 12, erkenne es aber jetzt als irrig. Waitz IV. S. 342.

Die Verhandlung wurde nicht nur von Seiten der Partheien und ihrer Fürsprecher, sondern auch von Seiten des Richters und der Schöffen in mündlicher Rede geführt, und zwar ohne Zweifel in der landesüblichen Sprache, also deutsch oder romanisch in den verschiedenen Theilen des fränkischen Reichs [54]). Zur Erhaltung des Andenkens aber wurde die ganze Verhandlung auf Befehl des Gerichts von dem Notarius desselben in dem barbarischen Urkundenlatein dieser Zeit niedergeschrieben und von dem Richter, den Schöffen und anwesenden Zeugen unterzeichnet [55]). In Ermangelung einer solchen Gerichtsurkunde (notitia) wird jedoch auch das Zeugniß des Richters und der Schöffen oder anderer Zeugen als vollkommen beweisend betrachtet [56]).

---

54) Das merkwürdigste Beispiel des Gebrauchs der romanischen und deutschen Sprache in West- und Ostfranken ist bekanntlich der Eid Carls des Kahlen und Ludwigs des Deutschen vom J. 840 *Conv. Ingelh. a.* 840. *p.* 375. In der Kirche hat schon Carl der Gr. die Predigt in der Volkssprache nach den Concilschlüssen von Mainz, Tours u. s. w befohlen. *Cap. Aquisgr. a.* 813. *c.* 14. *p.* 190. und der Erzbischof Hraban von Mainz a. 847. dieß auf die rustica romana lingua aut theotisca gedeutet.

55) *Cap. Mant. a.* 781. *c.* 3. *p.* 40. Comes — omnia Notarium suum scribere faciat. S. oben § 76 Note 60. Die Formelbücher und unzählige Urkunden geben Beispiele für das Gericht des Königs, seiner Missi und der Grafen, auch seiner Vertreter z. B. des Sculdasius s. Pl. von 856. *Mur.* I. 507. Gerichtsurkunden dieser Zeit, welche romanische Form zeigen, sind gefälscht, z. B. Pl. von 827. *Mur.* I. 481.

56) *Cap. L. Sal. add. a.* 803. *c.* 10. *p.* 114. — ibique testibus convictus fuerit. Beispiele: Pl. von 844. *Mur.* I. 467. Pl. von 880. *ibid. p.* 359. Vor dem Comes Palatii zu Pavia in Gegenwart K. Carls des Kahlen behaupten die beklagten Bauern des Klosters Novalese, zu ihrem Geständniß in dem früheren Prozeß gezwungen worden zu sein. Interrogati sunt, si haberent Iudices aut notitia, qualiter clarescere potuisset, quod in ipsas placitus eidem M. fortia facta fuisset. Dieß verneinen sie und werden verurtheilt. Vgl. Pl. von 1037 und 1038. (*Mur.* IV. *p.* 570. 307.) — Comes et Iudices recordati sunt et dixerunt *rel.* Anders Sohm I. S. 525. „Das Gerichtszeugniß ist dem altdeutschen Beweisrecht unbekannt“ (?).

2. Einleitung des Prozesses.

§ 82. Die Einleitung des Prozesses geschah in merowingischer Zeit nach den verschiedenen im fränkischen Reiche geltenden Volksrechten nicht überall in derselben Weise, und die Reichsgesetzgebung der carolingischen Capitularien hat nur allmälig und nicht durchaus ein übereinstimmendes Verfahren herbeigeführt.

Die außerordentlichen Einleitungsformen, wobei gewissermaßen mit der Execution oder mit Selbsthülfe begonnen wird, nämlich die Pfändung wegen einer Schuldforderung [1]), der Anefang bei Vindication einer beweglichen Sache [2]) und das Ergreifen und Fesseln des Verbrechers auf frischer That zur Vorführung vor Gericht [3]), finden auch jetzt noch Anwendung, wo sie das Stammesrecht der Partheien kennt.

Die ordentliche Einleitungsform aber, wodurch der Beklagte, wenn der Kläger ihn nicht zufällig vor Gericht antraf, daselbst zu erscheinen genöthigt werden sollte, war ohne Zweifel ursprünglich bei allen germanischen Stämmen, wie bei den Römern, eine Privatladung vor Zeugen, an deren Stelle erst später die vom Kläger erwirkte richterliche Ladung trat; denn es entspricht dieß der allgemeinen Entwicklungsgeschichte des Civilprozesses, wonach ursprünglich die Partheien überwiegend thätig sind, und erst später mit der steigenden obrigkeitlichen Gewalt der Richter überhaupt und auch in dieser Beziehung entscheidend eingreift [4]). Daß diese Aenderung bei den West-

1) Nach Salischem, Burgundischem, Bairischem und Langobardischem Recht s. Bd. IV. S. 473. 478., nicht nach Westgothischem, Ripuarischem, Sächsischem und Friesischem Recht s. oben § 80 Note 19—25.

2) Nach Burgundischem, Westgothischem, Langobardischem, Salischem, Ripuarischem, Bairischem und Alamannischem Recht (*L. Alam. Karol.* 87.) und den Capitularien *Cap. L. Rip. add. a.* 803. *c.* 8. *p.* 118. *Cap. Aquisgr. a.* 806. *c.* 3. *p.* 146. S. Bd. IV. S. 40 folg. 167 folg. 234. 385. 479.

3) Nach Langobardischem, Salischem, Ripuarischem Recht, auch *L. Chamav.* 38. S. Bd. IV. 368. 499.

4) S. oben Bd. IV. S. 66. — Ueber die mannitio und bannitio

gothen unter dem Einfluß des römischen Rechts frühzeitig stattgefunden [5]), ist weniger zu verwundern, als daß auch das langobardische Recht nur die richterliche Ladung kennt [6]). Die Burgunden bewahrten bei der gesonderten Codificirung ihres angestammten und des römischen Rechts für sich die alte Sitte der Privatladung vor Zeugen, die jedoch darin durch römische Grundsätze modificirt ist, daß der geladene Beklagte sein Erscheinen vor Gericht durch Bürgen sichern muß und, wenn er der zweiten Mahnung nicht Folge leistet, vom Richter zu erscheinen gezwungen werden kann [7]). Nur die Franken, und zwar sowohl die Salier, als die Ripuarier, hatten auch hierin das ursprünglich germanische Recht rein erhalten, indem, wenn der Beklagte der wiederholten außergerichtlichen Aufforderung des Klägers vor Zeugen (mannire) nicht Folge leistet, das Contumacialverfahren eintritt. Nach dem ältesten salischen Recht zwar fand diese Einleitungsform nur bei der Klage wegen Ungericht statt [8]). Aber schon in merowingischer Zeit wurde sie auch auf die Schuldklage [9]) und die dingliche wegen Grundeigenthum und Freiheit ausgedehnt [10]) und in dieser Ausdehnung, d. h. als allgemeinste Einleitungsform des Civilprozesses galt sie ohne Zweifel auch nach ripuarischem Recht [11]).

Die carolingischen Capitularien haben zunächst diese beiden fränkischen Volksrechte nur rücksichtlich der an die Mannitio sich knüpfenden Fristen und Contumacialstrafen theils bestätigt, theils modificirt. Was die Fristen betrifft, so hat Carls des Großen Capitular zur Lex Ripuariorum vom J. 803 sie dahin bestimmt, daß der Beklagte nach der ersten Aufforderung

überhaupt vgl. Rogge, Gerichtswesen der Germanen § 9. S. 48. Note 63. Eichhorn, D.St. und R.G. § 76. S. 407. § 207. S. 771. Maurer, Altgerm. Gerichtsverfahren §§ 26—38. 73—75. Wilda, Strafrecht S. 143 folg. Walter, D. R.G. § 676. Waitz IV. S. 319 folg. Siegel, D. Gerichtsverfahren §§ 9—11. S. 61 folg. Sohm I. S. 113 folg.

5) S. Bd. IV. S. 242.

6) S. Bd. IV. S. 378.

7) S. Bd. IV. S. 169 Note 58.

8) S. Bd. IV. S. 497 folg. 518 folg.

9) S. Bd. IV. S. 478.

10) S. Bd. IV. S. 491. 497.

11) *L. Rip. tit.* 32. enthält keine Beziehung auf eine besondere Klagart.

sieben, nach der zweiten vierzehn, nach der dritten einundzwanzig und nach der vierten zweiundvierzig Tage Frist haben soll, um vor Gericht zu erscheinen, ehe das Contumacialverfahren gegen ihn eintritt; es ist also die fünfte, sechste und siebente Frist, welche ihm die Lex Ripuariorum gewährte, gestrichen [12]). Ludwigs des Frommen Capitular zur Lex Salica von 819 bestimmt gleich die erste Frist auf vierzig Tage und dehnt sie für den Fall, daß der Graf innerhalb derselben nicht Gericht hält, bis auf den nächsten Gerichtstag aus, gewährt dann eine zweite Frist von sieben Tagen und keine dritte, sondern verlangt, daß der Beklagte in dem nächst darauf folgenden Gerichtstag erscheine [13]). Die Buße wegen der Versäumniß eines Termins ist die alte, nämlich 15 Solidi [14]). Neu ist dagegen die gegen den beharrlich das Recht Verweigernden verfügte Beschlagnahme seiner Güter (possessio in bannum missa) [15]), wovon in der Lehre vom Contumacialverfahren näher die Rede sein wird.

Einen Strafbefehl (bannus) zu erlassen, dieß Recht stand

12) *Cap. ad L. Rib. a.* 803. *c.* 7. *p.* 117. Prima ammonitio super noctes septem, secunda super noctes quatuordecim, tertia super viginti et unam, quarta super quadraginta duas. *cf. L. Rip.* 32, 2. 3.

13) *Cap. L. Sal. add. a.* 819. *c.* 1. *p.* 225. De capitulo primo, id est de mannire. De hoc capitulo iudicatum est, ut ille qui mannitur spatium mannitionis suae per quadraginta noctes habeat. Et si Comes infra supra dictarum noctium numerum mallum suum non habuerit, ipsum spatium usque ad mallum Comitis extendatur, et deinde detur ei spatium ad respectum ad septem noctes (sieben Respektstage). Inde non noctium spatia, sed proximus mallus Comitis ei concedatur. *cf. Du Cange v. respectus*, und *Pl. a.* 868. *Pérard p.* 148. Ueber das frühere salische Recht s. Bd. IV. S. 499. 519.

14) *Cap. ad L. Rib. a.* 803. *c.* 7. *p.* 117. Si quis ad mallum legibus mannitus fuerit, et non venerit, si eum sunnis non detinuerit, quindecim solidis culpabilis iudicetur. Sic ad secundam et tertiam. Einige Handschriften und die *Cap. excerpta c.* 13. *p.* 443. (vgl. Boretius S. 191.) lesen bannitus, was Eichhorn S 772. Note e. für das richtige hält; dagegen haben auch *Ansegis* III. 45. VI. 211. und *Lib. Pap. Kar.* 27. *p.* 490. richtig mannitus. *cf. L. Rip.* 32, 1. und *L. Sal.* 1, 1.

15) *Cap. ad L. Rib. cit.* Si vero ad quartam venire contempserit, possessio eius in bannum mittatur, donec veniat, et de re qua interpellatus fuerit iustitiam faciat *rel. Cap. Aquisgr. Leg. add. a.* 817. *c.* 11. *p.* 212.

dem Grafen nach dem älteren fränkischen Recht überhaupt nicht zu; daher er auch zum Erscheinen vor Gericht, wo das Gesetz es vorschrieb, nur auffordern (admallare) konnte [16]). Nur der König hatte jenes Recht und übertrug es dem Grafen, insofern dieser königliche Rechte ausübte, namentlich bei der Einberufung der Freien zum Heerbann und zur Huldigung, bei Strafe von sechzig Solidis [17]). In Rechtssachen, die im königlichen Gericht verhandelt werden sollten, ertheilte der König dem Kläger die Ermächtigung zur Mannitio, oder dem Grafen, in dessen Gau der Beklagte angesessen war, den Auftrag, den Beklagten vor das königliche Gericht zu laden (bannire) [18]). Dieß bildete den Uebergang zu dem späteren Recht, welches in den Capitularien bereits vollständig ausgebildet erscheint, nämlich daß der Graf oder sein Unterbeamter, Vicarius oder Centenar, zu allen gebotenen Gerichten (placita minora) die Betheiligten, wie die Scabinen und die Zeugen, so auch die Partheien durch einen Strafbefehl (bannus) zu erscheinen nöthigt [19]).

16) *L. Sal.* 73. (*Chlodovechi c.* 9. *Pertz* II. *p.* 4.) — iudex, hoc est Comes aut Grafio — debet nunciare et dicere: — de homicidium istum vos admallo, ut in mallo proximo veniatis et vobis de lege dicatur, quod observare debeatis.

17) *L. Rip.* 65, 1. Si quis legibus in utilitatem regis, sive in hoste sive in reliquam utilitatem, bannitus fuerit, et minime adimpleverit, si aegritudo eum non detenuerit, sexaginta solidis multetur. *c.* 67, 2. *Marculf.* I. 40. Vgl. Bd. IV. S. 413., was Sohm I. S. 173. Note 115 mißverstanden hat.

18) S. Bd. IV. S. 500. Verwandt ist der Fall des *Pl.* von 891. *Gallia christ.* VI. *p.* 170. *Nr.* 5., wo der König dem Grafen durch Rescript die Untersuchung aufträgt, und dieser brieflich den Beklagten vor sich ladet, um das königliche Rescript einzusehen. Auf solche Fälle bezieht sich die formula citationis *Lindenbr.* 116., römischen Ursprungs, da selbst die richterliche Ladung durch Boten erfolgte.

19) *Cap. a.* 769. *c.* 12. *p.* 33. — Ad alia vero placita, si necessitas fuerit, — vocatus nemo tardet. *Cap. Miss. a.* 803. *c.* 20. *p.* 115. Ut nullus ad placitum banniatur, nisi qui causam suam quaerere aut si alter ei quaerere debet, exceptis Scabineis septem, qui ad omnia placita praeesse debent. *Cap. Ingelh. a.* 807. (?) *c.* 12. *p.* 151. Ut per placita non fiant banniti liberi homines, excepto si aliqua proclamacio super aliquem venerit, aut certo si Scabinus aut iudex non fuerit; et pro hoc condemnati illi pauperiores non fiant. *Cap. Miss. a.* 817. *c.* 14. *p.* 217. De placitis — quas liberi homines obser-

In reinen Privatsachen, bei denen das königliche Interesse nicht in Frage steht, geschieht dieß bei Strafe nicht von 60 Solidis, sondern einer nach dem Geburtsrecht des Beklagten abgemessenen Buße, nach welchem ja überhaupt das Thun und Lassen des Beklagten im Prozeß beurtheilt wird [20]). Nur die durch den Grafen vermittelte Ladung in des Königs Gericht erfolgt unter Königsbann [21]). Auch sollen die königlichen Missi, weil sie den König vertreten, die Bischöfe, Aebte und andere königliche Vasallen unter Königsbann vorladen [22]).

So fest hiernach der Gegensatz beider Einleitungsformen des Civilprozesses, das Mannire von Seiten des Klägers und das Bannire des Richters, steht, so hat doch der Sprachgebrauch schon früh und später immermehr insofern geschwankt, daß auch der Befehl des Richters vor Gericht zu erscheinen,

vare debent, — ut videlicet in anno tria solummodo generalia placita observent; et nullus eos amplius placita observare compellat, nisi forte quilibet aut accusatus fuerit, aut alium accusaverit, aut testimonium perhibendum vocatus fuerit. Ad cetera vero, quae Vicarii vel Centenarii tenent, non alius venire iubeatur, nisi qui aut litigat, aut iudicat aut testificatur.

20) *Cap. excerpta a.* 802 (?). *c.* 57. *p.* 101. Ut bannus, quem per semetipsum domnus imperator bannivit, sexaginta solidos solvatur (*cf. Cap. Miss. per Miss. Senon. a.* 802. *c.* 18. *p.* 98.) Ceteri vero banni, quos Comites et Iudices faciunt, secundum legem uniuscuiusque componantur. *L. Chamav. c.* 40. Si quis Comes ad placitum suum hominem bannit, et ibi non venerit, in fredo solidos quatuor componat. Nach *Cap. Sax. a.* 797. *c.* 5. *p.* 76. Note 25. zahlt der Edle 4, der Freie 2, der Litus 1 Solidus, so daß also *Cap. de part. Sax. a.* 785. *c.* 31. *p.* 50. nicht auf Ladungen, sondern auf eigentliche Strafbefehle zu beziehen ist. Sohm I. S. 173. bezieht in *Cap. a.* 802. *c.* 27. offenbar unrichtig uniuscuiusque auf den Richter, nach dessen Geburtsrecht die Buße bestimmt werde, und zieht dafür *c.* 48. an. Ueber Letzteres s. oben § 78 Note 66.

21) Urk. Carls des Gr. von 775. Sickel K. 38. — Missus noster vel Comitis (l. Comes) super noctes 21 ante nos per bannum nostrum venire faciat in rationes. Urk. von 893. Wartmann, St. Gall. Urk. II. Nr. 688. — iubemus unicuique Comiti et Iudici, ut cum banno nostro ad palatium nostrum distringatur.

22) *Cap. Misso data a.* 803. *c.* 5. In quinto autem capitulo referebatur de episcopis, abbatibus vel ceteris nostris hominibus, qui ad placitum vestrum venire contempserint. Illos vero per bannum nostrum ad vestrum placitum bannire faciatis.

ja selbst die Verkündigung der gesetzlichen Versammlung aller Freien (placitum generale) durch den Grafen, weil die Mahnung zum Erscheinen enthaltend, durch mannire bezeichnet wird [23]), während freilich die Privatladung des Klägers niemals bannire genannt werden kann. Der Gebrauch der einen oder anderen Form scheint in dem Belieben des Klägers gestanden zu haben, denn erst Capitularien Ludwigs des Frommen von den J. 816 und 817 haben darüber eine feste Regel aufgestellt. Nämlich, beim Rechtsstreit über Grundeigenthum und Knechtschaft oder Freiheit, also in Civilsachen, die den Status der Person, also Freiheit oder Erbgut betreffen und überdieß dem Gericht des Grafen vorbehalten sind, soll fortan die alte Form der Mannitio nothwendig sein, in allen anderen Fällen die Bannitio statt finden, und zwar mit demselben Erfolg für den wiederholt Nichterscheinenden, nämlich der Beschlagnahme seiner Güter [24]).

23) Wenn es in *Cap. Lang. a.* 802. *c.* 14. *p.* 104. heißt: ingenuos homines nulla placita faciant custodire, postquam illa tria custodiunt placita *rel.*, so drückt dieß *Cap. in Theod. villa a.* 805. *c.* 16. *p.* 134. so aus: De oppressione pauperum liberorum hominum. — Et ut saepius non fiant manniti ad placita, nisi sicut in alio capitulare praecepimus, ita servetur. Vom echte Ding sagt eine Urk. von 1071. *Cod. Lauresh. Nr.* 131. *p.* 193. — a tribus principalibus mallis, qui vulgo ungebodding vocantur, quibus ad curtim annuatim manniebatur *rel.* Vgl. Grimm R.A. S. 839. „Auch die allgemeine Versammlung war bisweilen botding." Von dem allemal gebotenen Gericht der Missi dominici sagt *Cap. Misso dat. a.* 803. *c.* 4. *p.* 122. — de his, qui prima, secunda, tertia vice manniti ad vestram praesentiam venire nolunt. *cf. c.* 5. in Note 21. Vom Gericht des Grafen *Cap. L. Sal. add. a.* 819. *c.* 5. *p.* 226. — et ita manniatur, — et ita a Comite ad mallum adducatur *rel.* Völlig promiscue gebraucht beide Ausdrücke für die richterliche Ladung *Edict. Pist. a.* 864. *c.* 6. *p.* 489. — ut Comes missum suum ad illam terram, in qua domos quis habuit, mittat et eum bannire et mannire iubeat. Hieraus erklären sich auch die schwankenden Lesarten Note 14 und die mannitio in hostem in den Rubriken bei *Georgisch* 547. 721. vgl. Waitz S. 320 Note 1. Sohm I. S. 116. 368.

24) *Cap. a.* 816. *c.* 6. *p.* 196. (Boretius S. 141). De mannire vero nisi de ingenuitate aut de hereditate non sit opus observandum. De ceteris vero inquisitionibus per districtionem Comitis ad mallum veniant et iuste examinentur. Comites vero non semper pauperes per placitum premere debeant. *Cap. Aquisgr. a.* 817. *Legib. add. c.* 12. *p.* 212.

Alles dieß betrifft aber nur das Recht der salischen und ripuarischen Franken. Ob die eigenthümliche Einleitungsform der Lex Gundobada für die wenigen Burgunden, die das Andenken ihrer Abstammung bewahrten, noch im Gebrauch war, steht dahin. In der Lex Alamannorum und Bajuvariorum ist weder von Mannitio, noch von Bannitio die Rede, weil sie acht- oder vierzehntägige Versammlungen aller Freien vorschreiben, in welchen der Kläger allemal seinen Gegner anzutreffen sicher sein konnte [25]. Völlig schweigen darüber die Gesetze der Thüringer und Friesen. Ob bei den Sachsen die Mannitio altherkömmlich war und durch das Capitulare Saxonicum von 797 näher bestimmt wird, bleibt bei dem schwankenden Sprachgebrauch der Capitularien zweifelhaft [26]. Daß das langobardische Recht sie nicht kannte, ist oben bemerkt worden, und da der Liber Papiensis die darauf bezüglichen Capitularien Carls des Großen und Ludwigs des Frommen für salisches, d. h. frän-

De mannire. Si quis de statu suo, id est de libertate vel de hereditate compellendus est, iuxta legis constitutionem manniatur. De ceteris vero causis, unde quis rationem est redditurus, non manniatur, sed per Comitem banniatur. Et si post unam et alteram Comitis admonitionem aliquis ad mallum venire noluerit, rebus eius in bannum missis venire et iustitiam facere compellatur. *cf.* c. 11. Ueber die vermeintlichen *Cap. Car. M. a.* 802. *c.* 21. *p.* 105. = *Lib. Pap. Kar. c.* 77. *p.* 501. und *Cap. Ticin. a.* 801. *c.* 12. *p.* 85., welche dasselbe enthalten, s. Boretius S. 136. 121. Die zur Competenz des Grafen gehörigen Criminalsachen (s. oben § 75 Note 16) wurden aus nahe liegenden Gründen durch Bannitio eingeleitet. — Sohm I. S. 116 beschränkt die Mannitio auf das echte Ding.

25) In *L. Alam Karol.* 36, 2. 42, 1. und *L. Baiuv. text.* III. 12, 2. hat Maurer § 34. die Mannitio zu finden geglaubt, weil er mallare, vor Gericht verhandeln, und admallare, vorladen, verwechselt. Vgl. Bd. IV. S. 473. Note 46. Die *L. Alam.* setzt die Gegenwart des Beklagten in dem Placitum, in welchem alle Freien erscheinen müssen, voraus, und die *L. Baiuv.* spricht von dem Pfändungsverfahren, s. Sohm, Prozeß der Lex Salica S. 46 folg. und Siegel S. 63 Note *., der indeß insofern irrt, als er in beiden Gesetzen das spätere Recht, also den Gerichtsbann finden will. *L Alam. Karol.* 28. *p.* 139. bezieht Merkel 48. auf die richterliche Ladung; es scheint aber nach dem Zusammenhang mit *tit.* 27. das Aufgebot zum Heer zu betreffen.

26) *Cap. Sax. a.* 797. *c.* 5. *p.* 76. Si quis de nobilioribus ad placitum mannitus venire contempserit, solidos quatuor componat, ingenui duo, liti unum. Vgl. oben Note 20.

kisches Recht erklärt [27]), so konnten diese in Italien auch nur ausnahmsweise für Leute dieses Volksstamms zur Anwendung kommen, die richterliche Ladung mußte auch in Prozessen über Grundeigenthum und Freiheit die Regel bilden. In italienischen Gerichtsurkunden ist mir daher nur diese, die richterliche Ladung durch Boten [28]), kein Beispiel von der Mannitio begegnet [29]).

---

3. Erster Gerichtstermin.

§ 83. Sind beide Partheien in dem ersten durch die Ladung bestimmten Termine erschienen, so bringt der Kläger seine Klage mündlich vor (mallare, clamare, interpellare, pulsare), und zwar, da es keine gesetzlichen Formeln mehr dafür giebt, in freier Rede, die in den Formelbüchern und Gerichtsurkunden noch sehr verschieden lautete. Allgemein ist nur nach der auch jetzt vorherrschenden Grundanschauung vom Rechts-

27) *Lib. Pap. Kar.* c. 27. *Glossa. Expos.* § 1. *p.* 490. c. 77. *Glossa. Expos.* § 2. *p.* 502. *Lud. P.* c. 17. *Expos. p.* 533.

28) *Pl. a.* 827 (?). *Mur.* I. *p.* 481. (über Freiheit). Tunc ipse Comes Boso Comes vel Misso Dni Imp. in suis praesentiis vel supra scriptis hominibus fecit venire G. de F., qui est avogado de prefato monasterio Novalicio. quod exinde responsum daret. *Pl. a* 1037. *Mur.* II. *p.* 964. (Streit um Grundeigenthum). — Et vos ad predictum Rainerium — multos direxistis missos, et vos nullo modo ad vestrum potestis habere placitum.

29) Im *Pl. a.* 844. *Muratori* I. *p.* 467. mallavi ipsum Teutpertus — presencia Isengari et Arnulfo Scavino et relicorum et ibi in iudicio ostensi cartulam, könnte mallare = admallare, also auf mannire gedeutet werden, zumal der Beklagte nach seinem fränkischen Namen ein Franke scheint. s. Förstemann, Altdeutsche Namen Bd. 1. v. Theutbert. Allein es kann ebensowohl heißen: ich belangte ihn in Gegenwart des Sculdasius, zumal dann folgt: quod contra lege detinet casis et rebus illis. Entschieden ist mallare nicht admallare in *Pl. a.* 918. *p.* 456. Dudum in iudicio mallavi istum A., quod malo ordine detineret. *Pl. a.* 945. *p.* 463. Dudum in iudicio vestro — mallaverunt me — quod ego iniuste et malo ordine introisset vel detinuisset *rel.*

streit, daß die Klage nicht sowohl die Behauptung eines Rechts des Klägers, als eine Beschuldigung des Beklagten wegen des dem Kläger zugefügten Unrechts enthält, als z. B. daß er ihn persönlich verletzt, oder daß er seinen Blutsverwandten böslicher Weise getödtet habe, sein Eigenthum widerrechtlich besitze oder ihm als seinem Herrn die Dienste widerrechtlich vorenthalte u. s. w. Diese Beschuldigung richtet der Kläger bald in der früheren Weise direkt an den Beklagten und fordert von ihm eine Erklärung [1]), bald nach neuerer Sitte an den Richter [2]), als Begründung seines Antrags, ihm vom Beklagten Recht zu schaffen [3]).

Denn da das Verfahren jetzt durch den Richter und die Schöffen geleitet wird, so sind sie es in der Regel, die an den Beklagten die Frage (interrogatio) richten, was er der Klage entgegenzusetzen habe [4]), obgleich viele Urkunden diese richter=

1) Pl. von 865. (*Mur.* V. 276. *Fumagalli*, *Cod. Ambr.* 96.) Mitte mihi responsum de casis et rebus illis in vico —, qui pertinet ad parte monasterii S. Ambrosii. Pl. von 838 in Ravenna (*Fantuzzi* II. *Nr.* 2. *p.* 5.): Fac mihi iustitiam de casis et rebus illis; — tu modo predictis casis et rebus iniuste detenis *rel.*

2) Pl. von 865. (*Mur.* I. 496.): Iste A. malo ordine et contra lege abet et detinet casas —, quae legibus parte ipsius ecclesiae pertinere ab eodem. Unde petimus ab eo iustitiam.

3) Pl. von 783. (*Baluz.* II. *App. Nr.* 16.): Iubete me audire cum isto praesente M. Comite, quia tales villas, qui sunt in pago Narbonnense de causa ecclesiarum —, eis retinet malum ordinem iniuste. Pl. von 852. *Vaissette* I. *Nr.* 76. — interpellavit C. — dicens: Iuvete me audire. Iste predictus C. *rel.* Pl. von 873 (*Gallia christ.* VI. *p.* 7.) Pl. von 933. (*ibid. p.* 423.) Vos Iudices vel auditores facite mihi iustitiam de isto Comite, quia iste Comes vel sui homines sic prendiderunt panem et vinum et porcos et aliis ceteris rebus malo ordine et iniuste — de alode, quae vocatur Statiano.

4) Für die frühere Zeit s. Bd. IV. S. 501. Note 2. *Marculf. App.* 3. 5. 6. 23. Seit Carl dem Gr. *Lindenbrog form.* 124. — postquam venit isdem coram illo Comite seu quampluribus magnificis viris — percunctati sunt ab eo (dem Beklagten), utrum ille hoc quandoque perpetratum haberet. Pl. von 783. (*Baluz.* II. *App.* 16.) Tunc ipsi Missi et Iudices et Vassi dominici interrogaverunt M. Comite *rel.* Pl. von 852. (*Vaissette* I. *Nr.* 76.) Ad tunc nos Comis, Vassi dominici hac Iudices interrogavimus O., quid ad haec respondere vellet. *Pérard p.* 33. XIII. Sic interrogatus fuit ipsius A. de ipsa causa, si sic erat aut non. *p.* 34. XIV. *a.* 868.

liche Aufforderung unerwähnt und auf die Klage sogleich die Antwort des Beklagten folgen lassen [5]). Insofern dieser schon durch die Ladung, und zwar sowohl durch die Mannitio [6]) als die Bannitio, von dem Anspruch des Klägers in Kenntniß gesetzt ist und eine geräumige Frist zur Ueberlegung gehabt hat, kann erwartet werden, daß er zur Vertheidigung vorbereitet im ersten Termin erscheint und sich sofort über die Sache erklärt. Ist er dagegen zufällig vor Gericht gegenwärtig und wird in Anspruch genommen, so kann er eine Frist zur Untersuchung der Sache verlangen [7]). Ebenso, wenn er als Vertreter des Beklagten (advocatus) auftritt, wo dann der nächste Termin durch Bürgschaft gesichert wird [8]). Auch aus anderen Gründen muß die Verhandlung auf einen anderen Gerichtstag verschoben und deshalb Bürgschaft bestellt werden, z. B. wegen Incompetenz des Richters und Ueberweisung der Sache an den competenten [9]).

Tunc interrogatus fuit iam dicto D., quid dicere valebat. Pl. von 875. (*Mur.* I. 505.) — interrogavimus ipso E. — quid ex hoc dicere voluisset. Pl. von 880. (*ibid.* 436.) Ad hec N. iisdem iudicibus [*quaerentibus*], si verum esset, quod T. conquerebatur, respondit *rel.*

5) Z. B. *Form. Lindenbrog.* 169. Advocatus illius Episcopi aliquem hominem nomine illum interpellabat, dum diceret eo quod de capite suo legibus estet servus — ipsius Episcopi, et propter hoc de ipso servitio negligens atque iectivus adesse videretur. — Sed ipse vir prefatus adstabat et hanc causam in omnibus denegabat.

6) S. Bd. IV. S. 498 Note 6.

7) Pl. von 880. (*Mur.* I. 462.) Im Gericht königlicher Missi zu Verona ist der Comes Hucpaldus gegenwärtig; belangt wegen eines Waldes, den er widerrechtlich besitze, heißt es: commendavimus (die Richter) ipsius Hucpaldi, ut inquireret de causa hac, si cum legibus haberet, veniret ad plaido (= placitum) et qua re melius poterit, eam defendat. Ebenso in der folgenden Periode *Galetti, del primicero Nr.* 21. Pl. von 978 vor Pabst Gregor und K. Otto II. Der Abt des Klosters Farfa cum accidente affuit. Zur Erklärung aufgefordert sagt er: Rogo vos, date mihi indutias, quia modo non sum paratus ad legem, neque iudices meos habeo, neque advocatum.

8) Pl. von 827. (*Mur.* I. 481.) Tunc ipse B. Comes fecit venire G. de F., qui est avogado de prefato monasterio Novalicio, quod exinde responsum daret. Dieser erklärt: ut nihil exinde sciret, nec inquireret. Tunc fecerunt de utriusque partis — invadiare, ut ipse G. inquisisset ipsa causa. Ebenso im Pl. von 857. (*ibid. p.* 557.) Pl. von 875. (*ibid. p.* 505.) Pl. von 905. (*ibid. p.* 487).

9) *Cap. a.* 801—2. *c.* 14. *p.* 104. Ut ante Vicarios —; et

Die Antwort des Beklagten (responsum) ist entweder ein einfaches Geständniß (confiteri, profiteri, recognoscere, sibi concredere, se recredere) [10]) oder Widerrede. Was früher über das häufige Vorkommen des Ersteren im germanischen Mittelalter bemerkt worden [11]), trifft in dieser Periode noch vollkommen zu, und erklärt sich daraus, daß der Beklagte noch immer, wenn er läugnet, den Beweis, sei es durch Eid oder Gottesurtheil oder durch Zeugen und Urkunden, übernehmen mußte, also wenn er ihn zu führen sich nicht getraute, lieber gleich nachgab, zumal er dadurch der Buße entging [12]); während heutzutage der Beklagte im Zweifel leugnet, weil er den Beweis des Klägers ruhig erwarten kann und sich überdieß den Gegenbeweis noch vorbehält. Weil also schon bei Eröffnung des Rechtsstreits das Hauptgewicht auf die Vertheidigung des Beklagten fällt, so bemerken die Gerichtsurkunden zuweilen zwar sein ausdrückliches Eingeständniß [13]), aber sehr häufig nur, daß er nicht widersprechen oder der Klage nichts entgegensetzen konnte [14]).

nullus in eorum iudicio aliquis in servitio hominem conquirat. sed per fideiussores remittatur usque in praesentiam Comitis. Vgl. § 84 Note 53.

10) *Du Cange hh. vv. L. Sax.* 16, 2. *Marculf. App.* 32.

11) Bd. IV. S. 32.

12) So wenigstens *L. Saxon.* 16, 1. — Si occupator contradixerit, campo diiudicetur. 2 Si occupator sibi concrediderit, reddat hoc quod occupavit, non amplius.

13) *Lindenbrog form.* 124. — hanc causam (sc. homicidium) nullatenus denegabat, sed magis exinde confessus fuit. *Bignon.* 7. 8. professus. Pl. von 752. *Mabillon, de re dipl.* 40. Ipse vero G. in praesenti adstabat, unde nullatenus potuit denegare, sed in praesenti recognovit. Pl. von 868. *Pérard p.* 34. XIV. Sed ille iam dictus D. minime denegavit et ad pedes ipsius M. iactavit, atque recredidit, quod servus erat.

14) *Bignon form.* 6. Sed ipsa femina in praesenti adstare videbatur, et nullatenus habuit quod dicere, nec opponere, nec rationes, per quas de ipso servitio Sancti illius se abstrahere potuisset. *Pérard p.* 32. XIII. — tunc ipse A. de ipsa causa minime denegare potuit. Pl. von 870. (*ibid. p.* 149.) Ipse vero H. ante predictos Missos stans, nulla certa valebat dicere, cur ipsos casnos sive terram ipsam retineret. Pl. von 899. (*Tiraboschi Non.* II. *Nr.* 58. *p.* 77.) Der Advocatus der beklagten Kirche erklärt: Vero pecia illa — subtrahere non quaerimus, quia cum lege non possumus, — et multum inquisivimus, — sed nec testes nec ullam firmitatem nullamque racionem — invenire possumus.

Dem Geständniß folgt dann allemal ein Urtheil der Schöffen (tunc iudicatum est, iudicaverunt), wodurch nicht nur das Recht des Klägers anerkannt, sondern auch nach Art eines Executivmandats dem Beklagten aufgegeben wird, den Kläger zu befriedigen oder deshalb Bürgschaft zu stellen, was auch sofort geschieht (quod et fecit); also z. B. wegen Todtschlag eine bestimmte Summe als Wergeld zu zahlen, wogegen der Kläger wegen jedes weiteren Anspruchs Sicherheit (securitas) giebt [15]), den Besitz des eingeklagten Grundstücks symbolisch vor Gericht oder wirklich an Ort und Stelle zu restituiren [16]), sich dem Kläger in das zugestandene Dienstverhältniß zu ergeben [17]) u. s. w. Eine fingirte Klage und das derselben entsprechende Bekenntniß war daher auch jetzt wie früher eine gewöhnliche Form, sich die gerichtliche Anerkennung seines Rechts ohne Rechtsstreit, dem Auctor oder einem Dritten gegenüber oder ganz allgemein, zu verschaffen [18]).

Die Widerrede des Beklagten besteht zunächst in der Zurückweisung der in der Klage enthaltenen Beschuldigung [19]),

15) *Bignon form.* 7. Tunc taliter iudicaverunt, ut ipsam leudem vel ipsum homicidium ad ipsos parentes legibus transsolvere deberet. Quod ita et fecit. 8. Securitas de homicidio. *Lindenbrog* 124. — iudicatum est ab ipso Comite vel ab ipsis Scabinis et pagensibus loci illius, ut illam leudem, quod sunt solidi tanti, pro suo wadio ponere deberet. Quod ita et fecit. Postea vero — talem epistolam securitatis *rel.*

16) Symbolische Restitution vor Gericht mit Bürgschaft wegen künftiger Besitzstörung. Pl. von 752. (*Mabillon, de re dipl. Nr.* 40.) Pl. von 782. (*ibid. Nr.* 55.) Pl. von 782. (*Pérard p.* 33. XIII.) Pl. von 870. (*ibid. p.* 149.) Pl. von 863. *Martené* I. *p.* 169. *Marculf. App.* 7. Bürgschaft wegen wirklicher Restitution an Ort und Stelle. Pl. von 870. (*Vaissette* I. 95.) — et sic fideiussores dedit C. et N., ut die constituto — super ipsas res veniret et manibus suis, sicut spoliaverat, ipsum Abbatem G. legaliter revestiret.

17) *Bignon form.* 6. sic ei in praesenti fuit iudicatum, ut ipsum servitium — rewadiare deberet, quod ita et fecit. Pl. von 868. (*Pérard p.* 34. XIV.) deinde suum wadium dedit, quae negligens de ipso servitio fuit, qualiter sua lex, his praesentibus *rel.*

18) Vgl. Bd. IV. S. 493. *Lindenbrog form.* 171. Urk. v. 883. *Vaissette* II. *Nr.* 5. Urk. v. 898. *Mur.* II. 794. *Tiraboschi Non.* II. *p.* 73. *Nr.* 56. Im zehnten und eilften Jahrhundert noch häufiger.

19) *Lindenbrog form.* 169. Sed ipse vir prefatus in prae-

die er dann in der einen oder anderen Weise näher begründet und wodurch er dem Rechtsstreit die fernere Richtung giebt.

Jeden Falls kommt es jetzt auf den Beweis an, der nach den im folgenden Paragraphen zu erörternden Grundsätzen durch ein Beweisurtheil der Schöffen näher bestimmt wird. Je nachdem der Beklagte sich zum Eide erbietet oder der Kläger auf Gottesurtheil anträgt, oder von dem Einen und dem Anderen die Production von Zeugen oder Urkunden angekündigt wird, erkennt das Gericht das Recht zum Beweise durch das bestimmte Beweismittel dem Einen oder Anderen zu und setzt für die Anwendung desselben einen Beweistermin an; entweder sofort den letzten Präclusivtermin über vierzig Nächte, d. i. am zweiundvierzigsten Tage [20]), oder einen ersten, zweiten und dritten mit Zwischenraum von vierzehn Nächten [21]). Diesen Termin einzuhalten ist aber auch die Pflicht des Beweisführers, die er förmlich geloben (adhramire) und durch Bürgschaft (fideiussores) bestärken muß [22]). Denn durch Nichtein-

sente adstabat et hanc causam in omnibus denegabat. Pl. von 862. (*Vaissette* I. *Nr.* 88.) Kläger: Iste D. hoc invasit — malum ordinem iniuste infra istos duos annos. D. (der Beklagte) in suo responso dixit: nec iniuste, quia *rel.* Pl. von 865. (*Mur.* I. 496.) Kläger: Iste A. malo ordine et contra lege abet et detinet casas — Beklagter: Veritas est, quia abeo et teneo casas —. sed non contra lege, eo quod *rel.* Pl. von 868. *Pérard p.* 148. — ipse autem H. respondit, quod non iuste, sed iniuste eum mallaret *rel.* Doch kommt es auch vor, daß der Beklagte sein Nichtwissen erklärt, und sofort auf Beweis erkannt wird. Pl. von 847. *Mur.* I. 511. Pl. von 856. *ibid. a.* 507.

20) Pl. von 819. *Pérard p.* 34. XV. — ut tale testimonia arremisset in proximo mallo post quadraginta noctes, quem ipse Comes in Augustinense tenet. *Lindenbrog cit.* Et ipsi Scabini — ei visi fuerunt iudicasse, ut supra noctes quadraginta — in ecclesia illa iurare debuisset, quod *rel.* *Edict. Pist. a.* 864. *c.* 33. *p.* 496. Et quia sacramenta post quadraginta noctes legaliter iuranda accipiantur *rel.* Im Folgenden bestimmt der König die streitige Berechnung auf den 42. Tag.

21) *Extr. L. Sal.* I. *p.* 99. *M.* nimmt einen ersten, zweiten und dritten Schwörungstermin an. Ebenso *Conv. Ticin. Lud.* II. *a.* 855. *c.* 3. *p.* 436. für den Beweis der Freiheit, also im Grafengericht, drei Termine von je 15 Tagen. Im Pl. von 862. *Vaissette* I. *Nr.* 88. wird der Beweistermin auf das nächste Placitum über 15 Nächte angesetzt, dem natürlich ein zweiter und dritter folgen konnte.

22) Pl. von 791. *Mur.* V. 312. — nos Auditores iudicavimus et wadium dare fecimus A. —,

haltung des Termins wird er beweis- und sachfällig [23]), ein Präjudiz, welches das Beweisurtheil, besonders wenn es auf Eid gerichtet ist, regelmäßig ausspricht, so jedoch daß das Endurtheil über den geführten oder nicht geführten Beweis dadurch nicht überflüssig wird [24]).

Nur ausnahmsweise, wenn der Beklagte oder der Kläger den Beweis anticipirt und in diesem ersten Termin Urkunden oder Zeugen producirt hat, welche die Sache vollständig klar stellen, fällen die Schöffen schon jetzt ein definitives Urtheil [25]).

---

ut consignare per testimonia, — et ante nos eorum fideiussore posuet. Pl. von 806. *Mur.* I. 965. qua propter nos — Auditores — fecimus ipse G. dare quadia (de) consignatione ipsa faciendi, sicut dixerat. Pl. von 819. *Pérard p.* 34. XV. — ut tale testimonia arremisset. Pl. von 821. *ibid.* XVIII. — fideiussore de sua praesentia. Pl. von 838. *Fantuzzi* II. *Nr.* 2. *p.* 5. Tum nos iam dicti Auditores — fecimus ipsum B. secundum suam professionem dare wadem ipsius L., ut adduceret ad placitum cartam et auctores, quos se de predictis casis et rebus dicebat habere. Pl. von 845. *Mur.* II. 972. Tunc iudicavimus, ut daret L. wadium de consignatione, et posuit fideiussores D. et L. Pl. von 850. *Mur.* I. 436. — vadimonium de ducendis consortibus et cartis ad placitum. Wenn beide Theile Beweis angemeldet haben, so stellen auch beide Theile Bürgschaft. Pl. von 862. *Vaissette* I. 88. Pl. von 880. *Mur.* I. 359. — *Cap. a.* 817. *Leg. add. c.* 15. *p.* 213. fordert einfaches Gelöbniß ohne Bürgen, wenn der Beklagte ein Freier ist und Grundeigenthum besitzt.

23) Vgl. unten § 91 Note 25 folg.

24) Bei Zeugenbeweis § 85 Note 20. bei Urkunden § 86 Note 18. bei Eid § 87 Note 20. Gottesurtheil § 88 Note 34. Anders nach dem älteren fränkischen Recht Bd. IV. S. 525. und selbst bei den Westgothen, insofern das Zeugenprotokoll die Stelle des Urtheils vertrat Bd. IV. S. 245 Note 49.

25) In dem Pl. von 867 (*Vaissette* I. *Nr.* 91.) producirt der Kläger im ersten Termin königliche Präcepta; das Gericht findet sie richtig und befiehlt sofort dem Gerichtsboten die Restitution an Ort und Stelle zu bewirken. Das Pl. von 870 (*Pérard p.* 150.) enthält einen anticipirten Zeugenbeweis des Klägers, dem zwar der Beklagte eine Urkunde entgegensetzt, das Gericht aber erkennt diese für gefälscht, und verurtheilt den Beklagten. Ebenso konnte auch der Beklagte durch anticipirten Beweis sofort ein ihm günstiges Urtheil erwirken. Vgl. § 84 Note 35. 36.

4. Beweis.

a. Allgemeines.

§ 84. Das Beweisrecht der Partheien beruht auch in dieser Periode nach den fränkischen Reichsgesetzen, nach den im fränkischen Reich geltenden Volksrechten fast ohne Ausnahme und nach dem allgemeinen Gerichtsgebrauch nicht auf dem römischen Princip, vermöge dessen, wenn der Beklagte läugnet, dem Kläger der Beweis seines Rechts obliegt [1]), sondern auf dem altgermanischen Grundsatz, daß der Beklagte sich von der in der Klage enthaltenen Beschuldigung durch Eid oder Gottesurtheil reinigen kann. Allein schon ursprünglich war ja der Gebrauch dieser förmlichen Beweismittel ausgeschlossen worden durch den Augenschein und durch das Gerichts= oder Gemeindezeugniß, welche beide die wirkliche Wahrheit zum Gegenstande haben. Und seitdem bei allen zum fränkischen Reich gehörigen Volksstämmen die wichtigsten Rechtsgeschäfte nicht bloß im Volksgericht, sondern auch vor Zeugen vorgenommen oder durch ein Notariatsinstrument beglaubigt zu werden pflegten, traten diese wirklichen Beweismittel sehr häufig an die Stelle jener förmlichen. Durch die carolingischen Capitularien wurde dann das wichtige Institut der Inquisitio, welches gleichfalls die Ermittlung der wirklichen Wahrheit bezweckt, weiter ausgebildet. Und so ist es gekommen, daß nach dem gemeinen fränkischen Prozeßrecht dieser Zeit, welches für die folgende Periode in Frankreich und Italien von entscheidendem Einfluß war, der wirkliche Beweis des Rechts, wo von einem solchen die Rede sein kann, also abgesehen von Verbrechen, thatsächlich die erste Stelle einnimmt und die Reinigung des Beklagten von der

1) Das vermeintliche *Cap. Lothar. a.* 835. *c.* 5. *p.* 371., welches für den Eigenthumsstreit den römischen Grundsatz ausspricht, findet sich nur in der Londoner Handschrift des Liber Papiensis und ist keines Falls echt, sondern nach Boretius S. 183. die Stelle eines Langobardischen Juristen. Hiernach ist Bd. IV. S. 36 Note 2. zu berichtigen.

Schuld durch Eid oder Gottesurtheil nur subsidiarisch eintritt. Auch ist aus demselben Grunde gegen den wirklichen Beweis des einen Theils allemal Gegenbeweis des anderen Theils möglich. Der altgermanische Grundsatz zeigt sich jedoch auch im eigentlichen Rechtsstreit darin wirksam, daß das Recht des Beweises in erster Linie dem Beklagten, und erst in zweiter dem Kläger zusteht, wovon nur besondere Umstände eine Ausnahme begründen [2]).

Mit diesem veränderten Ziel des Beweises, nämlich nicht dem Gegner gegenüber förmliche Wahrheit festzustellen, sondern Richter und Schöffen von der wirklichen Wahrheit zu überzeugen, hängt auch die Veränderung des Beweisverfahrens zusammen. Es sind nicht mehr die Partheien, welche selbständig mit einander verhandeln, sondern das Gericht greift auch in diesem Abschnitt des Prozesses thätig ein, indem es zunächst den Beklagten und dann den Kläger nach seinen Beweisen befragt [3]), und dann die Beibringung dieser Beweise in dem Beweistermin befiehlt, ohne durch das angehängte Präjudiz das Endurtheil über den geführten oder nicht geführten Beweis überflüssig zu machen [4]). Denn da der Beweis nicht mehr dem Gegner, sondern dem Gericht geführt wird, so kann dieses auch erst, nachdem er geführt ist, die Gründe gegen einander abwägen und seine Ueberzeugung in dem Endurtheil aussprechen.

Von diesem gemein-fränkischen Beweisrecht wich principiell das für die Gothen im südlichen Frankreich und in der spanischen Mark noch geltende westgothische Gesetzbuch ab [5]). Seine zwischen dem römischen und germanischen Recht schwankenden Bestimmungen konnten aber in dem wirklichen Gerichtsgebrauch nicht überall der im fränkischen Reich vorherrschenden Strömung des Letzteren widerstehen [6]). Die Vorschrift dieses Gesetzbuches, daß der Richter zunächst untersuchen und nur in Ermangelung

2) S. unten Note 45—48.
3) Beispiele in Note 31 u. sonst.
4) Vgl. § 83 Note 24.
5) Vgl. Bd. IV. S. 243 folg. für die Geltung oben § 78 Note 35.
6) S. unten Note 19. 31. 33. 39. 40. 42. 57.

von Beweisen den Eid zulassen soll, ist zwar in die Lex Bajuvariorum aufgenommen worden und findet sich auch in deren neuester Redaction [7]). Allein da dasselbe Gesetz unmittelbar vorher den Reinigungseid unbedingt zuläßt [8]) und sonst überall, wie auch der bairische Gerichtsgebrauch, rein germanisches Beweisrecht zeigt [9]), so war die Aufnahme jener Vorschrift wohl nur ein erfolgloser Versuch der Geistlichkeit, dem Mißbrauch des Eides zu steuern. Dasselbe Motiv spricht die Lex Alamannorum bei einer Bestimmung aus, die entweder wie jene Vorschrift der Lex Bajuvariorum gedeutet oder von der Ausschließung des Eides durch Gerichtszeugniß, Augenschein und dergleichen verstanden werden muß [10]), weil sie sonst überall auch nur rein germanisches Beweisrecht enthält [11]).

Da diese Beweisgrundsätze sich je nach dem Gegenstand des Rechtsstreits noch verschieden gestalten, so betrachten wir die verschiedenen Klagarten gesondert.

I. Wegen Verbrechen und Vergehen, es mag nun bürgerlich auf Buße und Besserung oder auf öffentliche Strafe geklagt werden, wo nicht von einem zu erweisenden Rechte, sondern nur von der an sich widerrechtlichen That die Rede ist, kommt der altgermanische Grundsatz, daß der Beklagte sich durch Eid mit Eidhelfern oder durch Gottesurtheil von aller Schuld reinigen kann, nicht bloß nach ripuarischem [12]), sondern auch

7) *L. Baiuv. text.* III. 8, 17. = *L. Visig.* II. 1, 22. Vgl. Siegel, Gerichtsverfahren S. 265 folg.

8) *L. Baiuv. text.* III. 8, 2. 3. 7. 15.

9) S. Note 16. 22—24. 27. 34. 36. 38. 43.

10) *L. Alam. Karol.* 42. *p.* 145. (= *Chloth. Lantfr.* 41, 1.) Si quis interpellatus ante Ducem (s. iudicem) de qualicunque causa, quod iam manifestum est tribus vel quattuor testibus, aut de homicidio aut de furto aut de aliquo neglectu — cognoscat hoc iudex, quod tunc [licentiam] ille homo, qui mallatur ante eum, de causa illa potestatem iurandi non habeat, sed sicut lex habet in hoc iudicio persolvat, ut propter suam nequitiam alii (die Eidhelfer), qui volunt Dei esse, non se periurent, nec propter culpam alienam semet ipsos perdant. *cf.* 44.

11) Vgl. Rogge, Germ. Gerichtsverfahren S. 233. „Diese beiden schönen Gesetze" (die angeführten Stellen der L. Baiuv. und Alam.) „waren aber schwerlich mehr als ein frommer Schmuck ihrer codices" u. s. w.

12) *Cap. ad L. Rip. a.* 803. *c.* 4. *p.* 117. De sonesti (Heerden-

nach salischem Recht, das in dieser Beziehung schon früher sich dem ripuarischen assimilirt hatte [13]), rein zur Anwendung. Desgleichen nach allen übrigen älteren [14]) und neueren Volksrechten [15]), selbst nach den meisten Einzelnbestimmungen der Lex Bajuvariorum [16]) und Alamannorum [17]), im Widerspruch mit ihrer so eben angeführten allgemeinen Vorschrift. Daß ein Capitular Ludwigs des Frommen zu allen Volksrechten den Beweis der Nothwehr beim Todschlag zunächst durch Zeugen und nur in deren Ermangelung durch Eid mit Eidhelfern zu-

diebstahl) aut sexcentos solidos componat, aut cum duodecim iuret; aut si ille, qui causam quaerit, duodecim hominum sacramentum recipere noluerit, aut cruce aut scuto et fuste contra eum decertet. *cf. L. Rip.* 18. Wegen Diebstahl überhaupt s. *Cap. LL. add. a.* 817. *c.* 75. *p.* 213.

13) Für das frühere Verschwinden des eigenthümlich salischen Beweisrechts in Bezug auf Verbrechen s. Bd. IV. S. 513. Für die carolingische Zeit ist entscheidend, daß die Lex Salica emendata in den zahlreichen Stellen, wo die Lex Salica antiqua: cui fuerit adprobatum, sagte (vgl. Bd. IV. S. 503 Note 29.), dieß ganz ausläßt, oder den allgemeineren Ausdruck: et inde fuerit convictus, gebraucht. Letzteres in *tit.* 2, 1. 10, 3. 7. 8. 13, 1. 43, 7. 44, 3. 45, 1. 3. 55. 68, 2. (cf. 45, 2. imputare. 50, 2. 3. adfirmare). Von probare, insbesondere testibus probare, spricht sie nur, wo eine objektive Thatsache constatirt werden soll, also auch nach dem germanischen Princip (Bd. IV. S. 38 Note 11. 12.) Beweis gefordert wird, z. B. *tit.* 10, 11. 32, 5. 7. 35, 2. 38. 41, 2. — Dieß neuere salische Recht setzt auch voraus *Cap. ad L. Sal. a.* 803. *c.* 5. *p.* 113., welches bei Verwandtenmord nicht Beweis, sondern unbedingt Gottesurtheil anordnet; statt des Reinigungseides wegen der Schwere des Verbrechens s. unten § 88 Note 30.

14) Die fortdauernde Geltung der Lex Burgundionum in dieser Beziehung bezeugt *Agobardus, adv. L. Gund. c.* 6. 7. 10. 13. 14. Die Beweisgrundsätze des Langobardischen Rechts sind noch in der folgenden Periode dieselben.

15) S. Lex Frisionum, Saxonum, Thuringorum durchweg und *L. Chamavor. tit.* 46.

16) *L. Baiuv. text.* III. 8, 2. 3. 7. 15. — 9, 20. — 12, 7. — 15, 11. — 19, 1. 2. — 20, 1. — 21, 10 *sqq.* (wegen Diebstahl Eid mit Eidhelfern). *tit.* 1, 5. (wegen Tödtung eines Sklaven desgleichen). *tit.* 1, 3. 4. 6. wegen Diebstahl und Brandstiftung gegen die Kirche heißt es zwar: si probatus fuerit, aber dennoch: si negare voluerit, iuret. Nur der Hochverrath soll nach *tit.* 2, 1. durch 3 Zeugen und erst in deren Ermangelung durch Gottesurtheil bewiesen werden.

17) *L. Alam. Karol. tit.* 6. (Zahl der Eidhelfer nach dem Betrag der Forderung). *tit.* 7, 27. (wegen Diebstahl). *tit.* 24. (wegen Hochverrath). *tit.* 76. 89. 91. (wegen Todschlag). *tit.* 28. 94. (wegen prozessualischen Unrechts). Allerdings nach *tit.* 44. wegen jedes crimen mortale Zeugenbeweis und subsidiarisch Gottesurtheil, was aber mit jenen Stellen nicht stimmt.

läßt [18]), beruht zwar auch auf der in dieser Zeit hervortretenden Tendenz der Gesetzgebung, den Meineid zu verhüten, hebt aber principiell das Recht des Beklagten zum Reinigungseide nicht auf.

II. Wegen Schuld konnte der Beklagte nach dem allgemein germanischen Princip sich auch durch Eid losschwören, wenn der Kläger ihn nicht durch Gerichtszeugniß überführte. Die Stelle desselben vertritt jetzt auch das Zeugniß solcher, die zufällig bei der Abschließung des Geschäfts gegenwärtig waren; daher, wenn der Kläger einen solchen Zeugenbeweis führen kann, vom Eide des Beklagten gar keine Rede ist [19]). Ebenso wenn er seine Forderung durch notarielle Urkunden beweist [20]).

III. Ueber den Eigenthumsstreit um bewegliche Sachen sind uns Gerichtsurkunden nicht erhalten und die Capitularien berühren nur einzelne Punkte desselben. Doch ergiebt sich daraus, daß die wesentlich übereinstimmenden Grundsätze der Volksrechte, namentlich über die Klage mit Anefang (interciacio) unverändert dabei zur Anwendung kommen [21]). Da bei Veräußerung beweglicher Sachen, Sklaven ausgenommen, der Gebrauch von Zeugen oder Urkunden nicht gewöhnlich

18) *Cap. LL. add. a.* 817. *c.* 1. *p.* 210. — si huius facti testes non habuerit, cum duodecim coniuratoribus legitimis per sacramentum adfirmet se defendendo eum interfecisse. Si proprius servus hoc commiserit, iudicio aquae ferventis examinetur *rel.* Ebenso *Cap. Lud.* II. *a.* 855. *c.* 4. *p.* 435.

19) Urk. von 873. *Vaissette* I. *Nr.* 98. *Gallia christ.* VI. *p.* 9. Ein Zeugenprotokoll (condiciones sacramentorum) in der Sache des Klosters St. Petri zu Cannes gegen die Erben des Erzbischofs von Narbonne wegen der ihm auf einer Reise gelieferten Victualien. Freilich wird nach Vorschrift der *L. Visig.* II. 1, 24. verfahren und die Partheien waren Geistliche, also Römer; insofern ist die Urkunde nicht unbedingt beweisend für das gemeine fränkische Recht, welches sonst auch in Septimanien galt.

20) Bei der Seltenheit der Urkunden über Schuldklagen, mag das spätere Pl. von 1037. (*Fantuzzi* II. *Nr.* 33. *p.* 73.) — cartas venditionum et obligationum — quibus probat eos (die Beklagten) debitores illi (dem Kläger) esse decem auri librarum *rel.* zum Beweise dienen, freilich für Ravenna.

21) Ueber diese s. Bd. IV. S. 41 folg. Insofern der Beklagte sich vom Diebstahl reinigen muß, schlagen die Grundsätze der Volksrechte über diesen auch hier ein.

war [22]), so wurden auch hierdurch jene Grundsätze regelmäßig nicht modificirt. Allgemein ist die Berufung des Beklagten auf den Auctor und die Uebernahme der Vertheidigung durch diesen, wozu er sich schon beim Verkauf verpflichtet hat [23]). Behauptet der Auctor originären Erwerb, so muß er diesen beschwören, der Kläger aber kann auf Gottesurtheil provociren [24]). Schwört der Auctor seine Verpflichtung ab (Bruch der Gewere), so gilt der Besitzer für den Dieb und wird nach einem Capitular Carls des Großen zur Lex Ripuaria des dringenden Verdachts wegen nicht zum Eide gelassen, sondern muß sich durch Gottesurtheil reinigen [25]). Von einem Unbekannten soll nach einem andern Capitular Carls des Großen Niemand kaufen [26]), woraus zu folgen scheint, daß der Besitzer, wenn er seinen Auctor nicht angeben kann, als Dieb oder Diebshelfer die Sache mit Buße herausgeben müsse [27]). Wird die interciirte Sache dem Besitzer entwendet, so soll er seine Unschuld beschwören und ohne Buße Ersatz leisten [28]). Wer einen entlaufenen Sklaven ergriffen hat, muß ihn seinem Herrn

22) *L. Baiuv. text.* III. 15, 15. *p.* 436. sagt zwar allgemein: Quidquid vendiderit homo aut comparaverit qualemcunque rem, omnia sint firmata aut per cartas aut per testes, qui hoc probare possint; fügt aber beschränkend hinzu: hoc est de mancipiis, de terra, casis vel silvis, ut postea non sit contentio.

23) Nach der *L. Baiuv. text.* III. 15, 12. *p.* 435. *cf. Merkel. p.* 323. Note 28. eidlich.

24) *L. Baiuv. text.* III. 15, 11. *p.* 435. — si campio quaesitoris vicerit.

25) *Cap. L. Rip. add. a.* 803. *c.* 8. *p.* 118. Si auctor venerit et rem interciatam recipere renuerit, campo vel cruce contendatur.

26) *Cap. a.* 806. *c.* 3. *p.* 146. Ut nullus comparet caballum, bovem aut iumentum vel alia, nisi illum hominem cognoscit, qui ei vendidit, aut de quo pago est vel ubi manet aut quis est eius senior.

27) Die *L. Baiuv. text.* III. 8, 7. läßt ihn auch dann seine Unschuld beschwören und die Sache ohne Buße herausgeben. Ueber das langobardische und fränkische Recht s. Bd. IV. S. 385. 486.

28) *Cap. L. Rip. add. a.* 803. *c.* 13. *p.* 118. Si interciata res furto ablata fuerit, liceat ei, super quem res interciata fuerit, sacramento se excusare de furto, nec suae voluntatis aut conscientia fuisse, quod ablatum est; et aliut tantum sine damno restituat.

ohne Belohnung herausgeben, und wenn er ihm wieder nach erhobener Klage entlaufen ist, ihn einfach ersetzen [29]).

IV. Ueber den Eigenthumsstreit um Grundstücke besitzen wir aus nahe liegenden Gründen die zahlreichsten Urkunden und das Beweisrecht dieser Zeit tritt in ihnen am deutlichsten hervor, während die Capitularien darüber fast nichts enthalten. Wir sehen hier noch von der Inquisitio ab, welche häufig dabei zur Anwendung kam und die formellen Beweismittel ausschloß, weil deren eigenthümliche Grundsätze später (§ 85) besonders dargestellt werden sollen.

Der Beklagte muß auch jetzt, wie nach den alten Volksrechten, der in der Klage stets enthaltenen Beschuldigung, daß er die streitigen Grundstücke (villa, casae et res, terra, vinea, pratum, silva) widerrechtlich (malo ordine et iniuste, contra legem) besitze, wenn er nicht bekennen und restituiren will, die positive Widerrede entgegensetzen, daß er sie rechtlich erworben habe, womit er zugleich den Beweis dieser Behauptung durch Zeugen oder Urkunden, eventuell durch Eid oder Gottesurtheil, übernimmt [30]). Das Gericht fragt ihn daher zunächst nach seinen Beweisen [31]). Dabei kommt es auf die verschiedene Art des behaupteten Erwerbes an.

1) Der ursprüngliche Erwerb des Grundstücks durch Rodung in der Almende wird durch Eid oder Gemeindezeugniß [32]), und in dem dem Könige gehörigen Wildland, wo sie rechtlich

29) *Cap. a.* 817. *per se scrib. c.* 1. *p.* 214.

30) Vgl. im Allgemeinen Bd. IV. S. 54 folg.

31) Pl. von 782. *Baluz.* II. *App. Nr.* 16. *Vaissette* I. *Nr.* 5. Tunc ipsi Missi et Iudices et Vassi dominici interrogaverunt M. Comite (den Beklagten), si potebat habere condiciones aut recognitiones aut iudicium aut testes, pro quibus ipsas villas partibus suis retinere deberet. In dem Pl. von 869. (*Baluz.* II. *App.* 98.) wird der Beklagte, erst nachdem der Kläger erklärt hat, keinen Beweis zu haben, nach seinen Beweisen gefragt, was zufällig oder westgothisches Recht sein kann. Auch im Pl. von 843. *Baluz. Marca hisp. Nr.* 16. wird der Kläger zuerst nach seinen Beweisen gefragt und *L. Visig.* II. 2, 5. dafür angeführt.

32) *L. Baiuv. text.* III. 16, 1. 2. *p.* 436. vgl. Bd. IV. S. 34 folg.

nur mit dessen Erlaubniß möglich ist, durch das königliche Präceptum bewiesen [33]).

2) Meistens beruft sich der Beklagte auf Erwerb durch Kauf, Schenkung u. s. w. und auf Zeugen oder Urkunden, die jetzt regelmäßig bei solchen Geschäften gebraucht wurden [34]). Kann er die Urkunden sofort produziren, so werden sie auch verlesen, der Kläger zur Erklärung darüber zugelassen [35]), und wenn er nichts dagegen vorzubringen hat, definitiv erkannt [36]). Im anderen Fall wird durch Beweisurtheil ein Termin dafür anberaumt, Bürgschaft deshalb bestellt und in dem Termin nach Einsicht der Urkunden entschieden [37]). Insofern es auf das Recht des Auctors ankommt, wird auch dessen Production dem Beklagten aufgegeben. Dieser hat alsdann die Vertretung der Sache, eventuell mit Eid oder Gottesurtheil, zu übernehmen [38]). Verweigert er sie (Bruch der Gewere), so wird der

33) Im Pl. von 852. *Vaissette* I. *Nr.* 76. beruft sich der Beklagte auf Rodung, kann aber das Recht dazu nicht nachweisen, während der Kläger sein Recht durch ein königliches Privilegium, Urtheil und Zeugen führt und den Prozeß gewinnt.

34) S. *L. Baiuv.* Note 22. — de terra, casis vel silvis. Auch die *L. Sax.* 15, 1. setzt legitimae traditiones (Bd. IV. S. 16 Note 17.) voraus und verlangt daher *tit.* 16, 1. Zeugenbeweis oder Gottesurtheil.

35) Pl. von 865. *Mur.* I. *p.* 496. Respondebat ipse A.: Veritas est, quia abeo et teneo casas et rebus illis in predicto loco basilica, sed non contra lege; ecce quod ecce cartula ic presenti abeo, qualiter mihi quondam E. casas et res ipsas dedi(*t*). Et cum ea relegi fecissemus *rel.* Cartula ipsa relecta, dixerunt ipsi G. clericus et R. advocato (die Kläger) u. s. w.

36) *Meichelbeck* I. 2. *Nr.* 122. — Sed ipse W. clericus et H. suus advocatus (die Beklagten) in praesenti adstabant et hac causa fortiter defendebant; dicebant *rel.* — unde et cartas traditionis eius in praesente attulerunt et testes veraces in eas scriptas ostenderunt, quod ita actum esset. — Propterea ipsi Missi domni Imperatoris — atque Iudices — invenerunt atque diiudicaverunt *rel.*

37) Im Pl. von 838 in Ravenna (*Fantuzzi* II. *Nr.* 245.) beruft sich der Beklagte auf eine Urkunde, aus deren Verlesung im Beweistermin sich aber ergiebt, daß er nur Emphyteutrecht hat, daher das Eigenthum der klagenden Kirche zugesprochen wird.

38) Pl. von 847. *Mem. di Lucca* V. 2. *Nr.* 647. *p* 386. Respondebant ipsis D. et W.: abemus res ipsa, sed non iniuste, eo quod comparavimus eas ab F. filio quondam P., et ecce cartula pro manibus abemus, et secundum textum cartule istius autores et defensatores

Beklagte sachfällig [39]). Die Berufung auf den Auctor fällt natürlich weg, wenn der Beklagte ein richterliches Urtheil (iu-

exinde dare volumus F. filio et herede eidem F. Die verlesene Urkunde bestätigt dieß, Bürgschaft wird bestellt, und im nächsten Termin produciren die Beklagten ihren Auctor: Ecce auctorem nostrum, age cum eo. Und der Auctor sagt: Ego ex res ipsa istorum D. et W. auctorem existo, pro eo quod *rel.* Nach *L. Baiuv. text.* III. 17, 3. *p.* 439. mit einer förmlichen Handlung an Ort und Stelle. Vgl. *Merkel* Note 38. und Siegel, Gerichtsverfahren S. 259 folg.

39) Pl. von 844. (Mailand). *Mur.* I. *p.* 467. Der Kläger erzählt den früheren Prozeß: Et iste I. cum A. filio suo (die Beklagten) a Comite [*interrogati, responderunt*] quod casas, res seu familias ipsas haberent, sed non contra lege; et cartulas ostendit qualiter ipse [*B.*] casas et res ipsas in Balerna dederat W. filie sue, coniuge ipsius A. Iudicatum est inter nos, ut iste F., — daret mihi wadium de auctorem ipso B., — sicut et dedit mihi wadia de ipso auctorem. — Venimus ambas partes — et ibi ostenderunt (die Beklagten) ipsum B. — Interrogatus ipse B. ab ipsis Auditoribus, si auctor ipsum existeret de ipsis casis et rebus vel familiis, an non? Et ipse dixit, quod de ipsas casas vel res vel familia auctor non esset, nisi tantum de fruges earum rerum. Et ibi ceciderunt de auctorem, et iudicatum est eis, ut mihi —, postquam de auctorem ceciderunt, casas et res ipsas seu familia relaxarent. Später heißt es: Et decaterunt de auctorem. — Pl. von 859 in Mailand. *Fumagalli Cod. Ambr. Nr.* 81. Der Beklagte Lupus antwortet dem Abte des Klosters St. Ambrosius: Non faciat Deus, quod ego ibi contra lege introisse[*m*] aut deteneam, quia — domni A. Archiepiscopus, qui mihi in beneficio dedit, auctorem abeo et dare possum. Er giebt Bürgschaft für einen zweiten Termin, in dem der Kläger ihn auffordert: ut ei ipsum dare auctorem, sicut dixerat, et ei wadiam dedit. Sed ipse Lupus decaterit de ipso auctore, quod eum dare non poterit, und erkennt das Recht des Klägers an. — Pl. von 862 in Narbonne. *Vaissette* I. *Nr.* 88. *Gallia christ.* VI. *p.* 313. (Der Beklagte) D. in suo responso dixit: — nec iniuste, quia ego exinde scripturam emptionis habeo ex actorem (l. et auctorem) P., qui ipsas res in legalios auctorisare debet. Die Missi und Judices befehlen dem Beklagten Bürgschaft, daß er im nächsten Placitum über 15 Tage mit der Urkunde und dem Auctor erscheinen werde, was Beides geschieht. Post haec interrogavimus P. (den Auctor), si velit auctorisare ipsas res ad iam dicto D. (dem Beklagten). P. dixit: ipsam scripturam ipse feci, — sed ego eam auctorisare non possum, — quia ego et uxor mea W. antea tradidimus ipsas res per scripturam donationis ad iam dictam domum Dei — quam ad ipso D. — In dem Pl. von 815 in Lucca (*Mur.* I. *p.* 538.) erklärt der Beklagte, sein Auctor sei verstorben, und wird dann doch zum Beweise zugelassen, kann ihn aber nicht führen. *Cap. Wid. a.* 889. *c.* 5. *p.* 557. bedroht den Käufer vom Nichteigenthümer mit dem Königsbann.

dicium) oder eine nicht erschlichene königliche Verleihung (praeceptum) zum Beweise seines Rechts produciren kann.

Aber auch der Kläger kann, um dem Eide des Beklagten zuvorzukommen, gleich bei Erhebung seiner Klage zum Beweise seines Rechts Zeugen oder Urkunden produciren, und wenn der Beklagte diesem nichts entgegensetzt, ein günstiges Urtheil erlangen [40]). Wenn dagegen auch der Beklagte den Beweis seiner Widerrede unternimmt, so hat er damit den Vorrang und die Zeugen und Urkunden des Klägers kommen zunächst nur als Gegenbeweismittel in Betracht [41]). Doch sind sie auch dann noch von Bedeutung, wenn dem Beklagten sein Beweis völlig mißlingt, nämlich um dessen Eid auszuschließen [42]). Denn

40) Im Pl. von 852. (*Vaissette* I. *Nr.* 76.) beruft sich der Kläger auf praeceptum, iudicium und testimonia, und weil der Beklagte keine Beweise hat, wird für ihn gesprochen. In dem Pl. von 867 (*ibid. Nr.* 91.) ergeht auf praecepta, die er producirt und das Gericht richtig findet, ohne Widerspruch des Gegners, Urtheil und Executionsbefehl für den Kläger. Ebenso im Pl. von 898. *Vaissette* II. *Nr.* 21.

41) Merkwürdiger Weise soll der Kläger den Vorrang haben nach *Cap. L. Sal. add. a.* 819. *c.* 12. *p.* 226. Et hoc iudicaverunt, ut omnis qui alteri aliquid quaerit (der Kläger), licentiam habeat prius sua testimonia producere contra eum. Et si ille cui quaeritur (der Beklagte) dixerit, quod legibus teneat quae tenet, et talia sunt testimonia, qui hoc veraciter adfirmare possint, iudicaverunt, ut huius rei veritas secundum capitula domni imperatoris, quae prius pro lege tenenda constituit (*Cap. a.* 817. *LL. add. c.* 10. *p.* 211. als Gegenbeweis) rei veritas comprobetur. Wahrscheinlich ist dieß Weisthum ein Ueberbleibsel des abweichenden altsalischen Beweisrechts. Vgl. Bd. IV. S. 492. Note 66.

42) In dem Pl. von 862 in Narbonne (*Vaissette* I. *Nr.* 88.) wird der Kläger, auch nachdem der Beklagte die Vertretung seines Auctors nicht erlangt hat, zum Beweise seines Rechts durch Urkunden zugelassen.

43) Pl. von 840 in Lucca. (*Mur.* I. *p.* 503.) Die Tauschurkunde des Beklagten beweist nicht, weil sie nach des Klägers Behauptung vom Kaiser cassirt ist, oder wie der Beklagte jetzt einräumt, die streitigen Grundstücke gar nicht betrifft; und da beide Theile auch keinen Zeugen haben: iudicatum est ad nostris Scaviniis, ut ipse A. advocatus predicte ecclesie S. Iacobi, qui ipsam habebat vestituram (der Beklagte), diceret iuratus — cum sacramentalibus suis iuxta legem, qualiter *rel.* Aus dieser Urkunde ergiebt sich, daß der Beklagte durch den Antritt des Urkundenbeweises auf den Eid nicht verzichtet. Auch bei *Meichelbeck* I. 2. *Nr.* 118. führt der Vertreter der beklagten Kirche den Beweis der Schenkung durch Eid mit Eidhelfern, ohne Zweifel, weil es ihm an anderen Beweisen fehlte.

nur wenn aller Beweis durch Zeugen oder Urkunden unmöglich oder mißlungen ist, kommt es zu diesem Eide [43]) oder zum Gottesurtheil [44]).

Ausnahmsweise jedoch hat der Kläger den Vorrang im Beweise; nämlich a) nach dem auch im späteren Mittelalter anerkannten Grundsatz im Fall des getheilten Eigenthums, wenn er, der Kläger, Allod und der Beklagte nur Beneficium behauptet [45]), und b) wenigstens nach langobardischem Recht, wenn er die rechte Gewere (**investitura**), wenn auch ohne Naturalbesitz und Titel, während fünf Jahren behauptet. Beweist er sie, so wird sie ihm von Gerichts wegen förmlich erneuert (**revestitura**), dem Beklagten aber vorbehalten, sein titulirtes Besitzrecht darzuthun und sich durch Führung dieses Beweises schließlich im Naturalbesitz zu behaupten [46]). Kann

44) Urk. von 775. *Bouquet* V. *Nr.* 32. In dem Streit des Erzbischofs von Paris mit dem Kl. St. Denis über ein Kloster vor Carl dem Gr. wird geurtheilt: dum per ipsis instrumentis de utrasque partis certamen non declaratur, recto tramite ad Dei iudicium ad crucem eorum homines — exire atque stare debent. Vgl. unten § 88 Note 33.

45) Den Beweis dieses Grundsatzes, an dem ich früher für diese Periode verzweifelte (Bd. IV. S. 58.), glaube ich jetzt gefunden zu haben, in dem Pl. von 870. (*Pérard p.* 150). Der Abt des Klosters St. Benignus klagt in Dijon vor königl. Missis gegen drei Vasallen des Klosters wegen gewisser Grundstücke, die deren Vater schon als Beneficium besessen und an denen die Beklagten das Allod sich anmaßten. Er führt den Beweis in erster Stelle durch Zeugen; die Beklagten versuchen den Gegenbeweis durch eine Urtheilsurkunde (notitia), die aber bei ihrer Verlesung für gefälscht erkannt wird, und die Schöffen sprechen für den Kläger. Ueber das Recht des Sachsenspiegels s. Bd. IV. S. 60 Note 34.

46) Pl. von 806. *Mur.* I. *p.* 973. Vor zwei königlichen Missis K. Carls und K. Pippins klagt der Vertreter der königlichen Curtis in Pistoja gegen das Kloster St. Bartholomäus wegen zweier Kirchen und der dazu gehörigen Güter, welche das Kloster besitze (abet) und die früher einem gewissen Ratpertus, jetzt aber der königlichen Curtis gehörten (pertinere devent). Der Advocatus des Klosters widerspricht und producirt Urkunden, zum Beweise, daß sie dem Kloster gehörten (debet pertinere). Aus der Verlesung der Urkunden ergiebt sich, daß jener Ratpertus sie dem Kloster unter Vorbehalt des Nießbrauches für sich und seine Kinder, namentlich seine Tochter Austrualda, geschenkt habe. (Das Genauere ist aus dem schlechten Text schwer zu ermitteln, auch unerheblich). Der Kläger replicirt: Diese Urkunden schadeten ihm nicht, da er beweisen könne, daß die königliche Curtis in jene Güter investirt gewesen (investita fuit) und daß die Austrualda, die Tochter des Ratpertus (nach dessen Tode, als Be-

dagegen der Beklagte den Beweis jener rechten Gewere führen, so wird ihm gestattet, seinen Titel zu beschwören [47]). Endlich c) führt der Kläger den ersten Beweis über die von ihm behauptete partielle Verletzung seines Besitzrechts durch Zeugen, wonach dann aber dem Beklagten der Beweis oder die Beschwörung seines Rechts zu solchen Handlungen unbenommen ist [48]).

3) Beruft sich der Beklagte auf dreißigjährigen Besitz, so ist er näher diesen zu beweisen, wogegen jedoch dem Kläger der Gegenbeweis gestattet ist [49]). In Ermangelung aller Beweise aber kann der Beklagte auch in diesem Fall schwören [50]).

sitzerin) dem Könige Dienst geleistet habe. Beides bezeugen und beschwören mit dem Kläger die in dem Beweistermin von ihm producirten Zeugen; auch daß die Leute der königlichen Curtis auf jenen Gütern gewohnt und daß die Austrualda vom Könige Vormünder gehabt habe, und fügen hinzu, daß ihre Wissenschaft sich auf fünf und mehr Jahre rückwärts erstrecke. Daß die königliche Curtis aber während fünf Jahren den Naturalbesitz gehabt (possedisse), sagten sie nicht. Die Schöffen urtheilten hiernach, daß der königlichen Curtis die Vestitur wieder zu gewähren (investire) sei, nach der Revestitura aber den Beklagten das Gericht zur Geltendmachung ihres Rechts noch offen stehe (ut post revestituram adhuc exinde iudicium haberent). Nach geschehener Revestitur erscheinen die Partheien wieder vor Gericht und der Advocatus des beklagten Klosters wiederholt seine Behauptung, daß jene Güter laut der producirten Urkunden rechtlich dem Kloster gehörten (legibus pertinere debent). Der Kläger besteht darauf, daß nach dem geführten Beweise über die frühere Investitur und die jetzt erfolgte Revestitur die Güter dem königlichen Hofe verbleiben müßten. Auf Befragen des Gerichts, ob er durch Urkunden oder Zeugen beweisen könne, daß der Ratpertus jene Güter der königlichen Curtis übertragen habe, oder daß er nicht berechtigt gewesen sie dem Kloster zu schenken, verneint er Beides. Hiernach erkannten die Richter und Schöffen für Recht (optima comparuit lex), daß laut jener Urkunden der Abt des Klosters und seine Nachfolger die Güter haben und von Seiten der königlichen Curtis in Zukunft unangefochten bleiben müßten.

47) *Ed. Roth.* 228. *cf.* 227. = *Lib. Pap.* 227. *p.* 354 *sq.* Vgl. Bd. IV. S. 388. und für das verwandte Recht des Sachsenspiegels S. 60. Note 32. 33.

48) So in dem merkwürdigen Rechtsstreit von 868, 869 und 870 bei *Pérard* *p.* 147—149. zwischen dem Abt des Klosters St. Benignus zu Dijon und einem gewissen Hildebernus, der wiederholt in dem Walde des Klosters Eichen gefällt hatte. Ueber das Besitzrecht soll der Beklagte schwören und wird sachfällig, weil er im Schwörungstermin nicht erscheint.

49) Pl. von 865. *Mur.* I. *p.* 496. Pl. von 822. *Mem. di Lucca* IV. 2. *Nr.* 20. *p.* 27. Pl. von 884. *ibid.* *Nr.* 49. *p.* 65. Pl. von 847. *ibid.* V. 2. *Nr.* 647. *p.* 386. — In der a. 780 bei Carl dem Gr. zu Heristal angebrachten Klage des Bischofs Mauritius von Marseille gegen den königl. Fiscus wegen sä-

4) Bei dem Streit um Erbgüter wird über das Erbrecht durch den Eid des Beklagten mit Eidhelfern oder, wenn der Kläger will, durch Gottesurtheil entschieden [51]). Doch wird Beides durch Production einer Gerichtsurkunde über ein früheres Urtheil ausgeschlossen [52]).

In allen Fällen, wenn der Beklagte nicht zu wissen erklärt, welche Grundstücke der Kläger in Anspruch nimmt, stellen beide Theile Bürgschaft, daß sie an Ort und Stelle sich darüber verständigen und dann wieder vor Gericht erscheinen wollen [53]). Der Grenzstreit wird, weil kein Theil ein vorzügliches Beweisrecht hat, durch das Gemeindezeugniß über die wirklichen Grenzen oder durch Gottesurtheil entschieden [54]), und wenn die Frage ist, ob ein Grundstück innerhalb oder außerhalb der Grenzzeichen einer Immunität liege, nimmt das Gericht eine Lokalbesichtigung vor [55]).

cularisirter Kirchengüter, insbesondere der Villa Caladio in pago Dignense, ergab sich bei Untersuchung der Sache durch zwei königliche Missi aus den Urkunden des Klägers und der Inquisitio der Gaugenossen, daß jene Villa ursprünglich der bischöflichen Kirche zum Eigenthum geschenkt, dann zwar wiederholt widerrechtlich entrissen, auch von Carl Martell als Beneficium verliehen worden, aber während der letzten dreißig Jahre dem Könige als Lehnsherrn nicht heimgefallen, also im Allodialbesitz der Kirche gewesen sei. Hiernach revestirten die Missi den Bischof, behielten aber dem Könige den definitiven Beschluß über die Säcularisation vor. *Gallia christ.* I. *instr.* 106. (Untersuchung der Missi). *Martene, Coll. ampl.* I. *p.* 41. (Bericht der Missi an den König). Vgl. Roth, Feudalität S. 86.

50) *Marculf App.* 33. *Sirmond.* 40. 41.

51) *Extr. L. Sal.* VIII. *p.* 101. *M.* Contra — suam hereditatem non debet homo accipere testes. *L. Baiuv. text.* III. 17, 2. Der Auctor vertheidigt sich: quam ego iuste iure hereditatis donavi. Der Kläger replicirt: quod mei antecessores antea tenuerunt. Dann heißt es: Si causa fuerit inter illos pugnae *rel.* Sin autem, cum sacramento se defendat, id est cum duodecim *rel.* Vgl. Bd. IV. S. 57. Weil der Beklagte die gesetzlichen Eidhelfer nur in seiner Heimath findet, soll er dort schwören. *Cap. Ticin. a.* 801. *c.* 10. *p.* 84. = *Ansegis.* IV. 71. *p.* 321.

52) Von Seiten des Beklagten in *Form. Sirmond.* 42. von Seiten des Klägers im Pl. von 865. *Mur.* V. *p.* 276. *Fumagalli, Cod. Ambr. Nr.* 96

53) Pl. von 815. 847. 856. 873. 884. *Mur.* I. *p.* 538. 527. 508. 505. *Mem. di Lucca* IV. 2. *Nr.* 49. *p.* 65.

54) *L. Baiuv. text.* III. 11, 4. *p.* 421. *L. Alam. Karol.* 84. *p.* 163. Pl. von 807. *Goldasti form.* 99. Wartmann, St. Gall. Urk. I. *Nr.* 187. *p.* 177. Pl. von 897. *Vaissette* II. *Nr.* 18

55) Pl. von 852. *Vaissette* II. *Nr.* 76. — Nam ipse Comes

V. Der Rechtsstreit um Freiheit oder Unfreiheit eines Menschen wird auch in dieser Periode regelmäßig von dem Herrn angeregt, der seinen Knecht wegen verweigerter Dienste vor Gericht zieht [56]). Der Beklagte kann dieser Beschuldigung die positive Behauptung seiner Freiheit entgegensetzen und hat das Recht des ersten Beweises. Beruft er sich 1) auf freie Geburt, so beschwört er diese mit zwölf Eidhelfern von mütterlicher und väterlicher Seite [53]); 2) auf Freilassung durch einen Freibrief (cartula), so muß nach Vorschrift eines Capitulars Ludwigs des Frommen die Aechtheit desselben durch den (dritten) Auctor, oder durch die Instrumentszeugen, oder durch Vergleichung mit Schriften desselben Notars festgestellt werden; widrigen Falls der Kläger die Fälschung behaupten kann [58]). Desgleichen wird dem Beklagten das Beweisrecht

iussit suos [*missos*] id est A. G. G. et E., ut super ipsas res venissent et rei veritate vidissent, si erant ipsas [*res*] infra manitate (*l.* immunitate) monasterii Gondesalvio, an non. Ita sicut et fecerunt et reversi in — iudicio dixerunt: Nos vidimus et invenimus, quod ipsas res infra signa procvoria (?) vel terminos ipsas res sunt vel subiacent a partibus monasterii Gondesalvio.

56) *Form. Lindenbrog.* 169. (carolingisch). — Advocatus illius Episcopi aliquem hominem interpellabat, dum diceret quod de capite suo legibus esset servus — ipsius Episcopi et propter hoc de ipso servitio negligens atque iectivus adesse videretur, quod genitor suus vel genetrix sua aut avus suus aut avia sua fecerint.

57) *Form. Lindenbrog. cit.* Sed ipsi Scabini — ei visi fuerunt iudicasse, ut supra noctes quadraginta cum duodecim Francis, sex de parte paterna et sex de materna, in ecclesia illa iurare debuisset, quod de parte paterna aut de materna secundum legem Salicam ingenuus esse videretur. *L. Chamav.* 10. — cum duodecim hominibus de suis proximis parentibus. (Gaupp, Lex Chamav. S. 62. findet darin mit Unrecht eine Abweichung von dem allgemeinen Beweisrecht). *Cap. Ticin. a.* 801. *c.* 10. *p.* 8. (Der Eid wird deshalb in der Heimath des Beklagten geleistet). Vgl. *Extr. L. Sal.* I. II. *p.* 99 *sq. M.* Anders nach *Cap. a.* 817. *per se scrib. c.* 10. *p.* 215. Zeugenbeweis des Klägers hatte er nicht zu fürchten. *Extr. L. Sal.* VIII. *p.* 101. *M.* Contra suum caput — non debet homo accipere testes. Daß in dem Pl. von 796 (*Mur.* V. *p.* 312.) in dem bischöflichen Gericht zu Pisa dem Kläger der Zeugenbeweis, der Vater des Beklagten sei Sklave der bischöflichen Kirche gewesen, und dem Beklagten nur Gegenbeweis gestattet wird, kann nur auf römischem Recht beruhen. Ebenso nach gothischem Recht im Pl. von 874. *Baluz, Marca hisp. Nr.* 34.

58) *Cap. a.* 816 *c.* 1. *p.* 196. Boretius S. 98. Nach S. 84 ist das gleichlautende *Cap. a.* 803. *p.* 116. falsch.

zuerkannt, wenn er behauptet, die Dienste nicht vermöge seines Standes (de conditione sua) als persönlich Unfreier zu schulden, sondern von seinem Besitz (de rebus), den er dem Kläger durch Commendation aufgetragen [59]). Ebenso wenn Halbfreie (aldiones) den Umfang der geforderten Dienste bestreiten [60]). Werden Unfreie als zu einem bestimmten Gute gehörig vindicirt, so muß der Kläger sich durch den Beweis seines Rechts am Gute legitimiren [61]). — Auch wenn faktisch Unfreie ihre Freiheit geltend machen, was ihnen nach fränkischem wie langobardischem Recht im königlichen Gerichte gestattet ist, wird nach dem allgemeinen Grundsatz dem Beklagten, also hier dem Herrn, der Beweis seines Rechts zuerkannt [62]).

---

b. Zeugen- und Inquisitionsbeweis [1]).

§ 85. Da der Beweis durch Zeugen (testes, testimonia) jetzt durchaus die Ermittlung der wirklichen Wahrheit zum

59) Pl. von 845. *Mur.* II. *p.* 972.

60) Pl. von 882. *Fumagalli, Cod. Ambr. Nr.* 121. Die beklagten Aldionen werden nach ihren Beweisen gefragt und in deren Ermangelung zu Gunsten des Klosters Inquisitio verfügt.

61) Pl. von 816. 819. 820. 821. *Pérard p.* 34 *sq.* Die Zugehörigkeit zu dem Gute wird zugestanden.

62) Pl. von 827. *Mur.* I. *p.* 481. (Nach L. Bethmann kein Original, sondern eine vielleicht gefälschte Abschrift aus dem Anfang XI. saec.) Vor einem königlichen Missus in Turin machen siebzehn Einwohner eines Dorfes gegen das Kloster Novalese ihre Freiheit geltend; dem Advocatus des Beklagten wird der Beweis zuerkannt und er führt ihn durch frühere Urtheile; die Kläger verzichten auf Gegenbeweis. — Pl. von 861 vor K. Carl dem Kahlen. *Bouquet* VIII. *p.* 567. Die Einwohner eines Dorfes des Klosters St. Denis behaupten freie Leute zu sein; der Pfalzgraf fragt den Klosterbeamten als Beklagten nach dem Beweis seines Rechts; dieser führt ihn durch Zeugen und der Kaiser spricht für ihn; die Kläger unterwerfen sich.

1) Eichhorn § 78. S. 413. Walter §§ 662—664. S. 327 folg. Waitz IV. S. 354 folg. und jetzt die treffliche Untersuchung von Brunner, Zeugen- und Inquisitionsbeweis der carolingischen Zeit, Wien. 1866. 8.

Zweck hat [2]), so ist er auch von seinen förmlichen Bedingungen in den Volksrechten mehr entkleidet.

Doch wird die Fähigkeit zum Zeugniß rechtlich noch abhängig gemacht vom Stande, insofern Unfreie gar nicht als Zeugen zugelassen werden [3]), vielleicht auch Freigelassene nicht gegen Freigeborene [4]). Auch geht durch die Rechtlosigkeit die Fähigkeit zum Zeugniß, wie zum Haupteide und zum Schöffenamt, verloren [5]). Dagegen wird die gleiche Nationalität mit den Partheien vom fränkischen Reichsrecht nicht mehr gefordert [6]). Geistlichen war nur die willkührliche Einmischung in weltliche Geschäfte als Instrumentszeugen durch Synodalschlüsse verboten, ihre Zeugenfähigkeit aber nicht beschränkt [7]). Weil

2) Rei veritas. *Cap. Lud. P. a.* 814—15. *c.* 9. *p.* 84. *Cap. L. Sal. add. a.* 819. *c.* 12. *p.* 226. *Cap. Hloth. a.* 832. *c.* 11. *p.* 361. u. s. w.

3) *Cap. Lud.* II. *a.* 855. *pro lege posita c.* 1. *p.* 436. — aut si testimonia produxerit et similiter dixerit, quod ea recipere non debeat, quia aliquis eorum servus sit. Daher die Zulässigkeit der Zeugen vom Wergelde abhängig ist, s. Pl. von 865 und 881. in Note 24. Im Pl von 864. (*Fumagalli, Cod. Ambr.* 92.) wird über das widrichildum der Inquisitionszeugen weitläufig verhandelt.

4) *Cap. a.* 744 (?). *c.* 15. (*Walter* II. *p.* 26. ob echt?). Libertus et liberta in nullis negotiis contra quemquam testimonium dicere permittantur, exceptis illis causis, in quibus ingenuitas deesse [sicut] praemissum est. et de servis (?); quia indignum nostra pensat clementia, ut libertorum testimonia ingenuis damna incutiant. Qui vero ex eisdem fuerint progeniti, ad testimonium ex tertia generatione admittantur.

5) *Cap. Aquisgr. a.* 809. *c.* 1. *p.* 155.

6) *Cap. a.* 817. *leg. add. c.* 9. *p.* 211. empfiehlt bei Traditionen testes, qui eadem lege vivant, qua ipse vivit, zuzuziehen, fügt aber hinzu: vel si illos habere non potuerit, tunc de aliis quales ibi meliores inveniri possint. Wenn daher *Agobard. adv. L. Gund. c.* 4. — von dem verschiedenen Geburtsrecht redet und als Folge bemerkt: nullum poterit habere testem de suis carissimis sociis, so kann dieß nur von Eidhelfern verstanden werden. S. unten § 87 Note 15. Was-Waitz cit. S. 355. von den Sachsen nach Rabanus Maurus und von den Mainwenden anführt, ist ein Rest älteren Volksrechts, das mit der Rechtseinheit des fränkischen Reichs unverträglich war.

7) *Cap. Lud.* II. *a.* 875. *c.* 27. 28. bei Pertz *p.* 526. und *Cap. Lang. Loth.* 101. bei *Walter* III. *p.* 657. sind keine Capitularien, sondern Synodalschlüsse. Boretius S. 193. Das Verbot als Zeuge vor Gericht propter quamlibet causam aufzutreten in *Lib. Pap. Lud.* P. 5. 7. 4. 1. *p.* 540. ist eine pseudoisidorische Stelle. *cf. Boret. praef. p.* LXVIII. *Pertz* I. *p.* 195. Note 9.

ferner freies Grundeigenthum die Bedingung der vollen Freiheitsrechte ist, so sind vom Zeugniß wie vom Schöffenamt ausgeschlossen, die nur auf fremdem Grund und Boden sitzen [8]), und außerdem muß, wer in größeren Sachen als Zeuge zugelassen werden soll, an freiem Grundeigenthum und fahrender Habe so viel besitzen, daß er die Buße für solches Zeugniß zahlen kann [9]). Doch hat Carl der Große bei einem durch Auswärtige in einer Immunität verübten Diebstahl das Zeugniß der Einsassen gegen freie Leute für zulässig erklärt [10]). Als thatsächliche Bedingung der Glaubwürdigkeit wird Unbescholtenheit [11]), und insofern die streitige Thatsache oder das Rechtsverhältniß im Gau behauptet ist, verlangt, daß auch die Zeugen demselben angehören, weil nur von diesen ein glaub-

8) *Cap. Worm. a.* 829. *pro lege hab. c.* 6. *p.* 354. De liberis hominibus, qui proprium non habent, sed in terra dominica resident, ut propter res alterius ad testimonium non admittantur. — Illi vero qui et proprium habent et tamen in terra dominica resident, propter hoc non abiciantur *rel.* Sohm I. S. 355. beschränkt dieß wegen der Worte propter res alterius auf das Zeugniß über streitiges Grundeigenthum.

9) *Cap Olonn. a.* 825. *c* 7. *p.* 252. Ut in testimonium non recipiantur de his capitulis, id est de libertate vel de hereditate vel de proprietate in mancipiis et terris, sive de homicidio et incendio, illi qui non habent, si convicti fuerint falsum dixisse testimonium, unde secundum legem compositionem plenam reddere possint. Warum nur in diesen größeren Sachen, ist nicht klar. Pl. von 847. *Memorie di Lucca* V. 2. *Nr.* 647. *p.* 387. Qui dixit —, quia de suo proprio non abet valentes 150 sol., propterea nolo ut testimonium ... hoc [*dicat*]. Dagegen bezeugen Andere: Vero noscimus, quia iste W. inter proprium et movilem amplius abet quam 150 sol. valentes et suum bene potest dicere testimonium.

10) S. oben § 77. Note 46. — In dem Immunitätsprivileg Ludwigs III. von 901 für das Bisthum Como wird den Hintersassen die Zeugenfähigkeit allgemein ertheilt. Brunner S. 99.

11) *Cap. eccl. a.* 789. *c.* 63. *p.* 63. — qui semel periuratus fuerit, nec testis sit post haec. *Cap. Pipp. a.* 802. *c.* 12. *p.* 104. — ut Comites et eorum iudices non admittant testes habentes mala fama testimonium perhibere, sed tales eligantur, qui testimonium bonum habeant inter suos pagenses. *Cap. Wal. add. a.* 803. *c.* 11. *p.* 114. Optimi quique in pago vel civitate in testimonium adsumantur, et cui is, contra quem testimonium debent, nullum crimen possit indicere. *Cap. Aquisgr. a* 812. *c.* 3 *p.* 174.

würdiges Zeugniß erwartet werden kann, der aus der Fremde herbeigeholte Zeuge verdächtig ist[12]).

Uebrigens sind die Zeugen vermöge ihres näheren oder ferneren Verhältnisses zur Sache von verschiedener Art. Nämlich entweder 1) Geschäftszeugen, die mit oder ohne eine Urkunde, namentlich bei Veräußerung von Grundeigenthum und Unfreien[13]) und bei Freilassungen[14]), zugezogen zu werden pflegten, oder 2) aus zufällig Anwesenden bei einem Rechtsgeschäft[15]) oder einem Verbrechen[16]), oder endlich 3) Zeugen über ein gemeinkundiges Verhältniß[17]). Nur wenn sie als amtlich berufene Vertreter der Gemeinde hierbei fungiren, kann 4) von einem Gemeindezeugniß die Rede sein, welches gleiche Geltung wie das Gerichtszeugniß hat und der Inquisitio insofern verwandt ist, als die Zeugen im Interesse beider Theile vom Gericht aufgeboten werden[18]).

12) *Cap. in Theod. villa a.* 805. *c.* 11. *p.* 134. Ut de ipso pago, non de altero testes eligantur, nisi forte longius extra comitatum causa sit inquirenda. *Cap. Lud. P. a.* 814—15. *c.* 9. *p.* 84. Boretius S. 120. 140. Testes vero de qualibet causa non aliunde querantur, nisi de ipsum comitatum, in quo res, unde causa agitur, posite sunt, quia non est credibile, ut vel de statu hominis vel de possessione cuiuslibet per alios melius rei veritas cognosci valeat, quam per illis qui viciniores sunt. *Cap. a.* 817. *c.* 10. *p.* 212. *cf. Cap. Pipp. a.* 802. c. 12. *p.* 104. — Comites vel eorum Iudices quos noverunt causa, de qua inter eos agitur, comperta esse — faciant venire.

13) *Cap. L. Sal. add. a.* 803. *c.* 6. *p.* 113. — domi traditionem faciat coram testibus legitimis. *Cap. a.* 817. *leg. add. c.* 6. *p.* 211. legitimam traditionem — adhibeat sibi vel de suis pagensibus vel de aliis — testes idoneos. *L. Sax.* 15, 1. Traditiones et venditiones omnes legitimae *rel.* 16, 1. — adhibitis idoneis testibus. Nach *L. Baiuv. text.* III. 15, 15. *p.* 436. auch bei Sklaven.

14) *Cap. Missor. a.* 803. *c.* 3. *p.* 121. — per falsos testes. Ueber Instrumentszeugen s. *Cap. a.* 816. *c.* 1. *p.* 196.

15) S. § 84 Note 19.

16) S. § 84 Note 18.

17) Z. B. dreißigjährigen oder fünfjährigen Besitz s. § 84 Note 45. 46. Dienstleistungen Unfreier Note 59. 60.

18) So beim Grenzstreit. s. unten Note 41. und § 84 Note 54. Vgl. Bd. IV. S. 58. Note 21. S. 60. Note 36. S. 495. Note 83. — Brunner, S. 11. 27. und sonst, nennt im Gegensatz der Geschäftszeugen jedes Zeugniß von Gaugenossen Gemeindezeugniß. So auch Sohm I. S. 128 folg.

Das Verfahren beim Zeugenbeweise wird jetzt durchweg von dem Gerichte geleitet. Gleich Anfangs fragen Richter und Schöffen die Parthei, welcher das Beweisrecht zusteht, also in der Regel zuerst den Beklagten, ob er Zeugen für seine Behauptung beibringen könne, und dann den Kläger, ob er Gegenbeweiszeugen habe [19]). Wird diese Frage bejaht, so setzen sie durch ein Urtheil den Termin zu deren Production und Verhör an und sichern ihn durch Bürgschaft [20]). Die Wahl der Zeugen steht dem Beweisführer frei [21]) und die Obrigkeiten sollen ihm nicht Zeugen entziehen, die seiner Aufforderung vor Gericht zu erscheinen freiwillig folgen [22]). Es gehört selbst zu ihrer Amtsbefugniß und Pflicht, im entgegengesetzten Fall die ihr benannten Zeugen durch Strafbefehl zum Beweistermin vorzuladen [23]).

19) S. § 84. Note 31.

20) S. § 83. Note 19. 20. Von diesem Beweisurtheil sagt *Cap. Lud. P. a.* 814—15. *c.* 9. *p.* 84. — testes per iudicium producti. Zuweilen wird dem Urtheil und der Bürgschaft die Alternative angehängt: aut faciat quod lex est (*Pérard Nr.* 18. *a.* 816.), was indeß nur noch Form ist und das Definitivurtheil nicht entbehrlich macht. Anders nach dem älteren Volksrecht, s. Bd. IV. S. 515. Vgl. Brunner S. 38.

21) *Cap. Pipp. a.* 802. *c.* 12. *p.* 104. — eligantur. *Cap. in Theod. villa a.* 805. *c.* 11. *p.* 133. Et non solum accusatorem liceat testes eligere, absente suo causatore. Für die freie Wahl der Gegenbeweiszeugen s. noch *Cap. a.* 817. *leg. add. c.* 10. *p.* 211. — liceat ei alios testes, quos meliores potuerit, contra eos opponere. — Die Meinung von Rogge, Biener und Daniels, daß nach Gesetzen Carls des Gr. und Ludwigs des Frommen die Missi in jedem Gau glaubwürdige Männer zu Zeugen bestellt, auf welche abgesehen von Geschäftszeugen die Wahl der Partheien beschränkt gewesen, und die verwandte Ansicht von Walter § 663, 5. und Waitz IV. S. 332. hat Brunner S. 17—26. überzeugend widerlegt; insbesondere trete ich ihm darin bei, daß *Cap. Noviom. a.* 808. *c.* 3. *p.* 152. das Gottesurtheil gegen Inquisitionszeugen verbietet, und *Cap. Worm. a.* 829. *c.* 3. *p.* 351. von Schöffen redet.

22) *Cap. Pipp. a.* 789. *c.* 12. *p.* 71. — ut nullus Comis nec Iuniores eorum nullatenus praesumant alicui homini sua testimonia tollere aut abstrahere, nisi (= *sed*) permittantur ei ipsa testimonia habere, qui eos potest conquirere atque rogare.

23) *Cap. Pipp. a.* 802. *c.* 12. *p.* 104. — ipsi Comites vel eorum Iudices faciant ad eandem causam venire (*sc.* testes). *Cap. Miss. a.* 817. *c.* 14. *p.* 217. — nullus eos (*sc.* liberos homines) amplius placita observare compellat, nisi ad testimonium perhibendum vocatus fuerit. *Cap. Olonn. a.* 829.

Im Beweistermin sind beide Theile gegenwärtig, der Beweisführer, um seine Zeugen zu produciren (praesentare), der Gegner, um seine Einreden gegen die Fähigkeit und Glaubwürdigkeit der producirten Zeugen geltend zu machen [24]), und eventuell, d. h. wenn er es nöthig findet, Gegenbeweiszeugen einzuführen [25]). In Italien pflegte der Beweisführer für die Fähigkeit und Glaubwürdigkeit seiner Zeugen andere anerkannt tüchtige Zeugen (laudatores testium) mitzubringen, über deren

c. 13. *p.* 233. — neque cogantur ad placita venire, — excepto — testibus necessariis. *Cap. Hloth. a.* 833. *c.* 6. *p.* 236. Decernimus, ut quisquis aliter (freiwillig) testes habere non potuerit, volumus ut per Comitis iussionem, quos in suo testimonio necessarios quisque habuerit, veritatem probaturi publico conventu adducantur, ut per ipsos rei veritas cum iuramento valeat inquiri. *cf. Cap. exc. a.* 832. *c.* 11. *p.* 361. Der Beweisführer selbst konnte also das Erscheinen der Zeugen nicht mehr durch mannitio erzwingen. Vgl. *L. Sal.* 49. *L. Rip.* 50, 1. Brunner S. 132 folg. beschränkt die Mannitio und Bannitio, also die Verpflichtung zum Zeugniß, nach altfränkischem und carolingischem Recht auf die Geschäftszeugen, wie auch früher Rogge, Gerichtsverf. S. 118., allein ohne Beweis. Die Lex Salica verlangt ja bei allen Delicten Zeugenbeweis, wie hätte dieser ohne allgemeine Zeugenpflicht aller Freien beschafft werden können. Vgl. Bd. IV. S. 505 folg. Die angeführten Capitularien bestimmen auch die Pflicht aller Freien, als Zeugen im Placitum zu erscheinen. Testes necessarii sind nicht dem Beweisführer „verpflichtete," sondern „benöthigte Zeugen," quos in suo testimonio necessarios quisque habuerit. Zur Annahme eines besonderen langobardischen Rechts ist also keine Veranlassung. So auch Sohm I. S. 132.

24) *Cap. in Theod. villa a.* 805. *c.* 11. *p.* 133. — non absente causatore suo — et ille qui ad testimonium adducitur, si refutatur, dicat ille, qui eum refutat, et probet, quare illum recipere nolet. — *ibid.* nullus nisi ieiunus — ad testimonium admittatur. *Cap. Aquisgr. a.* 809. *c.* 6. *d.* 156. — nisi ieiunus. — *Cap. L. Sal. add. a.* 803. *c.* 11. *p.* 114. — et cui is, contra quem testimoniare debent, nullum crimen possit indicere. *Cap. Lud.* II. *a.* 855. *c.* 1. *p.* 436. bestimmt das Verfahren, wenn einem Zeugen Unfreiheit oder ein Verbrechen entgegengesetzt wird. Das Gericht eröffnet die Verhandlung durch die Frage an den Producten: si ipsos testes reprobare poterit, an non? *Memorie di Lucca* IV. 2. *Nr.* 49. *p.* 66. V. 2. *Nr.* 647. *p.* 387. Nach gothischem Gerichtsgebrauch werden die Beweiseinreden erst nach dem Verhör mit dem Gegenbeweis vorgebracht. Brunner S. 35 folg.

25) *Cap. Lud. P. a.* 814—15. *c.* 9. *p.* 84. Si quis cum alio de qualibet causa contentionem habuerit et testes contra eum per iudicium producti fuerint, si eos falsos esse suspicatur, liceat ei alios testes, quos meliores potuerit, contra eos opponere, ut veracium testimonio falsorum testium perversitas superetur.

Aussagen das Gericht erkennt [26]). Dem Schwur der Zeugen über die streitige Thatsache, den sonst der Producent direkt von ihnen forderte, geht jetzt ein Verhör derselben (inquisitio) voraus, welches Sache des Gerichts ist [27]), indem es jeden Einzelnen, von den Anderen abgesondert (separatim ab invicem), um Collusion zu vermeiden, befragt und die Antworten zu Protokoll nimmt [28]), und dann erst von ihnen zur Bekräftigung ihrer Aussagen den Eid verlangt [29]), der entweder sofort

26) Pl. von 865. *Mur.* I. *p.* 496. Et statim in nostris presentiis presentavit testes de parte iam dicte ecclesie, id sunt E. F. et I., et dum eos bonos et receptibiles invenissemus per S. et P. et G. (*sc. laudatores testium*), [*et unumquemque*] suorum abentem widrigildum. Pl. von 881. *Mur.* II. *p.* 931. — et cum omnes (*sc. laudatores testium*) testificati fuissent, quod bonos et receptibiles [*fuissent*] et unusquisque suorum aberent widrigildum. Auch in Rom kommen die laudatores testium vor im Pl. von 829. *Galetti, del primicerio Nr.* 3. Vgl. *Lib. Pap. Lud. P.* 15. *formula N.* 528.

27) *Cap. Pipp. a.* 802. *c.* 12. *p.* 104. — Et primum per ipsos Iudices inquirantur et per eorum (*sc.* testium) inquisitionem fiat (*sc. causa*) definita. Also nicht mehr durch den Beweisführer s. Bd. IV. S. 506. Die von den Partheien edirten Beweisartikel (conditiones) sind noch jetzt gothisches Recht. Bd. IV. S. 245. Brunner S. 36.

28) *Cap. cit.* Et iubemus, ut testimonia ab invicem separentur, sicut lex iubet, quia, si ita agunt, multi falsi testes possunt convinci. (Ob die angeführte lex die mißverstandene *L.* 14. *C. I. de testibus* (4, 20.) — separato — ist?) *Cap. in Theod. villa a.* 805. *c.* 11. *p.* 133. — separentur ab invicem, et singulariter inquirantur. *Cap. Aquisgr. a.* 809. *c.* 6. *p.* 156. Et ut testes — separatim discuciantur. Beispiele von Protokollen über das Zeugenverhör: Pl. von 796. *Mur.* V. *p.* 312. Et dum prefatus A. ibi presentum testimonia ante nos presentavit et nos eos singulariter et diligenter inquisivimus, inprimis I. dixit *rel.* Pl. von 806. *Mur.* I. *p.* 965. — in constituto die utrisque partibus revenerunt ante nos, — adduxit ipse G. de parte domini regis testimonia, id sunt F. F. M. O. et G., qui nobis singulatim ac separatim diligenter et studiose nos inquisiti, equabiliter nobis unum testimonium dederunt. Pl. von 845. *Mur.* II. *p.* 972. Dum testes in nostra presencia presentati fuissent, ac nos Iudices ipsos testes unum ab alio separari fecimus et minutius atque diligenter inquisivimus, inprimis L. dixit *rel.* Ebenso in Pl. von 884. *Mem. di Lucca* IV. 2. *p.* 66. Pl. von 847. *ibid.* V. 2. *p.* 387.

29) *Cap. in Theod. villa a.* 805. *c.* 11. *p.* 133. De periuriis ut caveantur et non admittantur testes ad iuramentum antequam discutiantur. *Cap. Aquisgr. a.* 809. *c.* 6. *p.* 156. Et ut testes, priusquam iu-

im Gericht oder vor Vertretern desselben in einer Kirche geleistet wird [30]). Nach Langobardischem Recht muß der Beweisführer selbst ihr Zeugniß durch seinen Eid bekräftigen (firmare) [31]), was der Franke nicht nöthig hat [32]).

Nach dem Verhör der Beweiszeugen und ehe sie schwören, kann der Gegner, den das Gericht dazu auffordert, seine Gegenbeweiszeugen produciren, welche dann gleichfalls verhört werden [33]). Ergibt sich ein Widerspruch zwischen den Aussagen der Beweis- und Gegenbeweiszeugen, so wird darüber durch ein Gottesurtheil entschieden, den gerichtlichen Zweikampf oder die Kreuzesprobe, zwischen zwei vom Gericht ausgewählten Zeugen, von jeder Seite Einer, welche jetzt erst die Wahrheit ihrer Aussagen beschwören. Der unterliegende Zeuge verliert zur Strafe

rent, — discuciantur. Beispiele in Note 31. Auch nach gothischem Recht schwören die Zeugen erst nach dem Verhör, wiederholen aber im Schwur ihre Aussagen, s. Bd. IV. S. 245. Note 46. Pl. von 843. 874. 876. *Baluz. Marca hisp. Nr.* 16. 34. 35. Vgl. die conditiones sacramentorum in *Nr.* 39. 40. Brunner S. 26. 33. 36. Anders nach römischem Recht in Churräthien *L. Rom. Cur.* XI. 13.

30) Pl. von 818. 820. 821. *Pérard p.* 34—36.

31) Pl. von 796. *Mur.* V. *p.* 312. Post testimonium vero reddito, bekräftigen es die Zeugen durch ihren Eid und der Kläger desgleichen. Pl. von 806. *Mur.* I. *p.* 976. Et qualiter ipsi testibus dixerunt, post sacramentum firmaverunt testimonium suum. Et insuper ipse G. iurato dixit: Per hec sancta Dei evangelia, quia qualiter suprascripti — testimonium reddiderunt, veritatem dixerunt. Pl. von 845. *Mur.* II. *p.* 972. Nach dem Eid der Zeugen: Et L. iuravit et confirmavit testes suos, ut qualiter testes dixerunt, sic fuisset veritas. Im Pl. von 786. *Mur.* I. *p.* 534. heißt es selbst: Insuper ipse D. presbyter ante nos per evangelia dixit cum sagramentales suos secundum legem, sicut nos iudicavimus, quia qualiter testimonia ista de hac causa testimonium reddiderunt, omnia veritatem dixerunt. Vgl. Bd. IV. S. 381 folg. Note 40. 42. und Sohm I. S. 136.

32) *Extr. L. Sal.* V. *Merkel p.* 100. — in Italia — Franci autem post testes non adfirmant sacramentum. Im fränkischen Pl. von 820. (*Pérard p.* 34. XVI.) schwören nur die 9 Zeugen. Nach *L. Baiuv. text.* III. 17, 5. *p.* 327. war es controvers.

33) S. oben Note 25. Pl. von 845. Note 28. Post hoc testimonium dictum interrogavimus suprascripti Scabini A. advocato (den Kläger), si abuisset testes contra opponendum, nostrisque presentasset presenciis. Quibus A. advocatus dixit: Sic habemus *rel.* Pl. von 874. *Baluz. Marca hisp. Nr.* 34. Tunc nos supradicti iudices Sisenando diximus: Potes alios habere testes ampliores aut meliores *rel.*

seines Meineides die rechte Hand; seine Mitzeugen, die nicht geschworen, aber zum Eide bereit waren, lösen ihre Hand durch Zahlung einer Buße, wovon zwei Drittheile dem Gegner und ein Drittheil als Fredus dem Fiscus zufällt [34]).

Daß der geführte Zeugenbeweis von Seiten des Gegners durch Berufung auf ein Gottesurtheil angefochten werden kann, sagen die Capitularien zwar nicht ausdrücklich, wohl aber die Volksrechte [35]), und die langobardische Jurisprudenz der folgenden Periode bezeugt ihre fortdauernde Gültigkeit [36]). — In

34) *Cap. Lud. P. a.* 814—15. *c.* 9. *p.* 84. Quodsi ambae partes testium ita inter se dissenserint, ut nullatenus una pars alteri cedere velit, elegantur duos ex ipsis, id est ex utraque parte unus, qui cum scutis et fustibus in campo discernunt, utra pars falsitatem, utra veritatem suo testimonio sequatur. Et camphioni qui victus fuerit, propter periurium, quod ante pugna commisit, dextera manu amputetur. Caeteri vero eiusdem partis testes, qui falsi apparuerint, manus suas redimant, cuius compositionis duae partes ei, contra quem testati sunt, dentur, tertia pro fredo solvatur. — In ecclesiasticis autem negotiis crucis iudicio rei veritas inquiratur. Hoc et de timidis atque inbecillibus seu infirmis, qui pugnare non valent, — censuimus faciendum. *Cap. a.* 816. *c.* 1. *p.* 195. — Comis eligat unum ex una parte et alium ex alia parte *rel. Cap. a.* 817. *leg. add. c.* 10. *p.* 212. Daß es vor dem Eidschwur des Zeugen und Gegenzeugen zum Gottesurtheil kommt und dann nur die beiden Kämpfer schwören, ergiebt *Cap. exc. Hloth. a.* 832. *c.* 11. *p.* 361. — antequam iurent, fiat inquisitio [facta]. Quodsi omnes ad unam partem dixerint testimonium, iurent verum dixisse testimonium. Quodsi dissenserint, et quaedam pars testium uni praebuerit testimonium et alia alteri, tunc interrogentur, si audeat per pugnam illorum testimonium approbare. Quodsi nulla pars alteri concesserit, iurent (*sc. campiones*) et per pugnam probetur eorum testimonium. Bestätigt wird es durch *Lib. Pap. Lud. P.* 15. *form. p.* 528. et ita ut nullus eorum iuret, eligat unum ex una parte et ex altera alium Comes, ut pugnent; et antequam bellum incipiant, iuret uterque. Vgl. *L. Baiuv. text.* III. 17, 6. *p.* 327. und Brunner S. 28. 136. Für die Strafe der Zeugen s. noch *Cap. alia a.* 803. *c.* 13. *p.* 120. *Cap. in Theod. villa a.* 805. *c.* 11. *p.* 134. *Cap. Noviom. a.* 808. *c.* 4. *p.* 152. Ueber die Höhe der Buße s. *L. Sal.* 48. (*Em.* 50.) *tit.* 93. *M. p.* 41. *L. Rip.* 50. Anders Walter § 664 Note 14.

35) *L. Burg.* 80, 2. 3. *L. Sax.* 16, 1. *L. Baiuv. text.* III. 16, 3. 4. *Ed. Liutpr.* 63. *cf. L. Rip.* 59, 4.

36) *Lib. Pap. Liutpr.* 62. *Gl. Exp.* § 5. *p.* 433. — Brunner S. 16 und 28. kennt nach Volksrecht nur die Meineidsklage nach dem Urtheil, von welcher allerdings *L. Baiuv. text.* III. 16, 2. und *L. Sal.* 93. sprechen, und läßt nach den Capitularien nur das Gottesurtheil unter den Zeugen und Gegenbeweis-

allen Fällen wird das Resultat des Zeugenbeweises in einem Definitivurtheil der Schöffen ausgesprochen [37]), nach ihrer freien Ueberzeugung, die nicht an bestimmte Beweisregeln, insbesondre nicht an eine gesetzliche Zahl von Zeugen, gebunden ist [38]). Insofern nach germanischer Anschauung Thatsache und Recht, Besitz und Besitzrecht u. s. w. auf das Innigste verbunden sind, gehen auch die Zeugenaussagen auf Beides [39]) und das Urtheil über das Recht konnte sich ihnen um so näher anschließen.

Der Inquisitionsbeweis hat gleichfalls die Ermittelung der wirklichen Wahrheit durch Zeugen (testes) zum Ziel, unterscheidet sich aber von dem gewöhnlichen Zeugenbeweise dadurch, daß es nicht der Kläger oder der Beklagte ist, welcher die Beweis- und Gegenbeweiszeugen nach freier Wahl producirt,

zeugen zu. S. dagegen die angeführten Beweisstellen. Auch *Cap. Noviom. a.* 808. *c.* 3. *p.* 152. Ut nullus testes mittere in iudicium (*sc. Dei*) praesumat, auf Inquisitionszeugen bezogen, beweist nach dem argumentum e contrario für unsere Ansicht.

37) Pl. von 786. *Mur.* I. *p.* 534. Et dum hec facta fuissent, iustum nobis paruit esse *rel.* Pl. von 806. *p.* 967. Proinde nobis sepe nominatis auditores recte paruit, ideo iudicavimus *rel.* Pl. von 845. *Mur.* II. *p.* 972. Pl. von 870. *Pérard p.* 149. — et de tertio casno per iudicium Scabinorum in altero mallo eundem H. cum testibus adprobavit. — Tunc iudicatum est a supradictis Scabineis: ut de ipsis casnis, quos mortificavit, legem faceret, et revadiaret seu supradictam terram legaliter redderet. Ebenso in dem anderen Pl. von 870. *p.* 150. in dem Pl. Carls des Kahlen von 861. *Bouquet* VIII. *p.* 567. und vielen anderen.

38) In den Gerichtsurkunden kommen bald mehr bald weniger Zeugen vor, doch nie weniger als drei, die Zahl des salischen Rechts. Bd. IV. S. 505. S. auch *L. Alam. Karol.* 42. — tribus vel quatuor testibus wird der Eid ausgeschlossen und *L. Baiuv. text.* III. 11. 4. Note 40. Ausnahmsweise erklärt *Cap. a.* 803. *c.* 19. *p.* 111. für den Beweis der Entrichtung des Zehnten zwei Zeugen für ausreichend. Erst *Ben. Lev. Cap.* VI. 40. findet es nöthig zu sagen: ad unius testimonium nullus condemnetur.

39) So sagen im Pl. von 806. (§ 84 Note 46.) die Zeugen über die vestitura, d. i. die rechte Gewere von fünf Jahren, aus und unterstützen diese rechtliche Behauptung durch die Dienste der Austrualda, ihre königlichen Vormünder und das Wohnen der königlichen Leute auf den streitigen Grundstücken. Ebenso begreifen die Zeugenaussagen im Pl. von 845 (§ 84 Note 59), daß der Beklagte die Dienste nicht vermöge seines Standes (de conditione) als Unfreier, sondern von seinem Besitz (de rebus) geleistet habe, die Rechtsfrage in sich; denn sinnlich erkennbar war dieser Unterschied nicht. Grimm R.A. S. 858. „Faktische Wahrheit und Rechtswahrheit waren in solchen Fällen Eins."

sondern daß vom Gericht im Interesse beider Partheien Zeugen aus der Gaugemeinde als Wissende aufgeboten werden [40]).

Das Institut gehört zwar in seiner vollständigen Ausbildung ganz der carolingischen Zeit an, fand aber Anknüpfungspunkte in früheren Gebräuchen der germanischen Stämme. Es kann dahin schon der oben erwähnte Fall gerechnet werden, daß beim Grenzstreit, wo wegen des schwankenden Besitzstandes keinem Theil das Beweisrecht zuerkannt werden kann und die Ermittlung der wirklichen Grenze im allgemeinen Interesse liegt, vom Gericht Zeugen aus der Gemeinde aufgeboten werden [41]). Näher noch liegt der carolingischen Inquisitio, daß die langobardischen Könige und ihre Commissarien (**missi**) in Grenzstreitigkeiten des königlichen Fiscus, der Kirchen und Klöster und der Städte, also in Sachen des öffentlichen Interesses, die Umwohner in größerer Zahl versammeln und die Wissenden unter ihnen, als solche insbesondre locale fiscalische Unterbeamte, aber auch Private, Geistliche und Laien, zum eidlichen Zeugniß auffordern [42]). Ebenso die merowingischen Könige der Franken und ihre Hausmeier, und zwar nicht bloß in Grenz-, sondern auch in anderen Streitigkeiten des Fiscus und der geistlichen Corporationen [43]). Denn hierin sind die Elemente ent-

40) Die große Bedeutung des Inquisitionsbeweises für die carolingische und die nächstfolgende Zeit mußte jeder Leser der Capitularien und Urkunden bemerken. Vgl. Waitz IV. S. 356 folg. Merkwürdiger Weise wird er von Walter § 663 Note 5. kaum erwähnt. Es ist Brunners Verdienst, in der angeführten Schrift die Sache zwar nicht entdeckt, aber vollständig aufgeklärt zu haben. Um ihn nicht auszuschreiben, werde ich mich kurz fassen und habe nur auf wenigen Punkten meine abweichende Ansicht zu bemerken. Vor Allem halte ich seine „schüchterne Hypothese“ des römischen Ursprungs S. 163. für nicht begründet. Denn nicht sowohl der promissorische Eid vor der Aussage als das Aufbieten der Zeugen von Seiten des Gerichts ist das eigentliche Charakteristicum der Sache, und dieses ist dem römischen Recht unbekannt.

41) *L. Baiuv. text.* III. 11, 4. — tunc iurent tres vicini, quibus notum est, vel plures, et ostendant sicut rectum est, s. oben § 84. Note 54. In dem daselbst angeführten Pl. von 807 war der Fiscus und in dem Pl. von 897 eine bischöfliche Kirche betheiligt, daher förmliche Inquisitio zur Ermittelung der Grenze stattfand.

42) S. Bd. IV. S. 382 Note 42. und Beil. I. und II.

43) In dem Grenzstreit des Kl. St. Denis und des Fiscus vor Chil-

halten, welche die Grundlage der entwickelten carolingischen Inquisitio bilden; nämlich 1) die Inquisitionsgewalt des Königs und seiner außerordentlichen Stellvertreter, und 2) das Recht zum Inquisitionsbeweise, welches dem königlichen Fiscus und vermöge besondern Privilegs vorzüglich den Kirchen und Klöstern zusteht. Jene, die Inquisitionsgewalt des Königs, ist dem Prinzip und der Zeit nach das Ursprüngliche, das Recht zum Inquisitionsbeweise das davon Abgeleitete und später Erweiterte, daher wir jene zuerst betrachten.

1) Die Inquisitionsgewalt des Königs beruhte auf der Verpflichtung aller seiner Unterthanen zur Treue, also auch auf Grund des ihm geleisteten Fidelitätseides, wenn der König es befiehlt, die Wahrheit ihm nicht zu verhehlen, sondern nach bestem Wissen zu sagen [44]). Die aufgebotenen Zeugen werden daher vor dem Verhör entweder auf diesen allgemeinen Fidelitätseid verwiesen [45]), oder es wird auf Grund der allgemeinen

debert III. a. 710 werden die Umgesessenen, drei von jeder Seite, durch Urtheil des Gerichts zum Zeugniß aufgeboten. *Bréquigny*, *ed. Pard. Nr.* 478. Aber auch in dem Streit über den Marktzoll in Paris unter denselben Partheien und vor demselben König (*ibid. Nr.* 477.) heißt es: iterum inquisitum est per plures personas eciam et per ipsas precepciones. Endlich in dem Streit zweier Aebte vor dem Majordomus über eine Kirche a. 749. (*ibid. Nr.* 603.): tam per bonos homines et magnificos viros quam per predictas precepciones diligenter veritatem inquirentes *rel.* Brunner S. 111 folg.

44) Die allgemeine Verpflichtung hierzu enthält, in Bezug auf das fiscalische Interesse, der Fidelitätseid in *Cap. Aquisgr. a.* 802. *c.* 4. *p.* 91. — S. unten Note 55.

45) Pl. von 802. *Meichelbeck, Hist. Fris.* I. 2. *Nr.* 117. Tunc predicti Missi dominici — ipsos homines, qui hoc testificaverunt, in medium provocaverunt et per sacramentum fidelitatis, quem domno Karolo — imperatori ipso presente anno iuraverunt, adtestati sunt eos, ut omni modis absque ulla fraude vel ingenio, ita ut veracissime de ipsa causa scirent, ita in palam adnuntiarent, qui dixerunt: scimus *rel.* — Pl. von 807. *Goldast.* II. *Form. Nr.* 99. Wartmann, St. Gall. Urk. I. Nr. 187. Tunc predictus Comis, convocatis illa testimonia, qui de ipso pago erant, interrogavit eos per ipsam fide et sacramento, qua nostro domno data haberent, quidquid exinde scirent, veritatem dicerent. At illi dixerunt: per ipsum sacramentum, quod domno nostro data habemus, scimus *rel.* — *Pérard p.* 33. XII. (unter Carl dem Kahlen). Missi dominici — fecerunt requisitum — per illum sacramentum, quem

Unterthanenpflicht ein besonderer Eidschwur, die ganze Wahrheit in dieser Sache sagen zu wollen, der also der Aussage vorausgeht, von ihnen verlangt [46]). Bei Geistlichen wird auch wohl auf den Priestereid Bezug genommen [47]). Immer aber beruht die Verpflichtung zum Zeugniß auf der königlichen Autorität und Zwangsgewalt (bannus regius) [48]).

Daß also, wenn der König in Person Gericht hielt, wer auch die Partheien sein mochten, die Ermittelung der Wahrheit durch Inquisition von ihm angeordnet werden konnte, ist selbstverständlich [49]). Weit häufiger aber ertheilt er außerordentlichen Commissarien den Auftrag zur Inquisitio an Ort und Stelle [50]), entweder um dem Könige das Resultat zu berichten und dessen Entscheidung dadurch vorzubereiten, oder um selbst an des Königs statt das Urtheil zu fällen [51]). Die ordentlichen

domno Karolo regi habebant iuratum. Die in diesem Fall vorkommende Verweisung auf das Taufgelübde ging ohne Zweifel von dem Bischof aus, der als Missus mit zu Gericht saß. — *Fumagalli, Cod. Ambr. Nr.* 121. — interrogati ipsi in fide et sacramentum, quas domni imperatoris iuratum habebant, ut quidquid exinde scirent, certam dicerent veritatem.

46) Beispiele s. bei Brunner S. 150 folg., der mit Recht bemerkt, daß sich nicht überall erkennen lasse, warum das Eine und nicht das Andere. In dem Pl. von 802 Note 45 war der Fidelitätseid in demselben Jahre geleistet. In den Fällen bei Brunner S. 152. werden die Beamten auf den Treueid verwiesen, die anderen Zeugen schwören noch einmal.

47) *Muratori* II. *p.* 951. 927. V. *p.* 923.

48) *Pérard p.* 32. XII. — fecerunt ibi venire pagenses nobiliores et ceteros quamplures de ipso comitatu per bannum domni regis. — *Mem. di Lucca* IV. 2. *Nr.* 39. *p.* 54. Pl. von 871. Quotsi venire aliquis contempserit aut facta inquisitione super sagramento dicere noluerit, bannum nostrum in rebus illius per predictos Missos mittere iubemus. — Wartmann, St. Gall. Urk. II. Nr. 680. S. 282. Pl. von 890. Omnes principes ex tribus comitatibus — cum reliqua populorum multitudine in unum fecit convenire — regia auctoritate conquisiturus (l. inquisiturus).

49) Beispiele von Carl dem Großen, Carl dem Kahlen, Ludwig dem Deutschen und Carl dem Dicken s. bei Brunner S. 111 folg.

50) Das schriftliche Inquisitionsmandat pflegte bei Eröffnung der Verhandlung vorgelegt und dem Gegner mitgetheilt zu werden. Urk. von 891. *Gall. chr.* VI. 170. *Nr.* 5. *Vaissette* II. *Nr.* 12.

51) Zahlreiche Beispiele bei Brunner S. 115—123. In dem Rechtsstreit des Bischofs von Marseille gegen den Fiscus im J. 780 reguliren die königlichen Missi in Folge der Inquisitio den Besitzstand, berich-

Missi dominici, die überhaupt den König als seine Bevollmächtigte vertraten, übten auch dessen Inquisitionsgewalt allgemein, nicht bloß, wie wir früher gesehen, zur Ermittelung von Verbrechen [52]), sondern auch in allen bei ihnen angebrachten Rechtsstreitigkeiten, insofern es ihnen nöthig schien, zum Behuf des Beweises [53]). Dagegen war diese Inquisitionsgewalt in der ordentlichen Gerichtbarkeit der Grafen nicht enthalten; sie hatten die Befugniß dazu nur, insofern der König sie ihnen im einzelnen Fall übertrug [54]), oder eine Parthei ihr Recht zum Inquisitonsbeweise vor ihnen geltend machte.

II. Dies Recht zum Inquisitionsbeweise steht 1) dem Fiscus ursprünglich zu und beruht, wie die Inquisitionsgewalt des Königs, auf der durch den Fidelitätseid bekräftigten Unterthanenpflicht, nicht bloß ihm persönlich gegenüber, sondern überall, wo sein Interesse in Frage kommt, die Wahrheit zu sagen [55]). In allen Fiscalsachen also [56]), sie

ten aber dem Könige, der das Definitivurtheil fällt. S. oben § 84 Note 49.

52) S. oben § 80 Note 39. 40.

53) *Cap. Miss. a.* 802. (*Paris et Rodom.*) *c.* 21. *p.* 98. Insuper totum, undecunque necesse fuerit, tam de iustitiis nostris, quamque etiam iustitias ecclesiarum, viduarum, orfanorum, pupillorum et ceterorum hominum inquirant et perficiant. *Senon. c.* 19. *ibid.* Ebenso schwören die Inquisitionszeugen vor den Missi Carls des Gr. in Istrien in Pl. von 804. (*Carli*, *Antichità Ital. P.* IV. *App. Nr.* 1.) die Wahrheit zu sagen: in primis de rebus sanctarum dei ecclesiarum, deinde de iustitia dominorum nostrorum, vel consuetudine terrae ipsius und in causis orfanorum et viduarum. Andere Beispiele s. bei Brunner S. 125—127. Für die Vertretung des Königs s. *Rozière form. Nr.* 475. — perducta est causa in noticiam Missorum principalium, qui convocatis undique civibus, iuramento praemisso et fide data, compulerunt eos, ut — veritatem ita praeferrent, sicut in conspectu ipsius imperatoris facere deberent.

54) Ein Beispiel bietet Urk. von 891. Note 50.

55) Hierauf geht die Note 44 citirte Clausel des Fidelitätseides in *Cap. Aquisgr. a.* 802. *c.* 4. *p.* 91. Secundo, ut nullus homo neque cum periurio neque alio ullo ingenio vel fraude —, neque servum domni imperatoris, neque terminum, neque terram. nihilque quod iure potestativo permaneat, nullatenus contradicat, neque abstrahere audeat, neque celare. Nur einen besonderen Fall enthält *c.* 39. *p.* 96.

56) *Cap. Miss. a.* 802. Note 53. — de iustitiis nostris, *Cap. Pipp.* Secretiores. *Pertz* I. *p.* 193. *c.* 12. *v.* De illis hominibus. Boretius S. 139. — de nostra iustitia. vgl. Brunner S. 69—71.

mögen wie gewöhnlich vor dem Könige oder seinen Missis, oder ausnahmsweise vor dem Grafen verhandelt werden [57]), insbesondere wo es sich um fiscalische Grundstücke oder Unfreie des Königs handelt, soll daher die Wahrheit regelmäßig durch Aufbietung der besten und glaubwürdigsten Gaugenossen von Seiten des Gerichts [58]) unter Auferlegung eines promissorischen Eides [59]) oder ohne einen solchen unter Verweisung auf den allgemeinen Fidelitätseid [60]) ermittelt, und nur wenn dies nicht möglich ist, dem Gegner der gewöhnliche Zeugenbeweis unter Vorbehalt des Gegenbeweises gestattet werden [61]).

57) *Resp. Misso cuidam dat. a.* 819. *c.* 1. *p.* 227. Ut pagenses per sacramentum aliorum hominum causas non inquirantur, nisi tantum dominicas. Adtamen Comes ille *rel.* Die folgenden Worte beweisen, daß die Anfrage des Missus und ebenso das Responsum des Königs die Befugniß des Comes zur Inquisitio betraf. Anders Brunner S. 128 Note 1. Einen Fall dieser Art betrifft Pl. von 807 vor dem Comes von Rhätien (*Goldast.* II. *form. Nr.* 99. Wartmann, St. Gall. Urkundenbuch I. Nr. 187.), wo nach Feststellung der Grenze durch die Inquisitionszeugen die Schöffen urtheilen: et quod in dominico dictum et terminis divisum coram testibus fuit, receptum sit ad parte domni nostri.

58) *Cap. Miss. a.* 817. *c.* 2. *p.* 217. Volumus autem, ut de his libertatibus et rebus reddendis, quae in nostra vestitura sunt, primo per optimos quosque inquiratur. Et si per illos (*veritas*) inveniri non possit, tunc per eos qui post illos in illa vicinia meliores sint. *Cap. Miss. a.* 829. *c.* 2. *p.* 354. Item volumus, ut omnis inquisitio, quae de rebus ad ius fisci nostri pertinentibus facienda est, non per testes qui producti fuerint, sed per illos, qui in illo comitatu meliores et veraciores cognoscuntur, per illorum testimonium inquisitio fiat. Das Gericht vertritt das Interesse des Fiscus, daher die Gegenwart des Advocatus Fisci nicht nothwendig ist. Brunner S. 75.

59) *Cap. a.* 819, *c.* 1. *p*, 217. Note 57. — per sacramentum. *Fumagalli, Cod. Ambr. Nr.* 41. *p.* 172. – exinde iuraverunt homines circummanentes ipsa loca, ut quidquid exinde scirent, certam dicerent veritatem.

60) *Cap. Theod. villa a.* 821. *c.* 2. *p.* 230. De rebus sive mancipiis, quae dicuntur a fisco nostro occupatas, volumus ut Missi nostri inquisitionem faciant sine sacramento per veraciores homines pagi illius circummanentes. Vgl. Urk. von 901. *Mur.* I. *p.* 718. *Giulini* II. *p.* 82.

61) *Cap. Miss. a.* 803. *c.* 9. *p.* 115. — Ut non admittantur testimonia super vestitura domni Pippini regis. *Cap. Miss. a.* 829. *c.* 2. Note 58. – non per testes, qui producti fuerint. *Cap. L. Sal. add. a.* 819. *c.* 8. *p.* 227. De rebus, inde domnus Carolus imperator vestituram habuit, — nequaquam volumus, si nostri testes boni et idonei sint (In-

2) Den Kirchen und Klöstern ist dann dieses fiscalische Recht, gleich anderen, übertragen worden. Zwar wenn sie im Eigenthum des Königs waren, verstand sich dies eigentlich von selbst; doch wurde es ihnen häufig durch königliches Privileg verliehen oder bestätigt [62]). Desgleichen Kirchen und Klöstern, die nur im königlichen Schutzrecht (mundeburdium) standen [63]), insbesondere den bischöflichen Kirchen [64]). Und da seit Ludwig dem Frommen hierunter der allgemeine königliche Schutz verstanden wurde [65]), so war es natürlich, daß man das Recht der Inquisitio als ein allen Kirchen und Klöstern zustehendes betrachtete [66]), und dasselbe dennoch auf Bitte der geistlichen Corporationen ihnen durch königliche Urkunden ausdrücklich verlieh oder bestätigte [67]), ein Schwanken zwischen Privileg und Gesetz, das wir früher in Bezug auf das Immunitätsrecht

quisitionszeugen), ut alii adversus eos in nostram contrarietatem consurgant. *Cap. Miss. a.* 817. *c.* 2. *p.* 207. Note 58. — Et si nec per illos (Inquisitionszeugen) rei veritas inveniri potest, tunc liceat litigantibus ex utraque parte testes adhibere.

62) Beispiele bei Brunner S. 84—88.

63) Brunner S. 88—94.

64) Brunner S. 95—101.

65) Sickel, Beiträge III. S. 66.

66) Dieß ist die Ansicht von Waitz IV. S. 357., die Brunner S. 101 folg. beschränkt. Für jenen scheint mir zu entscheiden *Cap. Miss. a.* 829. *c.* 1. 2. *p.* 354., worin dieß Recht allen res ecclesiasticae ertheilt wird, nur unter Vorbehalt definitiver reichsgesetzlicher Bestimmung, und *Cap. Worm. a.* 829. *c.* 16. *p.* 351., worin dieß für res ecclesiasticae verheißen wird. Daß der hier erwähnte dreißigjährige Besitz nicht eine Beschränkung, sondern nur den gewöhnlichsten Fall der Anwendung bezeichnet, beweist *Conv. Caris. a.* 870. *c.* 8. *p.* 520., die, wie Brunner S. 104. selbst bemerkt, diesen Zusatz einfach ignorirt. Das *Cap. Lud.* II. *c.* 37. *p.* 527., welches die Stelle des Capitulars von 829 mit dem Zusatz: et de rebus ecclesiasticis, reproducirt, ist zwar nach Boretius S. 192, 10. unecht, aber bezeugt doch das gemeine Recht zur Zeit der Entstehung der mailänder Handschrift des Liber Papiensis. Endlich entscheidet dafür *Cap. Aquisgr. a.* 801. *c.* 16. *p.* 88. Ut qui possessionem ecclesiae vel parochiam per triginta annos sine aliqua interpellatione tenuerit, iure perpetuo possideat. Si vero inde crebro repetitum fuerit, fiat diligens inquisitio *rel*, wenn es echt ist.

67) Brunners S. 101. davon hergenommener Gegengrund ist schon deshalb hinfällig, weil auch Kirchen und Klöstern im Eigenthum des Königs, denen die Inquisitio an sich zukam, dieselbe wie Brunner selbst S. 84 bemerkt, „durch königliche Urkunden „ausdrücklich verliehen oder bestätigt wurde."

kennen gelernt haben [68]). Daß der Inquisitionsbeweis aber auch hier ein Recht der Parthei war, zeigt sich darin, daß derselbe nicht bloß im Gericht königlicher Missi, sondern auch in dem des Grafen und seiner Stellvertreter zur Anwendung kam [69]).

3) Wird dasselbe den königlichen Vasallen in Bezug auf die ihnen verliehenen Beneficien zugeschrieben, und wohl nicht bloß, wenn das Obereigenthum des Königs in Frage kam [70]).

4) Endlich haben es auch mitleidswürdige Personen (personae miserabiles), Arme, Wittwen und Waisen, oder sonst Ohnmächtige, denen nicht bloß die königlichen Missi vermöge der ihnen zustehenden Inquisitionsgewalt [71]), sondern, wenn sie selbst keine Zeugen finden können, auch der Graf durch Aufbietung solcher aus den Gaugenossen zu Hülfe kommen soll [72]).

68) S. oben § 77 Note 2—4.

69) Z. B. bei der Klage des Bischofs von Marseille vor dem Vicarius Comitis auf den ihm vom König verliehenen Zoll. Urk. von 844. *Gall. chr.* I. *instr. Nr.* 4. *p.* 107. und in dem Pl. von 889. in pago qui dicitur Para, — coram Burghardo Comite. Wartmann, St. Gall. Urk. II. Nr. 673. S. 275. — Im Pl. von 874. *Mur.* V. *p.* 988. fragen die königlichen Missi den Bischof von Como als Beklagten des Klosters St. Ambrosius, wie er beweisen wolle: aut per monimina, aut per inquisitionem, aut per testimonia; er hatte also die Wahl.

70) Waitz IV. S. 357. und Brunner S. 78, der es aber auf das streitige Obereigenthum beschränkt. Unzweifelhaft bezeugt wird es in dem Privileg Ludwigs des D. für St. Gallen von 873 (Wartmann II. Nr. 570) — talem legem —, qualem caetera monasteria et beneficia nostra habent. Nicht absolut beweisend ist Pl. von 780 *Gall. chr.* I. *instr. Nr.* 106., weil im Gericht königlicher Missi verhandelt wird. Ebenso wenig Pl. von 804. *Carli, Antichità Ital.* IV. *App. Nr.* 1., wo übrigens die Rechte des Dux Istriae schlechthin als fiscalische behandelt werden. Aus demselben Grund hatten auch in späterer Zeit die Fürsten Italiens das Inquisitionsrecht. S. Urk. von 1107. 1109. 1196. bei *Mur.* II. *p.* 60. 62. 90.

71) *Cap. Miss. a.* 802. *c.* 21. und Pl. von 804. oben Note 53.

72) *Resp. Misso cuidam dat. a.* 819. *c.* 1. *p.* 227. oben Note 57. — nisi tantum dominicas. Adtamen Comes ille, si alicuius pauperis aut impotentis personae causa fuerit, tunc Comes ille diligenter, et tamen sine sacramento, per veriores et meliores pagenses inquirat. Die Worte sine sacramento versteht Brunner S. 132. wie in *Cap. Theod. a.* 821. Note 60. von bloßer Verweisung auf den Treueid. Die Voraussetzung, daß die mitleidswürdige Person keine anderen Zeugen findet, enthält *Cap. a.* 817. *Leg.*

In diesem letzten Fall tritt also der Inquisitionsbeweis nur subsidiarisch ein. In den anderen Fällen des Rechts auf denselben schließt dieses natürlich anderen Zeugenbeweis des Gegners aus, insbesondere werden die Gerichte angewiesen im Interesse des Fiscus diesen nicht zuzulassen [73]). Auch soll die Aussage der Inquisitionszeugen von Seiten des Gegners nicht durch Gottesurtheil angefochten werden [74]), während allerdings der König zu Gunsten des Fiscus auch nach durchgeführter Inquisitio noch darauf provociren kann [75]). Capitularien sichern den Inquisitionszeugen, die zu Gunsten des Fiscus ausgesagt,

add. c. 3. *p.* 211. De viduis et pupillis et pauperibus. — Et si testes per se ad causas suas quaerendos habere non potuerint, – Comes illos per illos adiuvet. — Brunners Annahme S. 108., daß auch in Prozessen zwischen Christen und Juden Inquisitionsbeweis stattfinde, halte ich für unbegründet; denn die Schutzbriefe der Juden *Rozière form.* 27. 28. 29. geben dem Grafen nur das Recht, wenn die producirten Zeugen das Zeugniß verweigern, ut per veram et iustam inquisitionem faciat unumquemque secundum legem suam veritatem dicere, d.h. dieselben im gewöhnlichen Verhör (für diesen Sinn von inquisitio s. Brunner S. 26.) zum Zeugniß zu zwingen, nicht aber Gaugenossen zum Zeugniß aufzubieten.

73) S. Note 61.

74) *Cap. Noviom. a.* 808. *c.* 3. *p.* 152. Ut nullus testes mittere in iudicium (*sc. Dei*) praesumat, sed Comes hoc per veraces homines circa manentes per sacramentum inquirat; ut sicut exinde sapiunt, hoc modis omnibus dicant. Brunner S. 19 - 21. 68. hat aus *Cap. Miss. a.* 803. *c.* 11. *p.* 115. und *Cap. Loth. Lang.* § 1. *p.* 371. nachgewiesen, daß in iudicium mittere hier heißt: zum Gottesurtheil zwingen; und daß von Inquisitionszeugen in Fiscalsachen die Rede ist, beweist der Context. Bestätigend ist *Cap. Miss. a.* 817. *c.* 2. *p.* 217. *cf. Cap. Leg. add. a.* 817. *c.* 10. *p.* 24., wonach nur bei den subsidiarisch zugelassenen Beweis- und Gegenbeweiszeugen Gottesurtheil stattfinden soll. Das Erbieten der Inquisitionszeugen, ihre Aussage vor dem Könige mit dem Schwerte zu vertreten, im Pl. von 889 Wartmann, St. Gall. Urk. II. Nr. 673. war wohl nur eine leere Prahlerei, da die Gegner kein Recht hatten es zu verlangen. Vgl. Brunner S. 107.

75) *Cap. Pipp. Secretiores ed. Vesme c.* 6. = *Pertz p.* 193. *c.* 12. Boretius S. 137 folg. De illis hominibus vel sacerdotibus aut quibuslibet per regnum nostrum, qui propter premia aut parentelam de nostra iustitia inquirentibus — voluntatem obfuscare volunt Missis vel fidelibus nostris, et se in periuria mittunt, iubemus atque precipimus, ut si suspectio fuerit quod homo periurasset, ut postea hoc campo vel cruce iudicetur, ut ipsa veritas vel periurium fiat declaratum *rel.* Brunner S. 68 folg.

den königlichem Schutz zu [76]). Insofern nach germanischem Recht Thatsache und Recht, Verjährung und Gewohnheit in einander fließen, kann die Aussage der Inquisitionszeugen die Natur eines Weisthums annehmen [77]).

---

c. Urkunden.

§ 86. Urkunden (instrumenta, scripturae, monimina), als Beweismittel im Civilprozeß kommen in dieser Zeit noch häufiger vor als früher und werden im ganzen fränkischen Reich nach denselben Grundsätzen beurtheilt.

Beweisend sind nur öffentliche, von einem Cancellarius oder Notarius des Königs oder eines königlichen Beamten, insbesondere des Grafen [1]), ausgefertigte Urkunden. Ihrem Inhalt nach sind sie theils königliche Verleihungen (praecepta, praecepciones), theils richterliche Urtheile (iudicia), theils Notariatsinstrumente unter Zuziehung von Zeugen über Rechtsgeschäfte errichtet (cartae, cartulae), wie es regelmäßig bei Veräußerung von Grundeigenthum und Freilassungen geschah.

Auch durch sie, wie durch Zeugen, soll die wirkliche Wahrheit dem Richter dargethan werden, und der Vorzug, der ihnen auch jetzt vor den förmlichen Beweismitteln eingeräumt wird, beruht darauf, daß sie dem Zeugniß von Richtern und Schöffen gleich geachtet werden, welches nach altgermanischem Grundsatz

76) *Cap. Aquisgr. a.* 802. *c.* 31. *p.* 95. *Cap. Miss. a.* 802. *inf. c.* 17. *Senon.* 16. *Cap. exc. c.* 55. *p.* 101. Brunner S. 73 folg.

77) Pl. von 804 in Note 53. — de consuetudine terrae ipsius, über die herkömmlichen Leistungen. *Pl. saec.* IX. *Fumagalli*, *Cod. Ambr. Nr.* 41. *p.* 172. Zeugniß oder Weisthum der homines circum manentes über die persönlichen Dienste der Hörigen eines königlichen Hofes u. s. w. Vgl. Bd. IV S. 6. Note 4. und Grimm RA. S. 858.

1) Vgl. über die Notarien und ihre Geschäfte § 76 Note 56—65. Wurde ausnahmsweise ein anderer Schreiber zugezogen, so erhielt er durch den Auftrag des Richters gleiche Glaubwürdigkeit. Anders Sohm I. S. 527 folg.

Eid und Gottesurtheil ausschloß. Es konnte daher, wenn die streitige Thatsache ihrer Natur nach Urkundenbeweis zuließ, nicht nur der Beklagte durch Production solcher gleich in dem ersten oder in einem zweiten dafür anberaumten Gerichtstermin sich seiner gesetzlichen Eidespflicht entziehen, sondern auch der Kläger durch dieselbe dem Eide des Beklagten zuvorkommen [2]).

Auch das Verfahren ist das frühere. Die Urkunden werden im Original dem Gericht vorgelegt und nach dem Spruch der Schöffen, ohne Zweifel durch den Gerichtsschreiber, verlesen [3]). Wird die Wahrheit oder Echtheit eines Notariatsinstruments angefochten, so muß es durch den Eid der Instrumentszeugen oder des Notars mit einer gleichen Zahl von Eidhelfern bekräftigt werden. Ist beides unmöglich, so tritt Schriftvergleichung mit zwei andern Urkunden desselben Notars ein [4]). Die für falsch oder ungültig erkannte Urkunde muß der Producent auf Befehl des Gerichts vernichten [5]). Der Notar, der eine falsche Urkunde geschrieben, verliert zur Strafe die Hand, er kann sie aber durch Zahlung einer Buße lösen [6]). Bei Traditionen [7]) und Freilassungen hat der Auctor, wenn er noch lebt, die Vertretung der Handlung selbst und der Echtheit der Urkunden zu übernehmen;

2) S. § 84 Note 20. 22. 31. 33. 35—40. 42—46. 49. 58—62.

3) Z. B. Pl. von 806. *Mur.* I. *p.* 974. Idcirco nos auditores fecimus moniminas coram nos relegi ipsas. Pl. von 847. *p.* 511. — fecimus nobis cartula ipsa relegi, ubi inter reliqua contenebatur u. s. w.

4) Dieß Verfahren der *L. Rip.* 59, 2—5. (Bd. IV. S. 493.) wird noch bestätigt durch *Cap. Lud.* II. *a.* 854. *c.* 5. *p.* 436. und *Cap. Wid. a.* 891. *c.* 6. *p.* 557. Vgl. auch *Extr. L. Sal.* III. IV. *p.* 100. *M.*

5) Pl. von 862. *Vaissette* I. *Nr.* 88. — Et tunc nos iudices ordinavimus D., ut eam excidere fecisset, sicut et fecit.

6) *Cap. alia a.* 803. *c.* 13. *p.* 120. Si inventus fuerit quis cartam falsam fecisse — manum perdat aut redimat. *Cap. Wid. a.* 889. *c.* 6. *p.* 557. schließt die Lösung der Hand aus. — Hieraus ist zu schließen, was die Zeitgenossen von den Pseudoisidorischen Fälschungen, wenn sie sie gekannt hätten, geurtheilt haben würden, und ob die Urheber derselben ihr Thun für so unschuldig gehalten haben, wie Neuere behaupten.

7) Pl. von 838. (Ravenna). *Fantuzzi* II. *Nr.* 2. Der Beklagte erklärt: cartam et auctorem abeo, und producirt sie im zweiten Termin. Pl. von 844 (Mailand). Pl. von 862. (Narbonne). oben § 84 Note 39 u. s. w.

letztere wird jedoch gegen Dritte durch sein Zeugniß allein nicht festgestellt [8]). Untergegangene Urkunden können auch jetzt durch eine öffentliche Prozedur erneuert [9]), oder ihre frühere Existenz und ihr Inhalt durch das Zeugniß des Notars und der Instrumentszeugen erwiesen werden [10]).

Da durch den Urkundenbeweis nicht förmliche Wahrheit festgestellt, sondern die wirkliche Wahrheit ermittelt werden soll, so wird auch Gegenbeweis durch Zeugen oder Urkunden zugelassen. Das Verhältniß derselben zu einander ist nicht gesetzlich bestimmt, sondern von dem freien Ermessen des Gerichts abhängig. So wird in dem einen Fall wegen widersprechender Zeugenaussagen eine Urkunde für gefälscht erklärt [11]), in einem anderen, wo jene nur den Besitz betreffen, rücksichtlich des Rechts den Urkunden der Vorzug gegeben [12]). Insofern diese nur den Titel begründen, jener, der Besitz, aber nach germanischem Recht

8) *Cap. Pipp. a.* 816. *c.* 5. *p.* 196. Si quis per cartulam ingenuus dimissus fuerit, et a quolibet homine (also von einem Dritten) ad servitium interpellatus fuerit, primo legitimum auctorem suae libertatis proferat, et in sua libertate perseveret (nämlich wenn der Auctor die Vertretung übernimmt und die rechtsgültige Freilassung beweist). Si vero legitimus auctor defuerit, (d. h. auch wenn der Auctor nicht producirt werden kann, wird der Echtheitsbeweis geführt durch Zeugen u. s. w.), testimonium bonorum hominum, qui tunc aderant, quando liber dimissus fuerit, so defendere permittatur (der Eid des Notars wird übergangen). Si vero testes defuerint, cum duabus aliis cartis, quae eiusdem Cancellarii manu firmatae sunt vel subscriptae, sua carta, quae tertia est, veram et legitimam esse confirmet. — Si vero qui interpellatus fuerit, nec auctorem, nec testimonia, nec cartae collatione ostendere potuerit, ipse qui eum inscripsit (anklagte), secundum legem cartam ipsam falsam esse faciat (durch das Urtheil des Gerichts). Die Gleichstellung des Auctors mit den Zeugen und der Schriftvergleichung beruht ohne Zweifel auf schlechter Fassung.

9) Pl. von 780. (Missi Carls des Gr.) *Gall. christ* I. *instr. Nr.* 106. Der Bischof Maurentius von Marseille — aliud relatum ibidem ostendit, quod Abbo patricius iuxta legis ordinem de interitione chartarum inscribere [*fecit*] in publico, vel coram bonis sacerdotibus atque illustribus personis, sicut lex est, roboratum ostendit, de ipsis chartis, quas Antenor patritius — de ipsa arca sancti Victoris abstraxerat et incendere ordinavit. Vgl. Bd. IV. S. 494, 75.

10) Pl. von 786 (Lucca). *Mur.* I. *p.* 532.

11) Pl. von 870. *Pérard p.* 150. oben § 84. Note 45.

12) Pl. von 806. *Mur.* I. *p.* 973. oben § 84 Note 46.

zur Ergänzung desselben nothwendig ist, tritt auch Zeugen- oder Inquisitionsbeweis zum Urkundenbeweise hinzu [13]). Der Inquisitionsbeweis kommt aber häufig auch als Surrogat für verlorene Urkunden vor [14]). Wenn beide Partheien Urkunden produciren, so entscheidet das Gericht über den äußeren oder inneren Vorzug [15]); im Zweifel kann es auf Eid [16]) oder Gottesurtheil erkennen [17]).

Allemal wird das Resultat des Urkundenbeweises, d. h. die dadurch begründete Ueberzeugung des Gerichts in einem Endurtheil ausgesprochen, wenn auch schon in dem Beweisurtheil dieser Erfolg als Präjudiz angedeutet war [18]).

---

d. Eid.

§ 87. Der **Eid** (sacramentum), insbesondere der Reinigungseid des Beklagten, der nach altgermanischer Anschauung im Beweisverfahren die erste Stelle einnahm, erschien der aufgeklärteren, insbesondere durch die Geistlichkeit vertretenen Ansicht, insofern die wirkliche Wahrheit durch Beweis ermittelt

13) Gewöhnlicher Zeugenbeweis über dreißigjährigen Besitz im Pl. von 869. *Baluz.* II. *App.* 98. Inquisitionsbeweis neben Urkunden in den älteren Fällen § 85 Note 43. und später im Pl. von 780. *Gall. chr.* I. *p.* 106. Pl. von 783. *Martené*, *Coll. ampl.* I. 41. Pl. von 804. *Carli*, *Antichità Ital.* IV. *App. Nr.* 1. Pl. von 829. *Galetti Nr.* 3. *p.* 185. Pl. von 844. *Gall. chr.* I. *p.* 107. Pl. von 852. *Vaissette* I. 76. Pl. von 898. *Vaissette* II. 21. *Pérard p.* 33. XII.

14) Z. B. Urk. von 852. *Mur.* II. *p.* 868. Urk. von 882. *Ughelli* II. 251. und viele andere, wo einer Kirche mit Rücksicht auf den Verlust ihrer Urkunden vom Könige das Recht zum Inquisitionsbeweis verliehen oder bestätigt wird.

15) In Pl. von 844. *Mur.* I. 467. und Pl. von 862. *Vaissette* I. 88. wird aus inneren Gründen der älteren Urkunde der Vorzug gegeben.

16) Pl. von 840. oben § 84 Note 43.

17) Pl. von 775. oben § 84 Note 44.

18) Im Pl. von 862 zu Narbonne (*Vaissette* I. *Nr.* 88. *Gallia christ.* VI. *p.* 313.) enthält das Beweisurtheil das Präjudiz der Zahlung von 10 Sol. und des Urtheils in contumaciam; das Resultat der Beweisaufnahme wird dann in einem Endurtheil ausgesprochen.

werden kann, widersinnig [1]), und mußte in der That bei der Auflösung der guten alten Sitte zu häufigen Meineiden, über die geklagt wird, führen [2]). Dennoch wurde auch nach dem Rechte der Capitularien, wie oben (§ 84) gezeigt worden, der Reinigungseid wegen Verbrechen allgemein und bei dem Streit um ein Recht wenigstens in Ermangelung anderer Beweise zugelassen, war also noch immer in so häufigem Gebrauch, daß die Gesetze ihn normiren und, soweit dieß dadurch möglich war, auch seinem Mißbrauch vorbeugen mußten. Dagegen kommt der Eid des Klägers (videredus) zum Beweise seiner Behauptung, auch in der Weise wie das spätere salische Recht ihn kannte, nicht mehr vor [3]).

Die Eidesfähigkeit ist nach Vorschrift der Capitularien wie der Volksrechte bedingt durch persönliche Freiheit [4]). Durch Rechtlosigkeit geht sie verloren [5]). Unmündige sollen nach den Kirchengesetzen nicht zum Eide gezwungen werden; doch scheint die abweichende Bestimmung des Burgundischen Rechts sich für die Gundobadingi behauptet zu haben [6]).

1) Unter Ludwig dem Frommen sagt der Erzbischof von Lyon *Agobardus*, *adv. L. Gundob. c.* 6. Quae utilitas est, ut propter legem quam dicunt Gundobadam, — non possit super illum testificari alter etiam bonus christianus? Ex qua re oritur res valde absurda, ut si aliquis eorum in coetu populi aut etiam in mercato publico commiserit aliquam pravitatem, non coarguatur testibus, sed sinatur periurare, tamquam non fuerint, per quos veritas posset agnosci. Diese Absurdität trat freilich nur dann ein, wenn sich in der versammelten Menge Niemand fand, der den Verbrecher auf frischer That ergriff und mit Gerüfte vor Gericht brachte.

2) Waitz IV. S. 354, 2.

3) Vgl. Bd. IV. S. 510 folg. Im Pl. von 868. *Pérard p.* 148. kommt zwar ein videredus vor, aber wie es scheint nur in untergeordneter prozessualischer Beziehung, nämlich die eidliche Versicherung, daß rechtlich verfahren sei, da in der Hauptsache der Beklagte schwören soll und durch Ausbleiben im Schwörungstermin sachfällig wird. Vgl. Sohm, Prozeß der L. Sal. S. 200. 207. Auch über Nebenpunkte der Sache selbst schwört der Kläger. S. z. B. *L. Alam. Karol.* 69, 1. 70, 1. Bd. IV. S. 50. Note 45.

4) Wo der Freie schwört, wird der Unfreie nur zum Gottesurtheil gelassen. *Cap. a.* 817. *Leg. add. c.* 1. *p.* 210.

5) *Cap. Aquisgr. a.* 809. *c.* 1. *p.* 155. Der zum Tode verurtheilte und begnadigte Verbrecher ist rechtlos: Et si ad sacramentum aliquid ei iudicatum fuerit, — ipse semper ad iudicium dei examinandus accedat.

6) *Cap. eccl. a.* 789. *c.* 63. *Omnibus. p.* 63. — Et ut parvuli,

Die Eidesformel ist die christliche: So wahr mir Gott helfe und seine Heiligen! [7]). Für Juden ist eine besondere vorgeschrieben [8]). Daß Geistliche eine einfache Versicherung an Eides statt abgeben sollen, kommt zwar als kirchliche Vorschrift vor, ist aber weder in geistlichen noch weltlichen Gerichten beobachtet worden [9]).

Als Ort der Ableistung der gerichtlichen Eide ist allgemein die Kirche vorgeschrieben, und zwar am Altar mit Bezug auf die daselbst aufbewahrten Reliquien [10]), womit nicht im Widerspruch steht, daß die Eide in Freiheitsprozessen an der althergebrachten Gerichtsstätte [11]) und in Sachen des königlichen Gerichts im Palatium geschworen werden sollen [12]); denn es konnte an diesen Orten immerhin ein kirchlicher Raum aufgesucht werden.

qui sine rationabili aetate sunt, non cogantur iurare, sicut Guntbadingi faciunt. *Cap. Francofurt. a.* 791. *c.* 45. *p.* 74. Et parvuli non trahantur ad sacramentum, sicut Guntbadingi faciunt = *Lib. Pap. Car. M.* 37. *Pertz* IV. *p.* 493.

7) *Cap. L. Rip. add. c.* 72. *p.* 118. — sic illum Deus adiuvet et Sancti, quorum istae reliquiae sunt, ut veritatem dicat. *L. Alam. Karol.* 6, 4. *p.* 133.

8) *Cap. Car. M. de Iudaeis c.* 4. *p.* 194.

9) *Cap. Aquisgr. a.* 801. *Capitula ex divinarum scripturarum scriptis, quae electi sacerdotes custodienda — censuerunt. c.* 19. *p.* 88 Ut nullus sacerdos quicquam cum iuramento iuret, sed simpliciter cum puritate et veritate omnia dicat. Eide der Geistlichen kommen in Gerichtsurkunden sehr häufig vor, und selbst die unter Carls des Gr. Vorsitz gehaltene Frankfurter Synode von 794 legte einem wegen Infidelität angeklagten Bischof den Reinigungseid mit Eidhelfern auf. *Cap. Francof. a.* 794. *c.* 9. *p.* 73. Auch das freilich zweifelhafte *Cap. Aquisgr. a.* 803. *c.* 9. *p.* 174. = *Benedict.* I. 36. *p.* 514. verlangt in Ermangelung des Beweises den Reinigungseid des Geistlichen mit Eidhelfern. Vgl. Rogge S. 236. Waitz IV. S. 360 Note.

10) *Cap. de part. Sax. a.* 785. *c.* 2. *p.* 50. Si cuilibet homini sacramentum debet aliquis, aframeat illum ad ecclesiam sacramenta ad statutum diem. *Cap. L. Rip. add. c.* 72. *p.* 118. Omne sacramentum in ecclesia aut supra reliquias iuretur, s. Note 7. *L. Baiuv. text.* III. 1, 5. — in altare. *Marculf. App.* 2. *Lindenbr.* 169.

11) *Cap. a.* 817. *Leg. add. c.* 14. *p.* 212. Ubi antiquitus consuetudo fuit de libertate sacramenta adrhamire vel iurare, ibi mallum habeatur et ibi sacramenta iurentur: mallus tamen neque in ecclesia neque in atrio eius habeatur. Minora vero placita *rel.* Rogge, Germ. Gerichtswesen S. 190. hat dieß mißverstanden.

12) *Cap. Aquisgr. a.* 809. *c.* 14. *p.* 156. Ut sacramenta, quae ad palatium fuerunt adrhamita, in palatio perficiantur.

Der Eid des Beklagten muß nach den Capitularien wie nach allen Volksrechten dieser Zeit regelmäßig mit Eidhelfern (consacramentales, coniuratores, sacramentales testes) geschworen werden, welche freie Leute, wenn auch nicht Grundbesitzer [14]), und seines Volksstammes [15]), in Erbschafts- und Freiheitsprozessen selbst Gau- und Geschlechtsgenossen sein müssen [16]). Ihre Zahl bestimmen die Volksrechte mit Rücksicht auf die Größe des Streitgegenstands noch sehr verschieden; die Capitularien kennen nur die fränkische Sechs- und Zwölfzahl [17]).

Das Verfahren besteht darin, daß dem Beklagten der Eid durch Urtheil auferlegt [18]) und die Ableistung in dem bestimmten Schwörungstermin förmlich von ihm angelobt wird (adrhamire) [19]). Der Erfolg des abgeleisteten oder nicht abgeleisteten Eides wird dem Beweisurtheil gewöhnlich als Präjudiz angehängt [20]), das Endurtheil aber dadurch nicht überflüssig ge-

13) Consacramentales *Cap. a.* 809. *c.* 14. *p.* 156. Coniuratores *Cap. Ticin. a.* 801. *c.* 10. *p.* 85. Sacramentales testes *Extr. L. Sal.* XII. *p.* 100. häufig auch testes schlechthin. Walter § 657. Ausnahmsweise in geringeren Sachen schwört der Beklagte allein, s. z. B. *L. Baiuv. text.* III. 1, 3. —8, 2. *L. Fris.* 11, 3.

14) *Cap. Worm. a.* 829. *c.* 6. *p.* 354. — qui proprium non habent, sed in terra dominica resident —. Coniuratores tamen aliorum liberorum hominum ideo esse possunt, quia liberi sunt.

15) Für die frühere Zeit s. Bd. IV. S. 29. Daß auch noch unter Ludwig dem Fr. nur der Volksgenosse Eidhelfer sein konnte, davon spricht wohl *Agobard adv. L. Gund. c.* 4. *Pertz, Leg.* III. *p.* 504.

16) Daher in diesen Sachen der Beklagte in patria sua = ubi natus est, zu schwören verlangen kann. *L. Sal. extr.* I. II. *M. p.* 99 *sq. Cap. Ticin. a.* 810. *c.* 10. *p.* 84. = *Ansegis* IV. 71. Anders nach *Cap. a.* 817. *per se scrib. c.* 10. *p.* 215. Aber was ist procinctus?

17) Für das ripuarische Recht s. *Cap. L. Rip. add. a.* 803. *c.* 4. 12. *p.* 117 *sq.* — cum sex electis vel si duodecim esse debent, quos invenire potuerit. Für das salische Recht *Extr. L. Sal.* V. XII. *p.* 100 *sq. M. Lindenbrog form.* 169. Allgemein *Cap. a.* 817. *Leg. add. c.* 1. *p.* 210.

18) *Cap. Aquisgr. a.* 801. *c.* 1. *p.* 155. Et si ad sacramentum ei aliquid iudicatum fuerit, quod iurare debeat *rel.* s. die Placita § 84 Note 43.

19) *Cap. de part. Sax.* 32. *p.* 50. *Cap. Aquisgr. a.* 809 *c.* 14. *p.* 156. — sacramenta ad palatium adrhamita. *Cap. a.* 817. *Leg. add. c.* 14. *p.* 212. sacramenta adrhamire *c.* 15. *p.* 213. — si res non habet, fideiussores donet.

20) Pl. von 868. *Pérard p.* 148. — quod post 40 noctes iurasset, aut quod lex est fecisset.

macht [21]). Der Schwur muß von dem Beklagten oder von seinem gesetzlichen Vertreter persönlich erfolgen [22]), und wenn er im Termin ohne Entschuldigung ausbleibt, wird er sachfällig [23]). Er schwört zuerst und seine Eidhelfer bestätigen nachher Einer nach dem Anderen, daß er recht geschworen [24]).

Die Anfechtung des geschworenen Haupteides ist möglich durch Gottesurtheil und der Meineidige verliert zur Strafe die Hand [25]), und überdieß für die Zukunft die Eidesfähigkeit [26]), während seine Eidhelfer als Strafe ihrer Leichtgläubigkeit nur eine Buße zahlen [27]).

e. Gottesurtheil [1]).

§ 88. Das Gottesurtheil (iudicium Dei), das nach altgermanischer Ansicht in letzter Instanz über Schuld oder Unschuld im Rechtsstreit entscheidet und deshalb im eminenten Sinn Urtheil schlechthin (Nordisch ordal, Lat. iudicium) genannt wird [2]), wurde jetzt zwar auch schon angezweifelt; Carl

In Formeln *Marculf.* I. 38. *App.* 5. *Sirmond.* 30. 40. *Andegav.* 10. 28. 29. 30. Ohne Präjudiz *Marculf. App.* 2. *Lindenbrog* 169.

21) *Lindenbrog form.* 168.

22) Ueber den gesetzlichen Vertreter s. oben § 81 Note 50. *Cap. a.* 883. *c.* 12. *p.* 553. gestattet den königlichen Vasallen den Eid durch einen ihrer Untervasallen (homines) zu leisten.

23) S. z. B. § 84 Note 48. und unten § 91 Note 25. Die Eidhelfer konnten zum Erscheinen, wenigstens im Königsgericht, gezwungen werden. *Cap. Aquisgr. a.* 809. *c.* 14. *p.* 156.

24) *Cap. L. Rip. add. a.* 803. *c.* 12. *p.* 118. *Form. Sirmond.* 41. *Cap. Olonn. a.* 825. *c.* 8. *p.* 252. Statuimus, ut iuratores omnes singillatim iurent.

25) *Cap. a.* 779. *c.* 10. *p.* 36.

26) *Cap. eccl. a.* 789. *c.* 63. *p.* 63.

27) *L. Sal. Nov.* 136. *p.* 69. *M. L. Sal. em.* 50, 3. 4.

1) Vgl. Eichhorn § 208. S. 773. Walter §§ 678—683. Waitz IV. S. 359 folg. und die von demselben angeführten Monographien.

2) Für iudicium schlechthin s. *Cap. Noviom. a.* 809. *c.* 3. *p.* 152. — *Aquisgr. a.* 808. *c.* 10. *p*, 156. — *Sax. p.* 170. *c.* 5. (Boretius S. 98.) — *Lang. p.* 193. *c.* 12. (Boretius S. 181.) *L. Chamav.* 46. 48. *L. Fris.* 14, 3. **Rozière** *form.* 27.

der Große aber fand es eben deshalb im Interesse der Rechtssicherheit nützlich zu befehlen, daß Jedermann sich demselben unterwerfen müsse[3]), und die Kirche, bei der Unmöglichkeit es ganz zu verbannen, schlug mancherlei Wege ein, es mit christlichen Vorstellungen und Gebräuchen in Verbindung zu setzen und dadurch zu heiligen.

Von den verschiedenen Arten desselben entsprach der gerichtliche Zweikampf (pugna, campus) am Meisten der germanischen Sinnesart, weil sich darin die tapfere persönliche Verfolgung des Rechts mit dem Glauben, Gott werde diesem den Sieg verleihen, verband. Er findet sich daher in allen Volksrechten der im fränkischen Reich vereinigten Stämme[4]) mit alleiniger Ausnahme des altsalischen, welches aber schon unter den Merovingern auch in dieser Beziehung dem Ripuarischen gewichen war[5]). Auch nach den Capitularien ist der Zweikampf daher die regelmäßige Form des Gottesgerichts, obgleich schon die langobardischen Könige[6]) und jetzt auch fränkische Geistliche bemerkten, daß damit eigentlich das Recht des Stärkeren anerkannt werde[7]). Nur weniger blutig ist der gerichtliche Zweikampf nach fränkischem Reichsrecht, weil er regelmäßig nicht mehr mit dem Schwert[8]), sondern, außer zur Reinigung von der Infidelität, mit Schilden und Knütteln (scutis et fustibus) ausgefochten werden soll[9]). Doch wird er als ein Vorrecht der Freien betrachtet; für Unfreie tritt eine andere

3) *Cap. Aquisgr.* I. *a.* 809. *c.* 25. *p.* 157. Ut omnis homo iudicium Dei credat absque ulla dubitatione.

4) Der Ripuarier, Burgunden, Langobarden, Alamannen, Bajuvarier, Thüringer, Friesen und Sachsen. Die Gothen hatten ihn frühzeitig abgeschafft (s. Bd. IV. S. 287 Note 20.), fügten sich aber jetzt der fränkischen Sitte s. Note 9.

5) S. Bd. IV. S. 512 Note 71.

6) S. Bd. IV. S. 381 Note 37.

7) *Agobardus adv. L. Gundob.* c. 7. 10. 13. 14. *Pertz* III. *p.* 504. Waitz cit. Note 6.

8) *L. Alam. Pactus.* 34. 36. *Karol.* 44. 84. Ob die Alamannen sich in diesem Gebrauch gegen das Reichsrecht behaupteten?

9) *Cap. L. Rip. add. a.* 803. c. 4. *p.* 117. — *de latron. a.* 804. c. 3. *p.* 129. — *p.* 84. c. 9. (Boretius S. 120.) *Cap. a.* 816. *c.* 1. *p.* 195. — *Leg. add. a.* 817. c. 10. *p.* 212. c. 15. *p.* 213. *Cap. Olonn. a.* 825. *Gen. c.* 12. *p.* 255. — praeter de infidelitate! Die Gothen schon damals zu Roß, s. Waitz S. 360 Note 2.

Art des Gottesgerichts an die Stelle [10]). Die Vollziehung des Kampfes geschieht öffentlich vor Gericht und einem dazu bestellten Aufseher [11]) durch die streitenden Theile selbst [12]) oder ihre gesetzlichen Vertreter [13]); nach einzelnen Volksrechten auch durch gemiethete Kämpfer [14]).

Ohne Zweifel eine Erfindung der Geistlichkeit war an Stelle des eigentlichen Zweikampfs die Kreuzesprobe (cruce) [15]), da die Streitenden mit ausgebreiteten Armen die Figur des Kreuzes darstellen und der zuerst Ermüdende für besiegt gilt. Sie wurde besonders in Sachen der Geistlichen und auf nicht streitbare Personen angewandt [16]), aber auch sonst dem eigentlichen Zweikampf vorgezogen [17]). Später aber hat sie Lud-

10) S. Note 19. 20.

11) *L. Baiuv. text.* III. 2, 1. *p.* 386. — in praesenti populo, ut per iudicium nullus pereat. 2, 12. *p.* 391. Si quis in curte Ducis, vel ubicunque pugnaverint campiones, manus ad levandum miserit, antequam ille iusserit, cui commendatus est praevidere *rel.*

12) Die Capitularien setzen dieß voraus, z. B. die widersprechenden Zeugen. *p.* 84. *c.* 9. duos ex ipsis. *p.* 195. *c.* 1. — illi duo testes decertent. Auch in *Cap. a.* 817. *c.* 10. *p.* 212. ist der campio Einer der Zeugen.

13) S. oben § 81. Note 31. 50.

14) Nach Langobardischem Recht allgemein s. Bd. IV. S. 380. Nach *L. Baiuv. text.* III. 2, 1. nicht wegen Hochverrath, wohl bei Grenzstreit *tit.* 4, 8. Nach *L. Fris.* 14, 7. nur ausnahmsweise.

15) *Cap. ad L. Rib. a.* 806. *c.* 8. *p.* 118. — campo vel cruce contendatur. *Cap. Sax. p.* 170. *c.* 5. Boretius S. 98. — aut in campo aut ad crucem.

16) *Cap. a.* 801. *c.* 9. *p.* 84. (Boretius S. 140. a. 814—15.) Et in seculari quidem causa huiuscemodi testium diversitas campo componetur; in ecclesiasticis autem negotiis crucis iudicio rei veritas inquiratur. Hoc et de timidis atque imbecillibus seu infirmis, qui pugnare non valent, ne propter hoc iustitiam suam careant, censuimus faciendum. *Cap. a.* 816. *c.* 1. *p.* 195. — si stabiliores ipsi testes fuerint, tunc ad crucem examinentur. In dem Prozeß des Bischofs von Paris und des Abts von St. Denis vor Carl dem Gr. um den Besitz eines Klosters a. 775. **Bouquet** V. *Nr.* 32. — ut recto tramite ad Dei iudicium ad crucem eorum homines — exire atque stare debent.

17) *Divis. Imp. a.* 806. *c.* 14. *p.* 142. Si — controversia talis inter partes propter terminos aut confinia regnorum orta fuerit, quae hominum testimonio declarari vel definiri non possit, tunc volumus ut ad declarationem rei dubiae iudicio crucis Dei voluntas et rei veritas inquiratur, nec unquam pro tali causa — pugna vel campus ad examinationem iudicetur.

wig der Fromme als eine Entweihung des Kreuzes Christi verboten[18]).

Den altsalischen Kesselfang (aeneus)[19]) und die Feuerprobe (ferri candentis, per novem vomeres ignitos)[20]) kennen die Capitularien nur in Anwendung auf Unfreie, die ihr Herr durch Eid nicht vertritt[21]). Da diese Formen des Gottesurtheils auf dem Glauben beruhten, die Gottheit werde durch ein die Naturgesetze aufhebendes Wunder die Unschuld oder durch Versagung desselben die Schuld des Angeklagten offenbaren, so erfand der Aberglaube dieser Zeit zu demselben Zweck noch andere Proben, namentlich die des kalten Wassers (aquae frigidae), das den Schuldigen vermöge eines satanischen Wunders nicht untersinken lasse[22]), und manche Andere. Die Geistlichkeit aber suchte durch voraufgehende Beichte und Abendmahl den Schuldigen zum Geständniß zu bringen, oder durch feierliche Gebete und Exorcismen das göttliche Wunder herbeizuführen und den bösen Zauber fern zu halten[23]). Da hiernach das Gottesurtheil

18) *Cap. a.* 817. *ad Episc. c.* 27. *p.* 209. *cf. Leg. add. c.* 10. *p.* 212.

19) *Cap. Sax. p.* 170. *c.* 5. (Boretius S. 98.) — ipse servus aut ad aquam ferventem aut ad aliud iudicium se idoneare faciat. *Cap. Aquisgr. a.* 817. *Leg. add. c.* 1. *p.* 210. *cf. L. Fris.* III. 6.

20) *L. Rip.* 30, 1. Quodsi servus in ignem manum miserit *rel. Cap. L. Sal. add. a.* 803. *c.* 5. *p.* 113. — et si negaverit se illum occidisse ad novem vomeres ignitos iudicium Dei examinandus accedat. Die Vertretung durch den Herrn ist hier nicht denkbar, weil dieser den Unfreien vindicirt, der um den Beweis seiner Unfreiheit zu verhindern, einen Verwandtenmord begangen hat. Die *L. Thuring. c.* 4. läßt die Frau, die keinen Kämpfer unter ihren Verwandten findet, zu der Feuerprobe zu.

21) Vgl. *Edict. Pist. a.* 864. *c.* 20. *p.* 492. *Cap. Caris. a.* 873. *c.* 3. *p.* 520.

22) Erwähnt wird es in *Cap. Aquisgr. a.* 828. *c.* 5. *p.* 328. De iudicio aquae frigidae. Verboten in *Cap. Worm. a.* 829. *c.* 12. *p.* 352., ist aber noch lange im Gebrauch geblieben, später besonders in den Hexenprozessen angewandt worden, für welche schon *Cap. Caris. a.* 873. *c.* 7. *p.* 520. ein Gottesurtheil anordnet.

23) Die merkwürdigen, aber für uns nicht eben erbaulichen Formulare, die mit den uns erhaltenen altdeutschen heidnischen Zauberformeln eine auffallende Aehnlichkeit haben, giebt Baluze und *Walter* III. *p.* 559 —580., deren letztes freilich, die Beschwörung des Bienenschwarmes, nicht hierher gehört. *Cap. Aquisgr. a.* 809. *c.* 10. *p.* 156. bedroht den Priester, der durch Ertheilung des Chrismas den Erfolg des Gottes-

ein kirchlicher Act war, so wurden die Juden davon, aber auch von der seine Stelle vertretenden Tortur durch Geißelung, frei gesprochen [24]).

Das Verhältniß des Gottesurtheils zu anderen Beweisen wird zunächst dadurch bestimmt, daß es als das höhere Beweismittel an die Stelle des Eides tritt, also auch wie dieser nur in Ermangelung wirklichen Beweises durch Zeugen, Urkunden u. s. w. statt findet [25]). An die Stelle des Eides aber tritt es nach den Capitularien: 1) auf Antrag des Klägers, der den Beklagten nicht zum Eide lassen will [26]). 2) Wenn der Beklagte nicht schwören kann, weil er unfrei [27]) oder rechtlos ist [28]) oder keine Eidhelfer findet [29]). Insofern kann also der Beklagte auch diesen schwereren Unschuldsbeweis freiwillig übernehmen. 3) Wegen gewisser schwerer Verbrechen oder dringenden Verdachts soll das Gericht nicht den Eid, sondern nur Gottesurtheil zulassen [30]). Endlich 4) findet das Gottesur-

urtheils zu bestimmen sucht, mit Degradation und Verlust der Hand. Päpstliche Verbote des Gottesurtheils, schon aus dem Ende des neunten Jahrhunderts, erwähnt Walter RG. § 673. Note 6.

24) Urk. Ludwigs des Fr. *Bouq.* VI. *p.* 650. *Rozière form.* 27. Et nullatenus volumus, ut praedictos Iudaeos ad nullum iudicium examinetis, id est neque ad ignem, neque ad aquam calidam, vel etiam ad flagellum.

25) Vgl. Note 16. und §§ 84. und 87.

26) *Cap. ad L. Rib. a.* 803. *c.* 4. *p.* 117. De sonesti — cum duodecim iuret. Aut si ille, qui causam quaerit, duodecim hominum sacramentum recipere noluerit, aut cruce aut scuto et fuste contra eum decertet. *Cap. de latron. a.* 804. *c.* 3. *p.* 129. Si per sacramentum qui se exsedoniare voluerit, et fuerit aliquis qui contra eum contendere vellit, retrahat alius manum de super altare antequam iuratores sui iureut, et exeant in campum cum fustibus *rel. Cap. Sax. p.* 170. *c.* 5. Si aliquis Saxo hominem comprehenderit, — dicens quod illi habeat damnum factum, et hoc contendere voluerit, in iudicio aut in campo aut ad crucem licentiam habeat. Si vero hoc noluerit, cum suis iuratoribus ipse liber homo se idoniare faciat.

27) *Cap. Sax.* in Note 26. *Cap. a.* 817. *c.* 1. *p.* 210. *L. Cham.* 44. 46.

28) *Cap. a.* 809. *c.* 1. *p.* 155.

29) *Cap. Francof. a.* 794. *c.* 9. *p.* 72. Der wegen Infidelität angeklagte Bischof Petrus: Qui dum episcopus cum quibus iuraret non invenisset, elegit sibi ipse ut suus homo ad Dei iudicium iret *rel.*

30) Nach *Cap. ad L. Rib. a.* 806. *c.* 8. *p.* 118. der Besitzer, wenn der Auctor die Gewährschaft abschwört.

theil statt, nicht bloß wenn die rechtliche Lage der Partheien ganz gleich ist, also kein Theil das Recht zum Eide hat [31]), sondern auch wenn Beweis und Gegenbeweis durch Zeugen [32]) oder Urkunden sich völlig die Wage halten [33]). Daß durch Gottesurtheil als das Höhere der Haupteid angefochten werden kann, ist früher vorgekommen [34]).

Was endlich das Verfahren betrifft, so wird auch hier allemal durch ein Beweisurtheil auf den gerichtlichen Zweikampf oder die Kreuzesprobe u. s. w. in einem dafür angesetzten Termin erkannt und deshalb Bürgschaft gegeben, der Erfolg aber nicht immer zum voraus als Präjudiz, jeden Falls aber durch ein darauf folgendes Endurtheil bestimmt [35]).

5. Das Urtheil.

§ 89. In dem Beweistermin wird der Erfolg des erbrachten oder nicht erbrachten Beweises durch ein zweites Urtheil der Schöffen ausgesprochen, welches nicht mehr, wie nach älterem fränkischen Recht, durch das bedingte Beweisurtheil überflüssig gemacht ist [1]). Sein Inhalt ist natürlich mit Rücksicht auf jenen Erfolg ein verschiedener und wesentlich bedingt durch das eigenthümlich-germanische Beweisrecht.

Der römische Civilgeschworene konnte allemal, auch wenn nichts bewiesen war, ein bestimmtes Urtheil fällen; denn die Formula wies ihn durch die Worte: si non paret absolve,

Nach *Cap. Leg. add. a.* 817. *c.* 15. *p.* 213. wegen des zweiten Diebstahls. Nach *L. Alam. Karol.* 44. wegen aller Capitalverbrechen.

31) S. oben § 84 Note 54.

32) S. oben § 85 Note 34.

33) So in dem Prozeß zwischen dem Bischof von Paris und dem Abt von St. Denis vor Carl dem Gr. a. 775. oben Note 15. -- dum per ipsis instrumentis de utrasque partis certamen non declaratur, ut recto tramite ad Dei iudicium ad crucem eorum homines -- exire atque stare debent.

34) S. § 87 Note 23.

35) *Bignon form.* 12.

1) S. oben § 83 Note 21.

zur Absolution des Beklagten an, wenn der Kläger sein Recht nicht zu beweisen vermochte. Und dieser formale Grundsatz der Beweislast verpflichtet auch heutzutage den Richter in diesem Fall zu einem rein negativen Urtheil. Nach germanischem Recht führt das Beweisverfahren allemal zu einem positiven Resultat und, insofern die förmlichen Beweismittel, Eid und Gottesurtheil, nach germanischer Anschauung zu der wirklichen Wahrheit in einem realen Verhältniß standen, selbst zu einer positiven Ueberzeugung der Schöffen. Denn den Beklagten, der seine Unschuld nicht beschwören kann, oder der im Gottesurtheil unterliegt, haben sie Grund für schuldig zu halten [2]). Hieraus ergiebt sich Folgendes für das Urtheil im Beweistermin.

Hat der Beklagte an Stelle des Eides oder der Kläger, um diesen auszuschließen, Zeugen- oder Urkundenbeweis unternommen und diesen nach dem Urtheil der Schöffen nicht geführt, so tritt nun noch das Recht und die Pflicht zum Eide ein, es muß auf ihn erkannt werden und der Beklagte, der ihn nicht schwören kann, ist sachfällig [3]). Hält Beweis- und Gegenbeweis sich völlig die Wage, ist also die Lage der Partheien gleich, so kann nur Gottesurtheil entscheiden, auf welches also im Beweistermin noch erkannt wird [4]).

Ist dagegen der Beweis, durch Zeugen oder Urkunden oder durch Eid oder Gottesurtheil vollständig erbracht, so ergeht in diesem Termin das Endurtheil, d. h. die Schöffen sprechen aus, was sie in der Sache selbst für Recht erkennen [5]), sei es nun die Unschuld oder Schuld des Beklagten, und insofern ein Recht in Frage ist, daß dieses dem Beklagten oder dem Kläger zustehe. Auf dieser tieferen Anschauung für Wahrheit und Recht beruht es auch, daß nach geführtem Be-

2) S. Bd. IV. S. 31. Diese Folge des germanischen Beweisrechts für das Urtheil hätte schon dort S. 37. angeführt werden sollen.

3) S. § 81 Note 43.

4) S. § 84 Note 44. und § 88 Note 33.

5) Pl. von 806. *Mur.* I. *p.* 973. Propterea — optima comparuit lex, ideo iudicavimus. Pl. von 827. *ibid. p.* 481. — rectum apparuit eorum esse et iudicaverunt. Pl. von 865. *ibid. p.* 497. — paruit nobis esse recte et iudicavimus u. s. w.

weis, womöglich noch zur Bestätigung desselben, das Geständniß des Unterliegenden herbeigeführt wird [6]).

Ueberhaupt müssen die Partheien oder ihre Vertreter, wenn das Urtheil von den Schöffen gesprochen ist, dasselbe sofort entweder anerkennen oder schelten und werden, wenn sie Beides verweigern, bis sie sich für das Eine oder Andere entscheiden, in Haft gehalten [7]).

1) Das Schelten des Urtheils (blasfemare iudicium) oder die Behauptung, daß die Schöffen nicht dem Recht gemäß geurtheilt haben, ist das der römischen Appellation entsprechende Rechtsmittel und bringt die Sache zur Entscheidung in das Gericht des Königs, das, als gewissermaßen das ganze Volk vertretend, ein Schöffenstuhl von höherer Auctorität ist [8]). Wird das frühere Urtheil bestätigt, so zahlt der Unterliegende die Ordnungsbuße von 15 Solidi oder empfängt, wenn er zahlungsunfähig ist, ebensoviele Streiche [9]).

6) Pl. von 775. vor Carl dem Gr. *Bouquet* V. *Nr.* 32. Nachdem das Gottesurtheil der Kreuzesprobe gegen den Bischof von Paris und für das Kloster St. Denis entschieden hat, heißt es: ipse H. episcopus — se recognovit vel resededit (l. recredidit), quod nec ipse nec pars ecclesiae — directum habebant. Pl. von 862. *Vaissette* I. *Nr.* 88. Et tunc nos Iudices ordinavimus, ut — suam recognitionem scriptis fecisset, sicut et fecit, ubi dicit: Recognosco *rel.* Et tunc nos Iudices decrevimus, iudicium *rel.* Pl. von 843. *Baluz, Marca hisp. Nr.* 16. — praecepimus illi, ut faceret exinde sua professione scriptis et sua manu propria firmasset. *cf. Nr.* 47. Vgl. Bd. IV. S. 547

7) *Cap. in Theod vill. a.* 805. *c.* 8. *p.* 133. De clamatoribus vel causedicis, qui nec iudicium Scabinorum acquiescere nec blasfemare volunt, antiqua consuetudo servetur, id est ut in custodia recludantur, donec unum e duobus faciant. Et si ad palatium pro hac re postea reclamaverint *rel*, dann wird die reclamirende Parthei cum custodia et litteris an den König gesandt. Wiederholt in *Cap. excerpt. Loth.* I. *a.* 832. *c.* 5. *p.* 360. Es versteht sich, daß unter iudicium hier jedes Urtheil der Schöffen, nicht bloß das Endurtheil zu verstehen ist.

8) *Cap. Baioar. a.* 803. *c.* 7. *p.* 127. Ut si aliquis voluerit dicere, quod iuste ei non iudicetur, tunc in presentia nostra veniret. *cf. Pap. Pipp. R. inc. anni c.* 7. *p.* 31. Et si reclamaverit, quod legem ei non iudicassent, tunc licentiam habeat, ad palatium venire pro ipsa causa. Ein Beispiel ist Pl. von 829. *Galetti, del primicerio p.* 185. *Nr.* 3. In Sachsen wird vom Urtheil der Gemeinde auch an den königlichen Missus appellirt. *Cap. Sax. a.* 797. *c.* 4. *p.* 76.

9) *L. Sal. em.* 60, 4. *Cap. Mant. a.* 781. *c.* 4. *p.* 40. *cf. Cap. Pipp. cit.*

Verschieden davon ist die *Beschwerde wegen verweigerter oder verzögerter Justiz* gegen die Gerichtsobrigkeit, den Grafen oder seine Unterbeamten und die Vögte der Immunitäten [10]). Das Verfahren ist dieses. Den Grafen soll der Kläger dreimal angehen, den Beweis der Justizverweigerung sich durch Zeugen sichern und dann erst die Sache an den König bringen. Der Graf berichtet an den König und führt den Gegenbeweis durch eine von Notar und Zeugen aufgenommene Gerichtsurkunde und durch einen persönlich oder durch seinen Advokaten abzuleistenden Reinigungseid [11]). Ein Hauptgeschäft der königlichen Missi war es, Beschwerden über Justizverweigerung zu erledigen [12]).

2) Die ausdrückliche *Anerkennung des Urtheils*, insbesondere von Seiten der unterliegenden Parthei verleiht demselben seine volle Rechtskraft und bereitet dessen sofortige Erfüllung oder Vollstreckung vor.

Uebrigens erstreckt sich diese *Rechtskraft* auch über den vorliegenden Rechtsstreit hinaus und kann in jedem folgenden Prozeß um dieselbe Sache sowohl zur Begründung als zur Zurückweisung einer Klage angerufen werden [13]). Zu diesem Behuf nimmt auf Antrag des Siegers und Befehl des Gerichts der Notarius desselben über das Urtheil und die vorausgehende Verhandlung eine Urkunde auf, die vom Richter, den Schöffen und anderen Anwesenden unterzeichnet wird [14]). In Ermange-

10) *Cap. Pipp. a.* 782. *c.* 6. *p.* 43. Wegen der Strafen wird auf das fränkische und langobardische Recht verwiesen. *Cap. a.* 809. *c.* 7. *p.* 156. Die erwähnte Weigerung der Schöffen, das Urtheil zu fällen, gehört nicht hierher. Vgl. *Cap Pipp. R. inc. anni c.* 7. *p.* 31. De iustitia facienda *rel.*

11) *Cap. Mant. a.* 781. *c.* 2. *p.* 40.

12) S. § 75 Note 34.

13) Zur Begründung der dinglichen Klage in Pl. von 782. *Mabillon, de re dipl. Nr.* 55. Zur Zurückweisung der Klage in *Sirmond. form.* 42. Vgl. § 84 Note 52.

14) Urk. von 781. *Mabillon, de re dipl. Nr.* 55. Proinde opportunum fuit ipsi A. advocato S. Dionisii, ut talem notitiam bonorum hominum manu firmatam vel ipsius Comitis nomine R. seu qui ibidem fuerunt sedentes, prendere et accipere deberet. Uebereinstimmend *Rozière form. Nr.* 462. 481. Pl. von

lung einer solchen Gerichtsurkunde kann das Urtheil indeß auch durch Zeugen bewiesen werden [15]). Auch wer das rechtskräftige Urtheil anficht und unterliegt, zahlt die Ordnungsbuße von 15 Solidi oder empfängt die entsprechende Züchtigung [16]).

6. Die Execution.

§ 90. Wie überhaupt nach germanischer Anschauung Recht und Thatsache in nächster Verbindung gedacht werden, so wird auch das Urtheil und seine Erfüllung oder Vollziehung so nahe zusammengerückt, daß damit dem Rechtsstreit in jeder Beziehung sofort und für immer ein Ende gemacht ist [1]).

Deshalb enthält das Urtheil regelmäßig nicht bloß den Ausspruch der Schöffen über das streitige Recht, sondern auch den, eigentlich der Gerichtsobrigkeit zukommenden Befehl [2]), dem Gegner zu leisten, wozu er ihm in Folge jenes Rechtsspruchs verpflichtet ist; ja die Erfüllung selbst wird in der Regel sofort im Gericht herbeigeführt [3]) oder, insofern dieß nicht möglich ist, wenigstens gesichert [4]).

So wird beim Rechtsstreit um Grundeigenthum dem unterliegenden Beklagten aufgegeben, nicht nur die Buße für die

860. *Mur.* I. *p.* 361. — Et hanc notitiam pro securitate ipsius monasterii facere commonuimus. Quidem et ego A. Notarius ex nostrorum Iudicum admonitionem scripsi *rel.* Urk. von 845. *Mur.* II, *p* 973. nennt es pagina iudicii. Für die Unterschrift der Schöffen s. *Cap. a.* 832. *c.* 5. *p.* 438. — et quod iudicaverint sua subscriptione confirmare non dissimulent. Vgl. oben § 76 Note 34. Vgl. Sohm I. S. 526 Note 2.

15) *Cap. L. Sal. add. a.* 803. *c.* 10. *p.* 114. — ibique testibus convictus fuerit. Beispiel in Pl. von 844. *Mur.* I. *p.* 467.

16) *Cap. L. Sal. add. cit.*

1) Auch diese Eigenthümlichkeit des germanischen Prozeßrechts hätte schon oben Bd. IV. bemerkt werden können.

2) Früher trat dieser Unterschied von Rechtsspruch und Befehl besonders im Gericht des Königs hervor, s. Bd. IV. S. 437 Note 103.

3) S. oben § 83 Note 14—16. und unten Note 5. 6. 7. 11. Zuweilen geht der Befehl und die Befolgung desselben voraus und wird durch das Urtheil bekräftigt, z. B. *Bignon form.* 12.

4) S. Note 8. 9.

widerrechtliche Anmaßung des Besitzes zu zahlen [5]), sondern auch den Besitz des Grundstücks durch symbolische Revestitur vor Gericht mit Bürgschaft wegen künftiger Störungen dem Kläger zu gewähren, was dann Beides sofort geschieht [6]). Darauf folgt häufig die Naturalübergabe des Besitzes an Ort und Stelle [7]), die vor Gericht durch Bürgschaft [8]) oder durch Auftrag an den Gerichtsboten gesichert worden [9]). Unterliegt der Kläger, so muß dieser

5) *Form. Bign.* 12. — dum haec causa sic fuit inventa — solidos tantos ei transsolvere deberet, quod ita et fecit, et de ipsa terra ipsum illum revestire deberet, quod ita et fecit. *Meichelbeck* I. 2. *Nr.* 116. (Die Missi K. Carls) rogantes ipsum venerabilem A. episcopum complacitaverunt ei, sine compositione legitima res praedictas sanctae ecclesiae sana manu — et sine debito regali reddere. *Ibid. Nr.* 472. und 530. wo die Buße gezahlt wird.

6) *Meichelbeck* I. 2. *Nr.* 125. a. 807. — et reddidit eum per wadium suum et fideiussorem H. dedit. *Nr.* 126. — legitime superati reddiderunt in manum A. episcopi ipsam ecclesiam, — et statuerunt, ut nulla contentio amplius ex hoc orta aliquando ex ipsis fecissent. *Nr.* 127. 128. 242. 253. 256. 472. 473. Pl. von 844. (*Mur.* I. *p.* 529.) — Tunc ipse W. per fustem de manus sponte sua eundem I. avocato a parte sancte ecclesie — reddidit et revestivit de ante dicta portio. Pl. von 838 (*Fantuzzi* II. *Nr.* 2.) Et ita iudicavimus, ut de ipsas fundoras simul cum casis et rebus — reddere et investire debere, sicut ante per manicia ipso B. predicto avocato L. ad partem S. Apollinario in[vestivit]. Pl. von 870. *Pérard p.* 156. — praesentes diiudicaverunt Scabini cum aliis adsistentibus hominibus, ut res secundum legem redderent supra dictas, sicque facientes, cum festuca se in omnibus exutos dixerunt et praefato Abbati et missis domni I. reddiderunt. Pl. von 876. *ibid. p.* 153. — tunc illi convicti — cum festuca se in omnibus exutos se dixerunt his praesentibus. *p.* 152. — convictus — reddidit. Pl. von 883. *Gallia christ.* VI. *p.* 418. *Nr.* 8. — Et ego E. sic me evacuo de ipsa cella — et vera est mea professio et evaguatio in omnibus.

7) Pl. von 870. *Pérard p.* 149. Tunc iudicatum est a supradictis Scabineis: ut de ipsis casnis, quos mortificavit, legem faceret, et revadiaret seu supradictam terram legaliter redderet; quod et fecit. Denique idem H. super ipsam terram venit in fine — quantum ipsa finis continet supradicto A. advocato per herbam et cespitem ad partem Scti Benigni reddidit revestitum. Fecit his praesentibus *rel. Meichelbeck* I. 2. *Nr.* 129. 312. 368.

8) Pl. von 829. *Meichelbeck* I. 2. *Nr.* 530. — fideiussores vesturae ipsius.

9) Pl. von 852. *Vaissette* I. *Nr.* 76. — hordinavimus et [*de*]credimus iudicio, ut B. saione nostrum, ut super ipsas res venisset et C. exinde exigere (l. exire) fecisset et secundum legem ipsum R. ab omni integritate revestire fecisset a partibus

dem Beklagten das ihm zugesprochene Besitzrecht förmlich gewähren und wegen künftiger Störungen Bürgschaft geben [10]).

Bei dem Rechtsstreit über Freiheit oder Unfreiheit räumt der überwundene Beklagte seine Unfreiheit ausdrücklich ein und übergiebt sich auf Befehl des Gerichts sofort förmlich in des Klägers Dienstbarkeit [11]).

Bei dem Rechtsstreit um eine bewegliche Sache ist diese durch die Klage mit Anefang (interciatio) vor Gericht gebracht und kann, je nachdem das Urtheil für den Kläger oder den Beklagten ausfällt, auch sofort Diesem oder Jenem übergeben werden [12]).

Auch der wegen Schuld oder Ungericht verurtheilte Beklagte mußte ohne Zweifel, wie nach älterem fränkischem Recht, entweder sofort im Gericht zahlen [13]) oder ein Erfüllungsgelöbniß mit Bürgen leisten, wegen dessen Nichterfüllung in dem bestimmten Termin auch jetzt die altsalische Pfändung zunächst gegen den Hauptschuldner [14]), subsidiarisch auch gegen den Bür-

G. abbate, sicut et fecit. Pl. von 862. *ibid. Nr.* 88. *Gall. christ.* VI. *p.* 313. — ordinavimus L., vasso dominico, misso nostro, ut super ipsas res venire fecisset et sic ipso Abbati — reddidisset monasterium S. Velociani cum ecclesias, terris — et ipso fiscum Homegiano — ad eos tradere et revestire fecisset. Et sic ipse L. venit, — in comitatu Tolosano cum A. I. *rel.* Iudices et praesentia G. *rel.* et sicut per ipsum fuit ordinatum, eos revestivit atque tradidit. Im Pl. von 844. *Mur.* I. *p.* 467. trug der Graf einem Schöffen diese Vollstreckung des Urtheils auf, welcher jedoch damit nicht durchdrang.

10) *Meichelbeck* I. 2. *Nr.* 122. *a.* 806. Et spoponderunt se E. et H. (die Kläger), quod hanc hereditatem amplius querere non debuissent, nec unquam hoc movere presumerent, nec W. clericum (den Beklagten) amplius inquietare; et dederunt wadium confirmationis, et fideiussor inde est K. iudex. *Nr.* 123. *a.* 807. — et dederunt inde testes per aurem tractos. Pl. von 863. *Martené* I. *p.* 169. — se concredidit et, nulla Principis aut Iudicum vi aut oppressione, sed propria voluntate et iusto omnium assistentium iudicio easdem res cum querela warpivit.

11) *Meichelbeck* I. 2. *Nr.* 487. — diiudicaverunt populi et Scabini, ut se redderet in manus H. Episcopi et sui Advocati L. ad proprio servo; et ipse se ibidem reddidit in puplico placito, ac semet ipse credidit, quod aliter fieri non potuit, quia sui parentes servi fuerunt. Vgl. oben § 83 Note 16.

12) S. § 84 Note 21.

13) S. oben Note 5 und § 83 Note 14.

14) S. Bd. IV. S. 515. Wie ja

gen eintrat [15]). Wer weder zahlt, noch einen Bürgen stellt, also nicht nach Vorschrift des Gesetzes zu Recht steht, dessen Güter werden, bis er zahlt oder einen Bürgen stellt, mit Beschlag belegt [16]), ohne Zweifel auch nach Ablauf eines Jahres zur Befriedigung des Klägers verwendet [17]). Der Unvermögende muß sich bis zur Zahlung der Schuld seinem Gläubiger als Schuldknecht zu eigen geben [18]).

7. Contumacialverfahren [1]).

§ 91. Wenn also der beschriebene regelmäßige Gang des Rechtsstreits von Anfang bis zu Ende auf dem geordneten

auch die Zahlung noch immer in Mobilien geschehen konnte, z. B. *Cap. Sax. a.* 785. *c.* 27. *p.* 50. *Cap. Bon. a.* 811. *c.* 2. *p.* 173. Vgl. das Burgundische Recht IV. S. 171. das Langobardische S. 392. — Sohm I. S. 119. behauptet, die Execution habe in Beschlagnahme des ganzen Vermögens (res in bannum missae) bestanden. Ebenso schon von Meibom, D. Pfandrecht S. 56. 75. 97 folg. Diese fand jedoch nach dem Zeugniß der Quellen nur statt 1) wenn das Erfüllungsgelöbniß ohne Bürgschaft geleistet wurde (s. Note 16.) und 2) wegen Rechtsverweigerung (§ 91). Wie Sohm diese Execution, die er auch für die merowingische Zeit behauptet, mit K. Chilperichs Edict von 561 reimt, sagt er nicht In dem Fall des Ursus und Andrasius (*Gregor. Tur.* IV. 47.), zweier Römer, bewilligte der König die Missio in Bona nach römischem Recht.

15) *Cap. Sax. a.* 785. *c.* 27. *p.* 50. Si vero fideiussor diem statutum non observaberit, tunc ipse tantum damnum incurrat, quantum manus sua fideiussoris exstitit. Also Zahlung oder Pfändung nach dem Stand der Schuld. Für die nur subsidiarische Verpflichtung des Bürgen vgl. Sohm, Prozeß der L. Salica S. 165.

16) *Cap. Sax. cit.* Si quis homo fideiussorem invenire non potuerit, res illius in forbanno mittantur, usque dum fideiussorem praesentet.

17) S. § 91 Note 14.

18) *Cap. ad L. Rib. a.* 803. *c.* 3. *p.* 117. Homo ingenuus, qui multa qualibet solvere non potuerit et fideiussores non habuerit, liceat ei semet ipsum in wadium ei, cui debitor est, mittere, usque dum multa, quam debuit, persolvat. *Cap. a.* 811. *c.* 3. *p.* 169. *Cap. a.* 817. *c.* 2. *p.* 211. *Edict. Pist. a.* 864. *c.* 34. *p.* 497. Das Recht des Schuldknechts bestimmt *Cap. ad L. Sal. a.* 803. *c.* 8. *p.* 114. *Cap. Olonn. a.* 823. *c.* 10. *p.* 232.

1) Eichhorn § 207. S. 771. Maurer, Altd. Gerichtsverfahren §§ 76–79. Wilda, Strafrecht S. 521. Walter, D. R.G. S. 346. Waitz IV. S. 440. v. Meibom, das deutsche Pfandrecht S. 56. 75. 97 folg. Sohm I. S. 119 folg.

persönlichen Zusammenwirken beider Partheien und des Gerichts beruht: so bleibt die Frage, wie, wenn Eine Parthei, insbesondere der Beklagte, seine Mitwirkung versagt, d. h. vor Gericht nicht erscheint, dem Gegner zu seinem Recht verholfen wurde, die Frage nach dem Contumacialverfahren im Gegensatz des contradictorischen. Auch in dieser Beziehung sind als die zwei Hauptpunkte im Prozeß der erste und der zweite oder Beweis-Termin zu unterscheiden.

Da in dem ersten Termin durch Beantwortung der Klage der Grund zu dem ganzen Rechtsstreit gelegt wird, so muß der Beklagte, der der mehrmaligen Aufforderung in demselben zu erscheinen nicht Folge leistet, als ein solcher betrachtet werden, der überhaupt nicht zu Recht stehen will. Das gegen ihn eintretende Verfahren ist nach den Capitularien ein ganz neues, von dem der früheren fränkischen Volksrechte und Gesetze durchaus verschiedenes, ohne daß wir die Umbildung desselben geschichtlich nachweisen können.

Nach dem früheren fränkischen Recht wurde der Beklagte, der der mehrmaligen Privatladung nicht Folge leistete, in Contumaciam verurtheilt, und wenn er in dem bestimmten Termin weder zahlte noch Bürgschaft stellte, so wurde er nach der Lex Salica vor den König geladen; und wenn er auch hier nicht erschien, für friedlos erklärt, sein Vermögen aber confiscirt. Nach dem Edict K. Chilperichs vom J. 561 und der Lex Ripuariorum in ihrem zweiten der Lex Salica nachgebildeten Theil ist dieß Verfahren insofern gemildert, daß gegen den in Contumaciam Verurtheilten Pfändung eintritt und der Widerspruch gegen dieselbe zur Entscheidung des Königs gebracht wird; die Friedloserklärung aber nur den heimathlosen Verbrecher trifft. In den Gesetzen wird dieß Contumacialverfahren überhaupt nur auf die Klage wegen Ungericht bezogen [2]). Ob es auch bei den Klagen wegen Grundeigenthum und Schuld, auf welche, wie wir annehmen durften, die Mannitio ausgedehnt war [3]), eintrat, steht dahin.

2) S. Bd. IV. S. 519—525. 3) S. Bd. IV. S. 478. 491.

Das Recht der Capitularien unterscheidet sich von jenem älteren zunächst darin, daß zu der Privatladung (mannitio) als zweite Einleitungsform des Rechtsstreits die richterliche Ladung (bannitio) hinzugetreten ist, deren Verhältniß zu einander erst Ludwig der Fromme dahin geregelt hat, daß nur bei den Klagen um Grundeigenthum und Freiheit die alterthümliche Mannitio, in allen anderen Fällen die richterliche Ladung oder Bannitio statt haben soll [4]). Beide müssen mehrmals in gesetzlich bestimmtem Zeitraume wiederholt und erfolglos geblieben sein, damit das Verfahren gegen den Beklagten, als Einen, der nicht zu Recht stehen will, eintreten könne [5]).

Dieß Contumacialverfahren selbst tritt als ein neues insbesondere in Carls des Großen Capitular zur Lex Ripuariorum vom J. 803 hervor, obgleich es durch dieß Gesetz nicht zuerst eingeführt worden ist. Denn mit denselben Worten jenes Volksrechts leitet es das Verfahren ein, welches an Stelle des früheren an die mehrmals erfolglos gebliebene Mannitio sich anschließen soll. Dieß ist nämlich nicht mehr Pfändung des in Contumaciam verurtheilten Beklagten, zur Befriedigung des Klägers, sondern gerichtliche Beschlagnahme seiner sämmtlichen Güter (possessio in bannum missa) [6]). Ebenso soll nach dem Capitular Ludwigs des Frommen zu allen Volksrechten vom J. 817 in den Fällen der Bannitio, wenn diese nach ein-

4) S. oben § 82 Note 23.

5) Die verschiedenen Bestimmungen über die Zahl der Privatladungen und die Fristen s. oben § 82 Note 13. Für die Bannitio *Cap. Leg. add. a.* 817. *c.* 12. *p.* 212. — si post unam et alteram Comitis admonitionem ad mallum venire noluerit. *Cap. Caris. a.* 873. *c.* 3. *p.* 519. Et si post secundam Comitis admonitionem ad mallum venire noluerit *rel.* Im Gericht der Missi dreimal *Cap. Misso a.* 803. *c.* 4. *p.* 122. Die Fristen bestimmt *L. Chamav.* 43 (44) mit Rücksicht auf die Sache und den Stand des Beklagten auf 7 oder 14 Tage. Im Gericht des Königs 21 Tage. Urk. von 775. Sickel, *Acta K.* 38.

6) *Cap. L. Rip. add. a.* 803. *c.* 7. *p.* 117. Si quis ad mallum legibus mannitus fuerit et non venerit, — quindecim solidis culpabilis iudicetur. Sic ad secundam et terciam. Si autem ad quartam venire contempserit, possessio eius in bannum mittatur *rel.* Vgl. *L. Rip. tit.* 34.

maliger Wiederholung erfolglos geblieben, die gerichtliche Beschlagnahme der Güter eintreten (res eius in bannum missae) [7]). Diese Beschlagnahme ist aber nur eine provisorische Maßregel; denn der Beklagte kann noch während Jahr und Tag zu Recht stehen, d. h. sich vertheidigen und dadurch den freien Besitz seiner Güter wieder erlangen [8]), und eben dazu soll er durch jene Beschlagnahme genöthigt werden [9]). Erst wenn er diese Frist versäumt hat, wird sein Vermögen zur Verfügung des Königs gestellt, der nun darüber entscheidet [10]).

Diese Entscheidung war wohl niemals ganz willkührlich; die Grundsätze, nach denen sie erfolgte, erfahren wir aber erst aus dem angeführten Capitular Ludwigs des Frommen [11]). Der Haupterfolg ist, daß das Gut des Beklagten zur Strafe seiner beharrlichen Rechtsweigerung, auch ohne seine Friedloserklärung, dem königlichen Fiscus verfällt [12]). Natürlich aber nur, insoweit es wirklich sein Eigenthum ist; daher, wenn er sich mit seinen Miterben noch nicht auseinandergesetzt hat, der Graf diese

7) *Cap. Leg. add. a.* 817. *c.* 12. *p.* 212. (Vgl. das vermeintliche *Cap. a.* 801. *c.* 12. *p.* 88. und Boretius S. 120.) De mannire. Si quis de statu suo, id est de libertate vel de hereditate compellendus est, — manniatur, de ceteris vero causis — non manniatur, sed per Comitem banniatur. Et si post unam et alteram Comitis admonitionem aliquis ad mallum venire noluerit, rebus eius in bannum missis, venire et iustitiam facere compellatur. *Cap. Caris. a.* 873. *c.* 4. *p.* 519. — rebus eorum in bannum missis venire et iustitiam reddere compellantur.

8) *Cap. Leg. Rip. add. cit.* – donec veniat et de re, de qua interpellatus fuerit, iustitiam faciat. Si intra annum non venerit *rel.*

9) Note 7. So werden auch die Inquisitionszeugen zum Erscheinen genöthigt. Urk. von 871. *Memorie di Lucca* IV. 2. *Nr.* 39. *p.* 54.

10) *Cap. L. Rib. add. cit.* Si infra annum non venerit, de rebus eius, quae in bannum missae sunt, Rex interrogetur, et quidquid inde iudicaverit, fiat. Similiter et de beneficio hominis, si forte res propriae non habuerit, mittatur in bannum, usque quo Rex interrogetur.

11) *Cap. Leg. add. a.* 817. *c.* 11. *p.* 212. De proprio in bannum misso. Von beneficium ist hier nicht die Rede. Vgl. *Cap. a.* 801. *c.* 13. *p.* 85. Boretius S. 120.

12) *Cap. cit.* Cuiuscunque hominis proprietas — in bannum fuerit missa, et ille re cognita, ne iustitiam faciat, venire distulerit, annumque et diem in eo banno illam esse permiserit, ulterius eam non acquirat, sed ipsa fisco nostro societur.

berufen, die Theilung gesetzlich bewirken und nur den Erbtheil des Beklagten dem Fiscus zusprechen soll [13]). Ferner soll, wenn die Klage ein Verbrechen betraf, durch den Grafen und seine Unterbeamten aus dem in Beschlag genommenen Gut, und zwar zunächst aus den beweglichen Sachen, wenn diese nicht zureichen, auch aus den Grundstücken, die gerichtlich festgestellte Schuld bezahlt und nur, wenn Etwas übrig bleibt, dieß dem Fiscus zugesprochen werden [14]). Betraf aber die Klage das Gut des Beklagten selbst, welches der Kläger als sein Eigenthum in Anspruch nahm, so soll es zwar auch, weil es vom Beklagten besessen wurde, mit dem Bann belegt, ja vom Fiscus in Besitz genommen werden; aber auf den Bericht des Grafen will der König dem Kläger das Gut, wenn es wirklich sein Eigenthum war, durch eine königliche Verleihungsurkunde zurückgeben [15]). Hieraus ergiebt sich also, daß selbst nach Verlauf von Jahr und Tag der Beklagte nicht für sachfällig, der Anspruch des Klägers nicht für erwiesen gilt, son-

13) *Cap. cit.* Si autem homo ille nondum cum suis coheredibus proprium suum divisum habuit, convocet eos Comes et cum eis legitimam divisionem faciat, et tunc, sicut iam dictum est, partem eius fisco nostro addicat.

14) *Cap. cit.* Cuiuscunque hominis proprietas ob crimen aliquod ab eo commissum in bannum fuerit missa *rel.* Debitum vero, quod is, cuius ea fuit, solvere debuit, per Comitem ac ministros eius iuxta aestimationem damni de rebus mobilibus, quae in eadem proprietate inventae fuerint, his, quibus idem debitor fuit, exsolvatur. Quodsi rerum mobilium ibidem inventarum quantitas ad compositionem non sufficerit, de immobilibus suppleatur, et quod superfuerit, sicut dictum est, fiscus noster possideat. Si nihil super compositionem remanere potuerit, totum in illam expendatur. Vgl. *Cap. Aquisgr. a.* 802. *c.* 32. *fin. p.* 95. oben S. 87. Note 7. *Edict. Pist. a.* 864. *c.* 6. *p.* 490. und *Cap. a.* 873. *c.* 3. *p.* 519.

15) *Cap. cit.* Quodsi non de alia re, sed de ipsa proprietate, quae in bannum missa fuit, ac per hoc in nostram potestatem redacta est, fuerat interpellatus, Comes, in cuius ministerio eam esse constiterit, hoc ad notitiam nostram perferre curet, ut nos eandem proprietatem, quae secundum supradictum modum in nostrum dominium redacta est, per praecepti nostri auctoritatem in ius et potestatem hominis, qui eam quaerebat, si sua esse debet, faciamus pervenire.

dern dem Fiscus gegenüber, der jetzt an die Stelle des Beklagten getreten ist, erwiesen und gerichtlich festgestellt werden muß. Doch dient offenbar die Beschlagnahme der Güter des Beklagten nicht bloß zur Ueberwindung seiner Rechtsweigerung, sondern auch zur Sicherung des klägerischen Anspruchs [16]), und kann um dieses doppelten Zwecks willen der römischen Missio in Bona des Indefensus (contumaciae coërcendae et rei servandae causa) verglichen werden. In allem Uebrigen aber ist sie davon verschieden und geschichtlich nicht damit in Verbindung zu bringen [17]). Eher möchte man annehmen, daß wie dieses römische Verfahren der publica Bonorum Venditio nachgebildet war, so auch im fränkischen Reich die fiscalische Execution, die schon früher in Bezug auf Steuern und Heerbann durch Beschlagnahme des ganzen Vermögens erfolgte, diesem Contumacialverfahren zum Vorbild gedient habe [18]).

Die Dürftigkeit unserer Quellen für dasselbe hat frühere Schriftsteller veranlaßt, verschiedene Irrthümer darüber in Umlauf zu bringen.

So ist behauptet worden, der Bann über die Güter des Beklagten habe sich naturgemäß nur an die Bannitio des Richters, nicht an die Mannitio des Klägers anschließen können [19]). Allein dieser Behauptung liegt eine unrichtige Ansicht über die rechtliche Natur der Mannitio zum Grunde, und sie wird überdieß durch das Zeugniß der Quellen widerlegt. Auch die Mannitio ist keine bloße Privathandlung, sondern durch die

16) Denselben Zweck hat die Beschlagnahme der Güter des Beklagten, der keinen Bürgen stellen kann, s. oben § 90 Note 15.

17) Dieß ist die Ansicht v. Meibom's, das deutsche Pfandrecht S. 56.

18) Für Steuern s. *Gregor. Tur.* X. 7. die Zehnten *Cap. Mant. a.* 803. *c.* 19. *p.* 111. den Heerbann *Cap. de exp. exerc. a.* 811. *c.* 6. *p.* 169. *Cap. Lud.* II. *de ex. Ben. a.* 866 *c.* 1. 2. *p.* 505. Sohm I. S. 119. Wenn wie oben § 75 Note 44. angenommen wurde, wegen beharrlicher Rechtsverweigerung der Königsbann gezahlt werden mußte, so bildete dieser das Mittelglied.

19) Eichhorn cit. S. 772. „Ein solches Verfahren konnte bei der Mannitio nicht vorkommen." Note c. „Bei einer Mannitio fand im Fall des Ungehorsams jetzt wohl nur gleich die Execution statt" Maurer cit. §§ 77. 78.

öffentliche Auctorität des Gesetzes (legibus) unterstützt und kann deshalb, wie früher zur Friedloserklärung des Beklagten als Eines der sich außerhalb des Rechts stellt, so jetzt zur Beschlagnahme seiner Güter führen. Ausdrücklich aber knüpft dieselbe nicht an die Bannitio, sondern an die Mannitio das Capitular Carls des Großen zur Lex Ripuariorum nach der richtigen Lesart [20]), und daß sie sich an beide Einleitungsformen des Prozesses anschließt, bestätigt das Capitular Ludwigs des Frommen [21]).

Noch allgemeiner ist die Behauptung, daß die Beschlagnahme und Confiscation der Güter des Beklagten nur in dem Fall eintrete, wenn er eines Verbrechens beschuldigt wird [22]). Auch dieser Irrthum ist theils durch die sachliche Voraussetzung, nur ein Verbrechen könne so große Nachtheile zur Folge haben, theils durch eine unrichtige Auslegung des Capitulars Ludwigs des Frommen veranlaßt worden. Denn nicht das Unrecht des Beklagten, welches die Klage begründet und freilich, insofern es durch ein Friedensgeld gebüßt wird, auch einen größeren oder geringeren Friedensbruch enthält, sondern seine Rechtsverweigerung, wodurch er sich außerhalb des Rechts stellt, wird durch diese Beschlagnahme und Confiscation seines Vermögens gestraft. Und jenes Capitular erwähnt zwar im Eingang die Klage aus Verbrechen als den Fall, wo aus den gebannten Gütern

20) Eichhorn und Maurer zogen nach ihrer Ansicht die Lesart: Si quis ad mallum legibus bannitus fuerit, vor, die aber Pertz mit Recht verworfen hat. Auch *Ansegis* III. 45. (VI. 211.) hat mannitus.

21) *Cap.* 11. oben Note 15. regelt die Beschlagnahme der Güter bei der Klage wegen Grundeigenthum, für welche *c.* 12. oben Note 7. die Mannitio vorschreibt; und dasselbe Kapitel knüpft in anderen Fällen die Beschlagnahme an die Bannitio.

22) Eichhorn cit. Note e. „wegen Friedensbruch, der auch den Streit um Grundeigenthum veranlaßt haben konnte". Maurer cit. § 77 Note 35. „hauptsächlich, vielleicht einzig bei Verbrechen." Wilda, Strafrecht S. 521. „Endlich wurde das Vermögen desjenigen unter Bann gelegt, der wegen einer Missethat nicht zu Recht stand, und wurde mit seiner Friedloslegung (?) eingezogen, wenn er sich nicht innerhalb Jahr und Tag aus der Acht (!) zog." Auch Walter erwähnt dieß Verfahren nur bei der Klage um Schuld, soll heißen Ungericht, § 679 Note 8.

zunächst die Buße gezahlt und nur das Uebrige dem Fiscus zugesprochen werden soll, bestimmt aber dann, wie in einem zweiten Fall, bei der Klage um Grundeigenthum, mit der Beschlagnahme verfahren wird [23]). Es kann hiernach nicht bezweifelt werden, daß dieß Contumacialverfahren bei Klagen aller Art, also auch wegen Unfreiheit und Contractsschuld eintrat [24]).

Die persönliche Acht oder Friedloserklärung des Beklagten freilich fand jetzt, wie schon nach K. Chilperichs Edict, nur gegen schwere Verbrecher, insbesondere Räuber, statt, welche sich der gerichtlichen Verfolgung entziehen [25]), konnte aber auch, wenn der Geächtete sich vor Gericht stellte und dem Kläger Genüge that, wieder aufgehoben werden [26]).

Das Nichterscheinen des Klägers in dem ersten, von ihm selbst veranlaßten Termin entscheidet über die Sache selbst in keiner Weise; doch muß er ohne Zweifel für den vereitelten Termin die Ordnungsbuße von 15 Solidi zahlen [27]).

23) Um Grundeigenthum handelte es sich auch in dem Fall bei *Hincmar*, *Opp.* II. *p.* 316. — residentibus vobis (Karl der Kahle) cum fidelibus vestris coram fratre et coëpiscopo nostro H., filius Lindonis ad vestram dominationem se reclamavit, quia idem frater noster ab eo exenium acceperit et patris sui beneficium ei donaverit et deinde ab eo irrationabiliter tulerit; und im Pl. Carls des Kahlen von 861. *Bouquet* VIII. *p.* 570. um eine cellula in pago Lugdunensi, die der König verschenkt hat, und der Bischof von Macon in Anspruch nimmt. Ebenso in Urk. von 864. *Memorie di Lucca* IV 2. 52.

24) Für Contractsforderungen wird dieß bestätigt durch *Cap. Olonn. a.* 823. *gen. c.* 5. *p.* 251. Wenn Schuldner Mobilien veräußern, um dem Gläubiger die Pfändung unmöglich zu machen: placet nobis ut res eorum confiscentur, quousque venientes ad audientiam iustitiam faciant. Sohm I. S. 119. N. 59.

25) *Cap. Aquisgr. a.* 809. *c.* 3. *p.* 155. De latrone forbannito, ut liber homo qui eum suscepit 15 solidos componat *rel. c.* 4. Ut Comes, qui latronem in forbanno miserit, vicinis suis Comitibus notum faciat, eundem latronem a se esse forbannitum, ut illi eum non recipiant. *Conv. Silv. a.* 853. *c.* 6. 7. *p.* 424. *Cap. Caris. a.* 853. *c.* 3. *p.* 520 Wilda cit. Note 21. vermischt Beides unrichtig.

26) *Cap. Aquisgr. a.* 813. *c.* 13. *p.* 188. Sed si bannus ei (*sc.* latroni) iudicatus fuerit, et banno peracto stet in eo interim, usquedum Comiti et ei, qui clamorem vel causam ad eum habuit [*satisfecerit*], et tunc sit foris banno. Vgl. Bd. IV. S. 521. Note 106.

27) *L. Sal. em.* 1, 2. Ille vero

Ganz anders verhält es sich mit dem zweiten oder Beweistermin, dessen Versäumniß von Seiten der einen oder anderen Parthei nach den Grundsätzen über das Beweisrecht beurtheilt wird.

Ausdrückliche Quellenzeugnisse besitzen wir nur für den Fall des Eides, und die dabei zur Anwendung kommenden Grundsätze können unbedenklich auch auf das Gottesurtheil, welches seine Stelle vertritt, analog bezogen werden.

Das Ausbleiben des Beklagten in dem für Ableistung des Eides anberaumten Präjudizialtermin [28]) gilt für Verweigerung des Eides und er wird sachfällig [29]). Bleibt der Kläger aus, während der Beklagte erschienen ist, so gilt nach den älteren Volksrechten der Eid für geschworen oder erlassen, und der Beklagte wird nicht nur von der Schuld entbunden, sondern ihm auch das behauptete Recht zugesprochen [30]). Ein späteres Capitular aber gestattet ihm nur die Ableistung des Eides in Abwesenheit des Klägers [31]).

qui alium mannivit, si non venerit, et eum sunnis non detenuerit, ei quem mannivit, similiter DC dinarios, qui faciunt solidos XV conponat.

28) S. oben § 83 Note 20. 21.

29) *Cap. Sax. a.* 785. *c.* 32. *p.* 50. Si cuilibet homini sacramentum debet aliquis, aframeat illum ad ecclesiam sacramenta ad diem statutum. Et si iurare contempserit, fidem faciat (Erfüllungsgelöbniß) et solidos quindecim conponat, quod inactivus (*l.* iectivus) apparuit, et deinceps causam pleniter emendare faciat. Urk. von 808. *Pérard p.* 148. Tunc ipsi Scabinei decreverunt iudicium, quod post XL noctes in proximo mallo ipse H. contra A. iurasset, aut quod lex est fecisset. Deinde post legitimas noctes ante Episcopum et Comitem O. ipse A. venit, H. ibi secundum legem clamavit. Cum vero H. ibi non esset, A vuidridum iuravit. Sed quia H. ibi non venit nec suum accondam (l. sunnem quandam) denunciavit, in omnibus geitivus apparuit.

30) *L. Burg.* 8. 5. *Ed. Roth.* 361. *Extr. L. Sal.* I. *p.* 99. *M.* Wenn der Kläger im dritten, präclusiven Schwörungstermin ausbleibt: det mallato iectum sol. 15, et faciat tunc Comes notitiam cum Rachimburgiis et testibus. Et sic ipse, qui mallatus ad servitium fuit, ab hoc die liber et ingenuus vadat, nec sit causatori ulla facultas amplius requirendi eum ad servitium.

31) *Cap. Lud.* II. *a.* 855 oder 864. (Boretius S. 166.) *c.* 3. *p.* 436. Si — aliquis alium ad servitium mallaverit, et ille qui mallatus fuerit wadiam de sua probanda libertate dederit, — et si in istis tribus placitis ipse qui quaerit venire contempserit, — ille namque alius cum suis testibus paratus fuerit, tunc Co-

Wie aber, wenn der eine oder andere Theil sich zum Beweise durch Zeugen oder Urkunden erboten hat und in dem für deren Production anberaumten Termin ausbleibt? Daß dieser Beweis dann für nicht geführt gilt, kann nicht zweifelhaft sein. Aber daß er deshalb schon sachfällig würde, kann ich nicht glauben. Ich bin vielmehr zu der Annahme geneigt, daß wie in dem Fall, da der Beweis versucht und nicht gelungen ist[32]), es noch auf den Eid des Beklagten ankommt, mit dem dann in der gewöhnlichen Weise, nämlich durch Anberaumung eines Termins für dessen Ableistung u. s. w. verfahren wird.

Allgemeiner Grundsatz des Contumacialrechts ist es, daß die Versäumniß jedes Gerichtstermins durch die Ordnungsbuße von 15 Solidi gestraft wird[33]), und daß die Anzeige eines gesetzlichen Entschuldigungsgrundes (sunnis) durch einen Boten von jedem Contumacialnachtheil befreit[34]). Für abgelaufen gilt der Termin erst nach Sonnenuntergang[35]).

mes ipse testes recipiat et causam definiat, veluti si ipse qui quaerit praesens fuisset, et ultra ille qui quaesierit tacitus de servitio illius permaneat. Unter testes sind hier Eidhelfer zu verstehen, s. § 84 Note 57.

32) S. oben § 84 Note 43.

33) *Cap. L. Rip. add. a.* 803. *c.* 7. oben Note 6. *L. Sal. em.* 1, 2. Note 23. *Cap. Sax. a.* 785. *c.* 32. Note 29. *Extr. L. Sal.* I. in Note 30. Auch von dieser Buße ist 1/3, also 5 Solidi Fredus. Sohm I. S. 170.

34) *Cap. L. Rip. add. c* 7. *p.* 117. si eum sunnis non detinuerit. *L. Sal. em.* 1, 1. 2. *tit.* 98. *Marculf. App.* 38. — nec missus in vice sua dixerit, qui ulla sonia nunciasset. *Lindenbrog form.* 168.

35) *Cap. Olonn. a.* 825. *c.* 9. *p.* 252. Ut quicunque sacramentum vel debitum ante solis occasum persolverit, securus inde sit. Ist der Termin ein Triduum, so gilt dieß von dem letzten Tage. Vgl. Sohm I. S. 363., der dieß für das Königsgericht und das echte Ding annimmt. Aber auch das der Missi. Pl. von 798. *Meichelbeck* I. 2. *Nr.* 129.

Bonn, Druck von Carl Georgi.

FSC
www.fsc.org
MIX
Papier | Fördert gute Waldnutzung
FSC® C083411

Kolibri 360 GmbH
Ferdinand-Jühlke-Straße 7
99095 Erfurt, Deutschland
produktsicherheit@kolibri360.de